福建省集体林权制度改革的响应与评价研究

林琴琴　著

海峡出版发行集团｜福建人民出版社
THE STRAITS PUBLISHING & DISTRIBUTING GROUP｜FUJIAN PEOPLE'S PUBLISHING HOUSE

本书为闽江师范高等专科学校高层次人才科研配套经费资助项目成果

前　言

2001 年，福建选择龙岩市武平县捷文村为试点，在全国率先开展集体林权制度改革探索：借鉴家庭联产承包责任制，把集体山林均山到户，明确林地所有权仍归集体所有，林地经营权、使用权、林木所有权归林农。同年 12 月 30 日，捷文村村民李桂林领到了全国第一本新版林权证。2002 年 6 月，习近平到武平县调研，作出“集体林权制度改革要像家庭联产承包责任制那样从山下转向山上”的指示，为集体林改方向定调，自此武平县被誉为“全国林改第一县”。2003 年，福建省政府发布《福建省人民政府关于推进集体林权制度改革的意见》（闽政〔2003〕8 号），在全国率先开展以“明晰所有权、放活经营权、落实处置权、确保收益权”为主要内容的集体林权制度改革和综合配套改革，省内各地结合实际，积极推进集体林地所有权、承包权和经营权“三权分置”改革。2006 年，《中共福建省委　福建省人民政府关于深化集体林权制度改革的意见》（闽委发〔2006〕19 号）出台，明确了稳定一大政策（林地承包政策）、突出三项改革（林业投融资体制、商品林采伐管理制度、林业经营方式改革）、完善六个体系（林业保护、服务、科技、管理、生态、产业体系）的配套改革措施。同年，福建省发改委、省经贸厅、省林业厅联合出台了《福建省林产加工业发展导则（试行）》，明确了福建林产加工业鼓励发展、限制发展和禁止发展的项目。这些政策的出台为福建林业产业的健康有序发展提供了重要指导。

福建省出台的有关集体林权制度改革的一系列政策措施，极大地推动了福建省集体林权制度改革的实践。2015 年，福建省林权制度改革取得新突破。福建省组建了全国首家省级林木收储中心；指导列入全国第二批农村改革试验区的沙县、永春，以及被国家林业局（2018 年后变更为国家林业和草原局，简称为国家林草局）确定为全国集体林业综合改革试验示范区的三明市开展各项改革试点，目的是在承包权和经营权分离、林业金融创新、新型经营主体建设等方面实现新的突破。2016 年，福建省不断深化集体林权制度改革，开展了林权收储机构建设、重点区位商品林赎买、设施花卉种植保险、集体林地“三权分置”等一批新的改革试点，继续为全国林改探路子、出经验、作示范。2017 年，福建省探索开展重点生态区位商品林赎买、林业碳汇项目交易、武夷山国家公园等一批新的改革试点，扎实推进深化林改工作。2018 年，福建省林权制度改革继续发挥标杆示范作用，表现在：一是重点生态区位商品林赎买等改革增量拓面，二是林业金融创新取得新进展，三是集体林生产经营机制有新突破，四是国有林场改革主体任务全面完成。2019 年，全省 200 多万公顷的集体统一经营林地林木基本完成改革。2020 年，福建省集体林权制度改革持续深化，涌现出一批典型案例。重点生态区位商品林赎买、普惠林业金融产品创新等多项改革经验作为国家生态文明试验区的首批成果向全国推广，三明“林票制”改革等成为全国林业综合改革典型案例，南平“生态银行”入选中国改革年度十大案例。

但也应看到，福建省森林资源消长情况受政府决策、人为活动和自然灾害等因素影响明显。福建省人口增长迅速，人均森林面积仅从 1978—1982 年的 0.18 公顷/人上升至 2018—2022 年 0.21 公顷/人，增幅仅 16.67%。随着福建省人口增长，森林资源稀缺性将加剧，且森林经营周期长，经营中新出现的问题多。此外，福建省集体山林存在林木产权不明晰、经营机制不灵活、利益分配不合理等问题，须在改革中解决。

本书系统梳理了集体林权制度改革的政策变迁，注重对福建省集体林权制度改革成效的实证研究，包括对福建省集体林权制度改革 10 县（市）的实地调研，书中还列举了大量福建省集体林权制度改革的实证成果，包括福建省集体林权制度改革策源地三明市的林改成效、宁化县的林改经验、永安市林业合作组织建设情况、南平市林业治理体系建设情况等。本书采用数理统计方法进行数据分析，建立相关预测模型，佐之以实证案例，用于福建省集体林权制度改革研究，也弥补其他著作只注重定性而忽略定量研究之缺憾。笔者从福建省集体林权制度改革的内部着手进行响应研究，然后从福建省集体林权制度改革的外部着眼进行评价研究，按照由内及外的思路，从理论和实证两方面进行论证，对福建省集体林权制度改革展开深入分析，总结福建省集体林权制度改革的利弊，为福建省集体林权制度改革乃至全国林业可持续发展提供参考。

本书响应研究

（1）福建省集体林权制度改革的林业法律制度响应研究。笔者深入分析了林业法律制度中的森林采伐限额制度、森林资源资产评估制度、林地承包经营制度、林权登记制度、林权流转制度、生态公益林补偿制度以及森林保险制度存在不足，提出相应的响应策略。

（2）福建省集体林权制度改革的林业相关理论响应研究。笔者从物权理论及林权理论出发，对福建省集体林权制度改革进行林业相关理论响应研究。当前，物权理论存在以下问题：森林的生态价值作为无体物，在《中华人民共和国民法典》中无法得到立法上的确认与保护，对我国自然资源保护立法存在不利影响；物权登记制度存在不足；《中华人民共和国民法典》未规定国家对自然资源用益物权的强行收回制度。而林权理论也存在以下问题：《中华人民共和国宪法》《中华人民共和国森林法》《中华人民共和国民法典》以及《中华人民共和国森林法实施条例》等相关法律法规并未对林权的内涵和外延作出明确定义，造成林权内涵模糊不清、界定不严，易导致林权主体和客体说法不一致现象的发生。

（3）福建省集体林权管理体系响应研究。就单一、静态的林权管理模式向多元、动态管理模式转变的现实需求，笔者对现有林权管理体系模式进行研究，发现其弊端，并指出其必要性，提出建立健全林权管理体系的响应策略，以适应现代林业产权制度发展和林业可持续发展的需求。

（4）福建省集体林权制度改革的林农意愿响应研究。通过问卷调查，从林农进行集体林地分配意愿和林地林木转出意愿角度对福建省集体林权制度改革的林农意愿进行响应研究。通过卡方检验、单因素分析得出，不同地区、不同文化程度、不同年龄阶段的林农进行集体林地分配意愿均存在显著差异。通过二分类 Logistic 回归模型可知，样本村人均林地面积，最少仅有 0.17 公顷/人，最多达到 1.44 公顷/人，林农接触过林权交易市场的比例仅为37%，样本村中确权到户比例最低为15%，最高为90%，在9个样本村中仅有1个样本村有农户转出林地106.67公顷。林农年龄、家庭劳动力人数、求学子女个数、林地面积（公顷）与林农林木林地流转与否有显著关系，因此得出林农年龄越小、家庭劳动力人数越多、林地面积越多，林地林木流转意愿越强烈的结论。

本书评价研究

（1）福建省集体林权制度改革对林业科技进步贡献率的影响评价。在“十五”“十一五”“十二五”“十三五”期间，林业科技进步贡献率分别为48.30%、99.80%、90.90%、−134.50%；林业科技平均增长率分别为16.60%、18.80%、22.80%、−2.30%。福建省林业科技进步贡献率变化趋势为：“十五”期间至“十一五”期间呈上升趋势，增幅为51.50%，增长明显；“十一五”期间至“十三五”期间呈下降趋势，林业科技进步贡献率在40%以内向下浮动，降幅明显。福建省林业科技进步变化趋势为：“十五”期间至“十二五”期间呈上升趋势，“十二五”期间至“十三五”期间呈下降趋势，林业科技进步贡献率在7%上下浮动，态势较为平稳。因此，须采取切实措施，增加政府对林业科技的投入力度，提高林业科技进步对林业发展的贡献份额。

（2）福建省集体林权制度改革前后林业状况评价。对三明市林权制度改革成效进行定量分析，并建立预测模型。通过集体林权制度改革的t检验发现，改革后木材平均税费比重（%）极显著降低；改革后非公有制造林比重（%）极显著提高。用典型相关分析方法对林改前后林产业发展进行对比分析，表现为改革前林木平均转让价格（元/公顷）与改革前林业加工企业个数（个）呈负相关，改革后林木平均转让价格（元/公顷）与改革后企业年加工产值（万元）呈负相关。用逐步回归分析方法分别对林改前后林农人均增收因素、山林纠纷因素、村集体林业增收因素进行分析，并建立林农人均增收因素、山林纠纷因素、村集体林业增收因素预测模型。分析结果为：改革前非公有制造林比重（%）对林农人均增收产生的负面影响最大；已明晰产权面积、林权申请登记率、已发证到户面积导致山权纠纷的产生；村集体统一经营、已发证到户面积阻碍村集体林业增收。基于此，笔者认为我国应继续执行木材减税政策，大力发展非公有制林业，增加非公有制造林比重，明晰集体林木所有权和林地使用权，放活集体林地林木经营权，积极扶持林业加工企业和村集体企业。

（3）福建省集体林权制度改革对森林生态系统服务价值的影响评价。应用 Constaza 等人的研究方法，对集体林权改革初期及改革后（2003—2008 年）的福建省森林生态系统服务价值进行比较分析。在这 5 年中，福建省森林生态系统服务总价值增幅 0.22%；生态系统服务价值居前 3 位的营养循环、原材料以及侵蚀控制服务价值均仅增长 0.22%，增幅均不显著；集体林面积有微弱下降，集体林生态系统服务价值降幅 0.04%。集体林中的特用林面积增幅明显，特用林生态系统服务价值增幅 56.45%。集体林经营模式开始由用材林、薪炭林转化为特用林、防护林经营。

（4）福建省集体林权制度改革的政策落实度和需求评价。对林农、林业干部和技术人员进行问卷调查，通过符号检验法，得出 10 县（市）林农赞成集体林权制度改革的结论。通过列联表法、交叉列联表法、频数分布法，得出结论：山区县和非山区县林农对林改政策了解度、对集体林地分配意愿存在差异，山区县和非山区县林业干部对林改后受益的最大主体认知上有差异。林农林改知情度调查上，从政府宣传了解的占 48.60%；林农政策了解度调查上，完全或基本了解的占 63.10%；林农林改参与度调查上，山区林农各选项均有参与，且参与度较高而县林农参与度低；70.30%的林农认为林业税费减免实惠很大或大；山区县林改问题主要集中在表决公示环节（75%）、非山区县集中在组织领导（100%）和发证环节（100%）；59.60%的林农对林改实施各阶段非常满意或满意。绝大多数林业干部和技术人员认为林改促进经济发展（50%）和有利于资金聚集（50%），66.70%的人认为当前林业发展亟需解决的问题主要集中在林业产业发展，74.60%的人认为有必要进行森林保险，68.10%的人认为有必要对林农进行林业科技指导，97%的人认为法律咨询服务很有或有一定帮助。

（5）采用问卷调查和实证分析方法，从林农需求情况调查研究和林业合作组织建设实证研究两方面进行评价研究。对福建省三明永安市林业社会化服务体系建设进行实证分析，提出政府应大力提高林农合作化组织程度的观点。采用列联表进行卡方检验，通过山区县与非山区县的比较研究，得出以下结论：63.80％的林农对森林抵押贷款有需求意愿，38.10％的林农怕政策不稳，75.10％的林农希望能够进行森林资源保险，59.30％的林农需要林业科技指导，79.60％的林农迫切需要或需要木竹检量服务，92.40％的林农认为法律对经营林业很有帮助或有一定帮助。根据以上结论，笔者认为我国应降低林农森林抵押贷款标准，保证大多数林农能够通过银行、信用社等途径便捷地得到低息贷款；政府应增强林业政策的时效性和稳定性，防止林业政策出现频繁变更；发展政府政策性扶持森林保险业务，保证林农林业收益；发展森林资产评估业务，培养森林资产评估人才；在林权管理中心等机构设置法律咨询、科技服务等便民服务项目。

最后，需要说明的是，本书主要采用的研究数据为2010年向样本县（市）的农户、林业干部和林业技术人员发放的调查问卷整理统计而得，虽然距今已有十三载，但仍有重要研究意义。福建的林业改革之路最早始于武平县的试点，正式在全省进行集体林权制度改革的时间是2003年，经过3年的艰苦奋斗，于2006年基本完成明晰产权主体改革，2008年全国全面启动集体林权制改革。虽然在2008年以后，福建为了持续深化林权制度改革还有过不少探索和实践，但福建集体林权制度改革主体发生时间集中在2003年至2008年之间，使用2010年的调查数据能够真实地反映福建林改对林农和林业的影响，以及林农、林业干部和林业技术人员在林改后的真实想法，也更能契合本书主题。此外，为了丰富内容，本书大量阐述了主体改革之后，福建近年来在深化集体林产权、林业金融、林下经济等方面的探索，也采用2000年至2019年《林业统计年鉴》的相关数据，研究了福建集体林权制度改革对林业科技进步贡献率的影响，力图从多角度完整真实地呈现福建林改取得的成就。

作　者

2023年4月

目　录

第一章　引言 …………………………………………………………………………（1）
第一节　研究的背景、目的及意义 ………………………………………………（1）
一、研究背景 ……………………………………………………………………（1）
二、研究目的 ……………………………………………………………………（8）
三、研究意义 ……………………………………………………………………（10）
第二节　研究内容、创新点、技术路线及研究办法 ………………………（11）
一、研究内容 ……………………………………………………………………（11）
二、研究创新点 …………………………………………………………………（12）
三、技术路线与研究方法 ………………………………………………………（12）
第三节　国内外林权制度研究概述 ………………………………………………（16）
一、国外林权制度研究概述 ……………………………………………………（16）
二、国内林权制度研究概述 ……………………………………………………（19）
第四节　集体林权制度变迁历程 …………………………………………………（22）
一、我国集体林权制度变迁历程 ………………………………………………（22）
二、福建省集体林区林权制度变迁历程 ………………………………………（35）
第二章　福建省集体林权制度改革的响应研究 …………………………………（47）
第一节　福建省集体林权制度改革的林业法律制度响应研究 ……（48）
一、林业法律制度建设滞后 ……………………………………………………（48）
二、林业法律制度的响应策略 …………………………………………………（61）
三、林业法律制度的响应案例及相应法律对策研究 …………………………（66）
第二节　福建省集体林权制度改革的林业相关理论响应研究 ……（78）
一、物权理论 ……………………………………………………………………（78）
二、林权理论 ……………………………………………………………………（83）

第三节　福建省集体林权管理体系响应研究 …………………… (93)
一、现有集体林权管理体系存在的问题 …………………… (93)
二、集体林权管理体系的响应策略 …………………… (94)
第四节　福建省集体林权制度改革的林农意愿响应研究 ………… (98)
一、林农集体林地分配意愿响应研究 …………………… (99)
二、林农转出林地林木意愿响应研究 …………………… (102)
第三章　福建省集体林权制度改革的评价研究 …………………… (109)
第一节　林业政策绩效评价理论 …………………… (110)
一、林业政策绩效评价的含义 …………………… (110)
二、林业政策绩效评价的原则 …………………… (110)
三、林业政策绩效评价的特点 …………………… (111)
四、林业政策绩效评价的方法 …………………… (113)
五、林业政策绩效内容体系 …………………… (114)
第二节　福建省集体林权制度改革的评价研究 …………………… (114)
一、福建省集体林权制度改革对林业科技进步贡献率的影响评价 …………………… (115)
二、福建省集体林权制度改革前后林业状况评价——以三明市为例 …………………… (123)
三、福建省集体林权制度改革对森林生态系统服务价值的影响评价 …………………… (149)
四、福建省集体林权制度改革的政策落实度和需求评价 ……… (157)
五、福建省集体林权制度改革的林业社会化服务评价研究 …… (168)
第四章　结论与讨论 …………………… (201)
第一节　结论 …………………… (201)
一、福建省集体林权制度改革的响应研究 …………………… (201)
二、福建省集体林权制度改革的评价研究 …………………… (207)
第二节　讨论 …………………… (212)
一、集体林权制度改革的响应研究讨论 …………………… (212)
二、集体林权制度改革的评价研究讨论 …………………… (213)
三、集体林权制度改革研究展望 …………………… (217)

表目录

表1　福建省森林资源变迁 …………………………………………………… (6)
表2　问卷调查表——基本情况汇总（林业干部和林业技术人员） …(15)
表3　问卷调查表——基本情况汇总（林农） ………………………… (15)
表4　林权定义比较一览表 ………………………………………………… (85)
表5　林权的类型及其权限范围 …………………………………………… (87)
表6　问卷调查表二基本情况汇总（林农） …………………………… (99)
表7　不同年龄阶段林农集体林地分配意愿统计 ……………………… (100)
表8　不同文化程度林农集体林地分配意愿统计 ……………………… (101)
表9　2010年样本村基本情况 ……………………………………………… (102)
表10　农户林地林木转出意愿定性和定量统计分析N=183 ……… (104)
表11　2010年样本村林地资源及其流转情况 ………………………… (105)
表12　农户转出林地林木影响因素对转出意愿的假设 …………… (106)
表13　影响农户林地林木转出意愿的各因素作用（二分类Logistic模型） ……………………………………………………………………… (108)
表14　我国林业政策绩效评价体系的主要内容 ……………………… (114)
表15　2001—2020年福建林业环比增长速度 ……………………… (119)
表16　不同时期福建省林业科技进步贡献率 ………………………… (120)
表17　集体林权制度改革成效统计表（改革前2002年） ………… (135)
表18　集体林权制度改革成效统计表（改革后2008年） ………… (136)
表19　集体林权制度改革成效显著性检验 …………………………… (137)
表20　集体林权制度改革前林产业发展分析表（2002年） ……… (139)
表21　集体林权制度改革后林产业发展分析表（2008年） ……… (140)

表 22　林业产业发展的典型相关系数及检验结果（改革前 2002 年）
　　…………………………………………………………………… (141)
表 23　典型变量与其原变量的相关系数（改革前 2002 年） ……… (141)
表 24　林业产业发展的典型相关系数及检验结果（改革后 2008 年）
　　…………………………………………………………………… (141)
表 25　典型变量与其原变量的相关系数（改革后 2008 年） ……… (141)
表 26　集体林权制度改革林农人均增收分析表 ………………… (143)
表 27　回归方程及统计检验结果 ……………………………… (144)
表 28　自变量与因变量的偏相关系数 …………………………… (144)
表 29　集体林权制度改革山林纠纷分析表 ……………………… (145)
表 30　回归方程及统计检验结果 ……………………………… (146)
表 31　自变量与因变量的偏相关系数 …………………………… (146)
表 32　集体林权制度改革村集体林业增收分析表 ……………… (148)
表 33　回归方程及统计检验结果 ……………………………… (149)
表 34　自变量与因变量的偏相关系数 …………………………… (149)
表 35　福建省集体林权制度改革初期（2003 年）森林生态系统服务价值的总体评估表 ……………………………………………… (151)
表 36　福建省集体林权制度改革后（2008 年）森林生态系统服务价值的总体评估表 ……………………………………………… (151)
表 37　福建省集体林权制度改革初期（2003 年）集体林生态系统服务价值的总体评估 ……………………………………………… (155)
表 38　福建省集体林权制度改革后（2008 年）集体林生态系统服务价值的总体评估 ……………………………………………… (155)
表 39　不同县林农对林权制度改革赞成情况调查 ……………… (159)
表 40　林权制度改革林农知情度调查统计 ……………………… (160)
表 41　林农对集体林权制度改革政策了解度调查统计 ………… (161)
表 42　集体林权制度改革中林农参与度调查统计 ……………… (161)
表 43　税费减免对林农收益影响调查统计 ……………………… (162)
表 44　集体林权制度改革过程中存在问题调查统计 …………… (163)

表 45　林农对集体林权制度改革满意度调查统计 …………………… (163)
表 46　集体林权制度改革必要性调查统计 ………………………… (164)
表 47　集体林权制度改革后可能的有利影响频数统计 ……………… (165)
表 48　集体林权制度改革后可能的不利影响频数统计 ……………… (165)
表 49　林业发展急需解决问题频数统计 …………………………… (166)
表 50　森林保险需求评价统计 ……………………………………… (166)
表 51　林业科技指导需求评价统计 ………………………………… (167)
表 52　法律咨询服务需求评价统计 ………………………………… (167)
表 53　成立林业产权交易中心评价统计 …………………………… (168)
表 54　林农森林抵押贷款需求调查分析 …………………………… (183)
表 55　林农从事林业经营风险调查统计 …………………………… (183)
表 56　森林资源保险需求调查统计 ………………………………… (184)
表 57　林农林业科技服务需求调查统计 …………………………… (185)
表 58　林农社会中介服务需求调查统计 …………………………… (186)
表 59　林农法律咨询服务需求调查统计 …………………………… (186)

图目录

图 1　福建省森林覆盖率变化 ………………………………………………（ 6 ）
图 2　福建省森林面积变化 …………………………………………………（ 7 ）
图 3　福建省活立木总蓄积量变化 …………………………………………（ 7 ）
图 4　福建省森林蓄积变化 …………………………………………………（ 8 ）
图 5　福建省集体林权制度改革的响应与评价研究 ………………………（ 13 ）
图 6　福建省林业投入要素增长率 …………………………………………（121）
图 7　福建省林业投入要素贡献率 …………………………………………（122）
图 8　福建省集体林权制度改革的需求评价 ………………………………（158）
图 9　林业社会化服务体系 …………………………………………………（169）
图 10　福建省林业社会化服务研究机制路线 ……………………………（182）

第一章 引言

第一节 研究的背景、目的及意义

一、研究背景

2001年，福建选择龙岩市武平县捷文村为试点，在全国率先开展集体林权制度改革探索：借鉴家庭联产承包责任制，把集体山林均山到户，明确林地所有权仍归集体所有，林地经营权、使用权、林木所有权归林农。同年12月30日，捷文村村民李桂林领到了全国第一本新版林权证。

2002年6月，习近平到武平调研，作出“集体林权制度改革要像家庭联产承包责任制那样从山下转向山上”的指示，为集体林改方向定调，自此武平被誉为“全国林改第一县”。

2003年，福建省政府发布《福建省人民政府关于推进集体林权制度改革的意见》（闽政〔2003〕8号），在全国率先开展以“明晰所有权、放活经营权、落实处置权、确保收益权”为主要内容的集体林权制度改革和综合配套改革，省内各地结合实际，积极推进集体林地所有权、承包权和经营权“三权分置”改革。实现了“山定权、树定根、人定心”。2006年，《中共福建省委 福建省人民政府关于深化集体林权制度改革的意见》（闽委发〔2006〕19号）出台，明确了稳定一大政策（林地承包政策）、突出三项改革（林业投融资体制、商品林采伐管理制度、林业经营方式改革）、完善六个体系（林业保护、服务、科技、管理、生态、产业体系）的配套改革措施。福建省发改委、省经贸厅、省林业厅又联合出台了《福建省林产品加工业发展导则（试行）》，明确了福建林产加工业鼓励发展、限制发展和禁止发展的项目。这些政策的出台为福建林业产业的健康有序发展提供了重要的科学指导。

2008 年 6 月，《中共中央　国务院关于全面推进集体林权制度改革的意见》（2008 年第 21 号）正式出台。作为指导我国集体林权制度改革的纲领性文件，《中共中央　国务院关于全面推进集体林权制度改革的意见》明确提出集体林权制度改革的总体目标是：用 5 年左右时间，基本完成明晰产权、承包到户的改革任务。在此基础上，通过深化改革，完善政策，健全服务，规范管理，逐步形成集体林业的良性发展机制，实现“资源增长、农民增收、生态良好、林区和谐”。无疑，“福建集体林权改革模式”为全国集体林权制度改革提供了成功示范和重要的参考。

2009 年，中共中央、国务院召开了中华人民共和国成立 60 年来的第一次中央林业工作会议，有力地推动了集体林权制度改革的全面深入开展。截至 2009 年，全国 27 个省（区、市）已确权面积 0.98 亿公顷，占 59.80%，其中：集体经营 0.22 亿公顷，占 22.50%；家庭承包经营 0.66 亿公顷，占 67.20%；其他形式经营 0.10 亿公顷，占 10.30%，包括大户承包 0.03 亿公顷。继福建、江西、辽宁、浙江、云南之后，河北、湖北、安徽、重庆也已基本完成明晰产权的改革任务，这 9 省（市）已确权面积为 0.62 亿公顷，占 93.78%。全国已发放林权证 4464 万本，发证面积 0.70 亿公顷，占已改林地总面积的 71.40%。截至 2010 年年底，有 26 个省（区、市）成立了 851 个林权管理服务机构和 618 个资产评估机构，提供了林权交易、产品价格动态、森林资源资产评估、林权抵押贷款、森林保险、科技政策法规咨询等社会化服务。同时，26 个省（区、市）开展了林权抵押贷款工作，抵押贷款面积 280.53 万公顷，贷款金额 322 亿元。截至 2010 年年底，全国已完成集体林权改革确权面积 1.49 亿公顷，占总面积的 81.69%；发放林权证 6419 万本，发证面积为 1.2 亿公顷，占总面积的 65.84%。截至 2012 年年底，全国已确认集体林地面积 18 亿公顷，占集体林地总面积的 97.70%，林改的发证面积占确权林地的 95.50%，集体林权制度改革的主体改革基本完成。

2016 年，《国务院办公厅关于完善集体林权制度的意见》（国办发〔2016〕83 号）指出：“2008 年以来，我国集体林权制度改革取得重大成果，集体林业焕发出新的生机，1 亿多农户直接受益，实现了‘山定权、树定根、人定心’。但是，还存在产权保护不严格、生产经营自主权落实不到位、规模经营支持政策不完善、管理服务体系不健全等问题。”为巩固和扩大集体林权制度改革成果，充分发挥集体林业在维护生态安全、实施精准脱贫、推动农村经济社会可持续发展中的重要作用，国家将进一步稳定集体林地承包关系、放活生产经营自主权、引导集体林适度规模经营及加强集体林业管理和服务。

2019年，国家林业和草原局发改司印发《关于进一步巩固完善集体林权制度改革成果有关工作的通知》（发改综〔2019〕61号），对进一步巩固完善承包经营关系，规范放活经营权，健全档案管理，积极探索改革新举措提出新要求。通知进一步明确要求各地结合集体林业发展的新形势、新要求，查漏补缺，完善相关配套制度，不断巩固和发挥集体林权制度改革成效。截至2019年年末，实有集体林地经营权流转面积1320万公顷，农林地承包经营权转让面积338.27万公顷。全国林业专业大户、家庭林场、林业合作社和林业企业四类新型林业经营主体数量达到28.39万个，其中专业大户8.56万个、家庭林场1.63万个、农民林业合作社9.92万个、林业企业8.28万个。

福建省是南方重点集体林区，截至2020年，全省有林业用地面积926.67万公顷，占土地总面积76.08%；全省森林面积806.67万公顷，森林覆盖率66.80%，超过国土面积三分之二，连续42年保持全国首位；森林蓄积量7.29亿立方米，居全国第7位；乔木林亩均蓄积量7.8立方米，比全国平均高23.80%。2020年全省林业产业总产值达6660亿元，居全国前列。其中：竹产业产值达786亿元，居全国第1位；花卉苗木全产业链总产值达1062.50亿元，成为继林竹产业、森林旅游之后福建省第3个超千亿元林业特色产业。重点林区涉林收入已成为当地农民脱贫致富的重要途径之一。为了解决中国林业多年来发展中存在的体制“瓶颈”，进一步解放和发展林业生产力，调动林农发展林业的积极性，自2003年6月开始，集体林权制度改革在福建省率先拉开帷幕，福建省推进集体林权制度改革20年来，以明晰林木所有权和林地使用权、放活经营权、落实处置权、保障收益权为主要内容，不断探索创新、先行先试，取得了明显的成效，带来了一系列联动效应，例如集体林业发展机制不断完善，有效激发了广大林农造林、育林、护林的积极性，解放和发展了农村生产力，成就了绿水青山，丰盈了金山银山，富裕了万千林农，得到党中央和国务院的充分肯定，福建省集体林权制度改革也成为全国林业战线的鲜明旗帜。

2021 年，福建深化新时代林业改革，力争在七个方面实现新突破：一要在推行集体林地“三权分置”上实现新的突破，巩固家庭联产承包责任制，进一步放活林地经营权，稳步推进林权类登记发证；二要在推进适度规模经营上实现新的突破，健全林业社会化服务体系，培育新型林业经营主体；三要在大力发展林业产业上实现新的突破，大力推进新技术应用，培育壮大竹产业、林下经济、生态旅游、花卉苗木等绿色富民产业，建设林业产业集聚区；四要在创新林业金融机制上实现新的突破，优化林业金融服务，推进林业资产和权益证券化改革；五要在完善生态产品价值实现机制上实现新的突破，进一步完善生态补偿机制，健全林业碳汇发展机制，深化重点生态区位森林赎买等改革；六要在健全生态建设与保护机制上实现新的突破，加快构建自然保护地体系，实施森林质量精准提升工程，持续开展“三个百千”绿化美化行动；七要在全国林业改革发展综合试点上取得新的突破，三明、南平、龙岩要全面落实试点任务，为全国深化林权改革探索路子，作出示范。

当然也应看到，福建省集体林权制度改革的任务是长期而艰巨的。一直以来，福建省森林资源消长情况受政府决策、人为活动和自然灾害等因素影响，呈动态变化趋势，森林资源消长与社会经济发展、自然地理条件等因素密切相关。1978 年至 1991 年，正值林业“三定”时期，所谓“三定”即指稳定山权林权、划定自留山、确定林业生产责任制，对权属清楚的林地发放林权证，确定各方的权、责、利。但由于受历次林业改革不稳定性、林业法律实施不到位、相关政策不配套以及整个社会环境的影响，出现了林农乱砍滥伐现象。1978 年至 1992 年，福建省的森林蓄积量呈下降趋势，森林蓄积量从 1978—1982 年的 29637.98 万立方米下降至 1988—1992 年的 26382.30 万立方米，5 年间降幅 10.98%；10%归林农看护、所有的林木，被林农砍伐殆尽。林业“三定”时期除了出现严重的乱砍滥伐现象，由于福建省森林的林木和林地所有权 90%归集体所有，集体经营的弊端逐渐显现，集体统一经营模式也越来越不适应社会主义市场经济发展的要求，集体林权所有权虚置、产权不明晰、广大林农作为林业经营主体的地位没有得到确立、参与林业建设积极性不高等问题愈发突出。

从 1992 年至今，南平、龙岩、三明等福建省重点林区开展了以明晰林权为核心的集体林权制度改革，主要内容包括：一是明晰所有权、放活经营权。二是开展林权登记，发换林权证。三是建立规范有序的林地使用权、林木所有权流转机制。四是深化林业配套改革，落实林业经营者对林木的处置权和收益权。福建省依次经历了林业股份合作制和“四荒”使用权拍卖试点时期（1992—1998 年）、森林资源产权制度改革突破时期（1998—2003 年）、森林资源产权制度改革深化时期（2003 年至今）。由于这次改革解决了集体林业发展过程中权责不明、产权不清等问题，有效调动了广大林农经营林业的积极性，推动了林业的可持续发展。1992—2012 年，福建省的森林蓄积量呈上升趋势，森林蓄积量从 1988—1992 年的 26382.30 万立方米上升至 2018—2022 年的 72937.63 万立方米，增幅 176.46%。1978 年至 1992 年，福建省的活立木总蓄积量呈下降趋势，活立木总蓄积量从 1988—1992 年的 43055.91 万立方米下降至 1988—1992 年的 37888.24 万立方米，5 年间降幅 12%。1992 年至 2022 年，福建省的活立木总蓄积量呈上升趋势，活立木总蓄积量从 1988—1992 年的 37888.24 万立方米上升至 2018—2022 年 79711.29 万立方米，增幅 110.39%。1978 年至 2022 年，福建省的森林面积呈上升趋势，从 1978—1982 年的 449.67 万公顷上升至 2018—2022 年的 811.27 万公顷，增幅 80.41%；福建省的森林覆盖率呈上升趋势，从 1978—1982 年的 39.50%上升至 2018—2022 年的 66.80%，跃居全国首位（表 1，图 1—4）。

不过，由于福建省人口增长迅速，人均森林面积从 1978—1982 年的 0.18 公顷/人上升至 2018—2022 年的 0.21 公顷/人，增幅仅 16.67%。随着福建省人口增长，森林资源稀缺性将加剧，森林经营又具备长期性特征。因此，林业发展中面临许多亟待解决的新问题，只有及时调整相应的林业政策，才能够激发广大林农的积极性，才能够继续推进集体林权制度改革，推动林业可持续发展，保证福建经济建设顺利进行（表 1，图 1—4）。

表 1　福建省森林资源变迁

年份	总人口（万人）	森林面积（万公顷）	人均森林面积（公顷/人）	森林蓄积（万立方米）	人均森林蓄积（立方米/人）	活立木总蓄积量变化（万立方米）	森林覆盖率（%）
1978—1982	2527	449.67	0.18	29637.98	11.73	43055.91	39.50
1983—1987	2770	453.40	0.16	27098.50	9.78	39664.94	39.80
1988—1992	3029	500.33	0.17	26382.30	8.71	37888.24	43.20
1993—1997	3221	614.87	0.19	32168.89	9.99	39465.20	52.50
1998—2002	3389	735.37	0.22	36490.99	10.77	41763.62	60.52
2003—2007	3557	764.94	0.22	44357.36	12.47	49671.38	62.96
2008—2012	3693	766.65	0.21	48436.28	13.12	53226.01	63.10
2013—2017	3774	801.27	0.21	60796.15	16.11	66674.62	65.95
2018—2022	3941	811.27	0.21	72937.63	18.51	79711.29	66.80

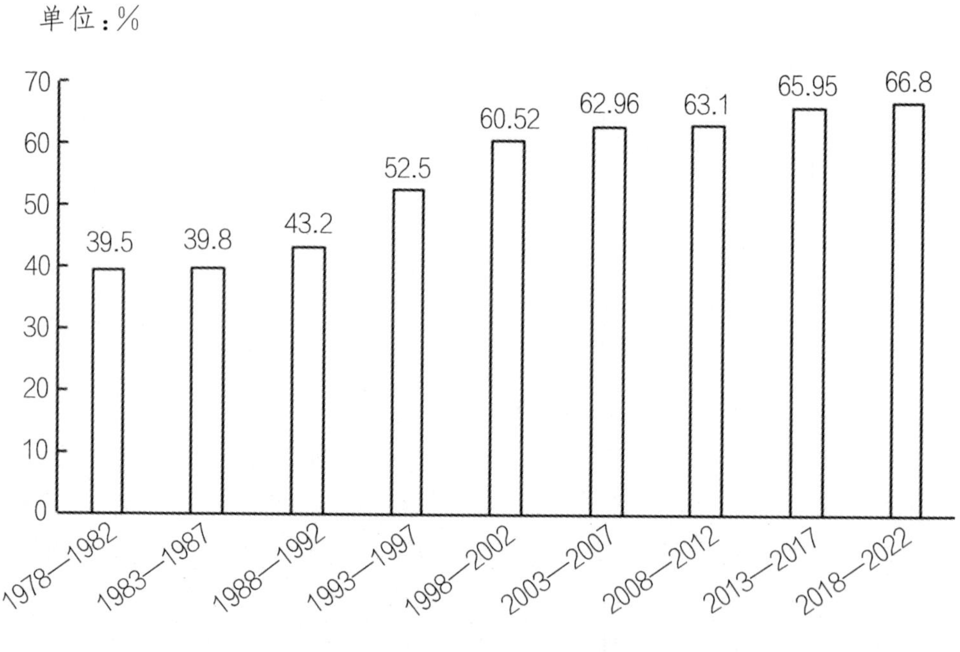

图 1　福建省森林覆盖率变化

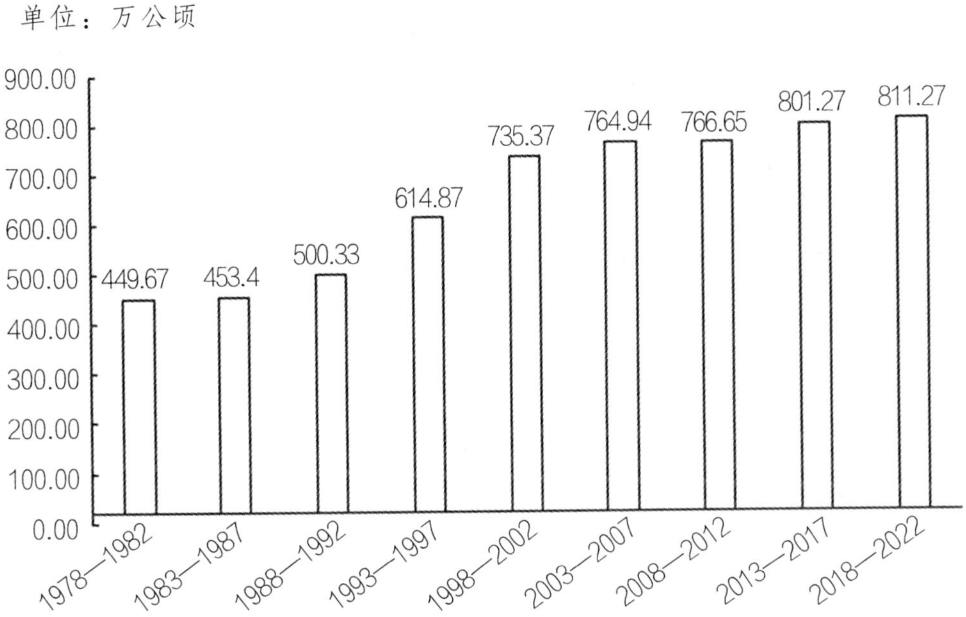

图 2　福建省森林面积变化

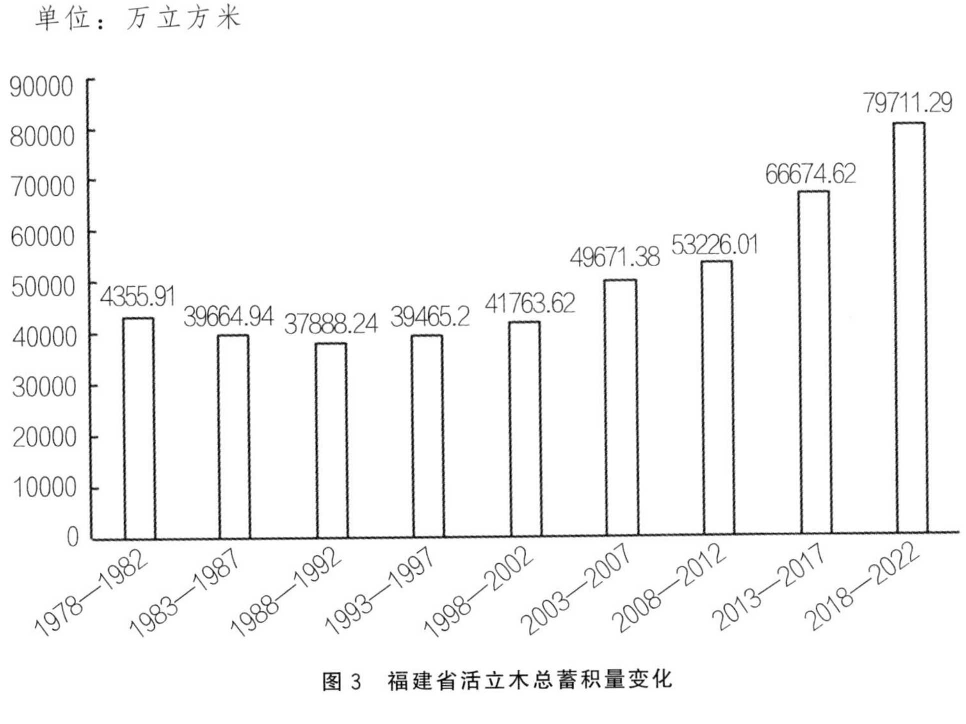

图 3　福建省活立木总蓄积量变化

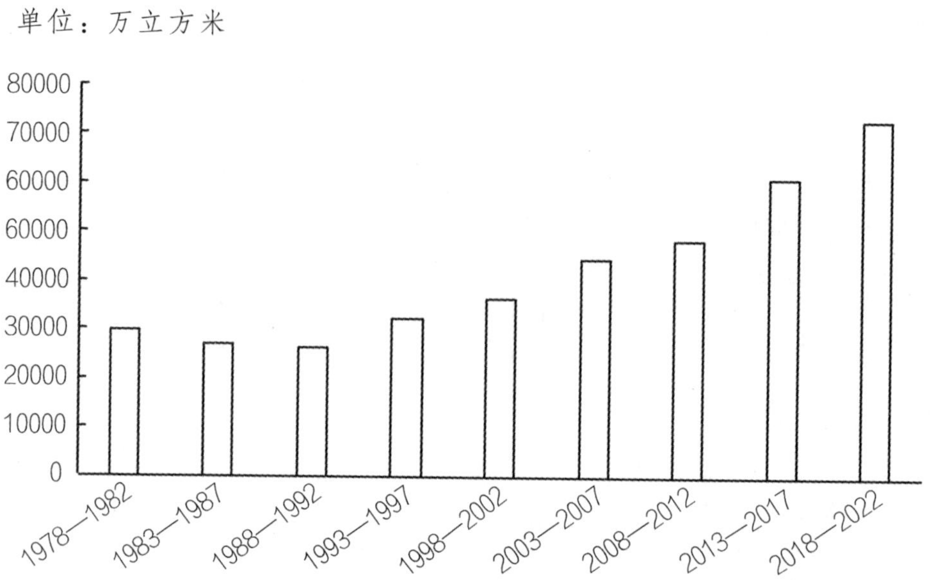

图4　福建省森林蓄积变化

资料来源：表1、图1—4均根据福建省历次全国森林资源清查及森林资源状况调查数据绘制。

二、研究目的

集体林业是中国林业的半壁江山。根据第七次森林资源清查，在全部国有林地中集体所有占了60.60%，福建省集体所有的山林权属更是高达90%以上。相对国有林而言，社会对集体林业有更全面的需求，涵盖了经济、社会和生态三个方面。作为广大农民重要的生产资料，集体林责无旁贷地要担负起发展生产、持续提供林产品、促进农民增加就业和收入的经济、社会责任。作为生态建设的主体，集体林又必须为改善乡村环境、保障国土生态安全负责。

2003年4月，《福建省人民政府关于推进集体林权制度改革的意见》（闽政〔2003〕8号文件）颁布，拉开了福建省集体林权制度改革的大幕。自此福建省全面启动以“明晰集体林木所有权和林地使用权、放活经营权、落实处置权、确保收益权”为主要内容的集体林权制度改革。其中在集体林权制度改革的主要任务中提出“明晰所有权，落实经营权；开展林权登记，发换林权证；建立规范有序的林木所有权、林地使用权流转机制”的目标。实现“山有其主、主有其权、权有其责、责有其利”，建立经营主体多元化，权责利相统一的集体林经营管理新机制，并积极深化配套体系和支撑体系改革，开展生态公益林管护机制改革，促进林业融资和森林保险工作，加强法律和制度建设，加强林业社会化服务，转变政府职能，用现代林业的理念提升林业改革和发展。

2009 年 12 月，《中共福建省委　福建省人民政府关于持续深化林改建设海西现代林业的意见》（闽委〔2009〕44 号）颁布，进一步深化集体林权制度改革，加快海西现代林业建设，促进海西经济社会可持续发展。提出如下意见：充分认识林业在海峡西岸经济区建设中的作用，包括发挥林业的重大作用、明确林业的重要地位、增强林业发展的紧迫感；持续深化集体林权制度改革，包括进一步稳定和落实林地承包政策、加快林权证发放进度、积极引导林业合作经济组织建设、完善林木采伐管理制度、规范森林资源流转、健全林业服务体系；着力推动海西现代林业提质提升，总体要求是围绕生态省建设，坚持生态优先的发展战略，立足林业改革与发展的提质提升，统筹山区林业与非山区林业协调发展，全面推进林业生态体系、林业产业体系和森林文化体系建设，把福建林业推向科学发展的新阶段，更好地服务海西发展大局。到 2015 年，全省森林覆盖率稳定在现有水平，林业产业总产值 2200 亿元。到 2020 年，全省森林覆盖率保持全国领先水平，林业产业总产值 3080 亿元，努力把福建建设成为生态环境优美、林业产业发达、森林文化繁荣、林区社会和谐的现代林业先行区。

二十多年来，集体林权改革取得了显著成效，解放了农村生产力，调整了农村生产关系，促进了林区资源增长、农民增收、社会和谐，但随着改革的深入，林业发展面临着许多亟待解决的新问题，特别是深层次的制度问题和产权问题，须不断进行实践探索与理论归纳。

林权制度改革是一个理论性、实践性和综合性很强的课题。国内外关于林权制度改革的研究成果层出不穷，但由于国情、省情和林情的不同，这些理论研究成果对福建省的林权制度改革实践指导尚不能发挥最大效用。

置身于福建省集体林权制度改革实践，在充分调查、收集资料和吸收他人研究成果的基础上，利用多学科理论和综合分析工具，从内部探究福建省集体林权制度存在的深层次问题，从外部对福建省集体林权改革进行林业政策绩效评估，力图全面、客观地分析福建省集体林权制度改革中存在的深层次、根本性问题，并提出预测模型和具体政策建议，为福建省林业发展和经济建设服务，为全国集体林权制度改革提供理论参考，是本书的根本目的。

三、研究意义

第一，集体林权制度改革是林业适应社会主义市场经济体制建设的必然选择。多年来的实践证明，产权不清、经营主体缺位已经成为制约林业发展的“瓶颈”，是影响林业实现可持续发展的一个体制性障碍，是影响林农及社会各界投身林业建设、生产要素向林业集聚的一个深层原因。林业的发展，始终要遵循两个规律，一个是经济规律，另一个是自然规律。因此，本书对福建省集体林权制度改革的林业法律制度、物权理论、林权理论进行响应研究，并提出相应的响应策略，力图分析产权不清、经营主体缺位问题，以期促进林权相关法律制度的完善。

第二，集体林权制度改革有助于林业可持续发展。放宽林业产权、经营权后，全社会发展林业的积极性被最大限度地调动起来。同时，农民收益权、处置权的有效落实，也极大地调动了农民林业生产的积极性。福建省集体林权制度改革过程中，造林面积、非公有制造林比重大幅度增长，林业生产总值大幅度提高，村集体收入显著增加。同时，森林火灾、乱砍滥伐现象明显减少，森林资源得到有效保护。集体林权制度改革充分发挥了森林社会效益、经济效益与生态效益有机结合的优势，有力地推动了林业现代化步伐，有助于林业走可持续发展道路。但是，福建省集体林权制度改革后，政策落实情况如何，林农的意愿、需求是否得到满足，影响林业经济增长因素有哪些，林权制度改革是否对林业科技进步产生影响，森林生态效益是否得到提高，这些问题都亟待探讨。因此，本书从福建省集体林权制度改革对林农的意愿响应、福建省集体林权制度改革前后林业状况评价、福建省集体林权制度改革的政策落实度和需求评价、福建省集体林权制度改革对林业科技进步贡献率的影响评价、福建省集体林权制度改革对森林生态系统服务价值的影响评价等角度进行实证研究，分析存在的问题和现象，并提出相应的响应策略和建议，从林改前后各方面变化的实际情况入手，为深化福建省集体林权制度改革提供实证保障。

第三，集体林权制度改革促进了政府职能转变，推动了新型集体林权管理体系的建设。集体林权制度改革后，建立了一系列新的林业合作经济组织、社会化服务组织和农民自律组织，取代了过去由乡、村和林业部门管不了、管不好的政府职能。林业部门的工作重心转移到了林业配套服务建设上来，重点放在培育林业生产要素市场、促进林业合作经济组织健康发展、推动森林保险业务等工作；乡镇基层组织把管理寓于服务之中，工作重心转到指导、协调、服务林农和引导群众兴办企业上来；村一级把精力更多地投入带领村民共同致富和办实事中。但是，集体林权管理体系建设并非一步到位，还存在许多不足与问题。因此，本书对集体林权管理体系进行响应研究，分析集体林权管理体系中存在的深层次、根本性问题，为深化福建省集体林权制度改革提供理论支撑。

总之，福建省集体林权制度改革极大地调动了广大农民的生产积极性，极大地提高了全社会对林业发展的关注度，促进了森林资源市场流转体系的健康发展；林业生产经营模式多样化促进了林业向规模化、集约化方向发展，有利于森林资源的有效利用与保护。集体林权制度改革必将完善和丰富我国的农村家庭承包责任制，是农村土地制度改革在林地上的拓展和延伸，遵循了市场经济规律和农民意愿，必将再次解放和发展农村生产力。但是，福建省集体林权制度改革还有许多亟待解决的新问题，特别是深层次的、根本性的问题，须不断进行实践探索与理论归纳。

第二节　研究内容、创新点、技术路线及研究方法

一、研究内容

（1）开展福建省集体林权制度改革的响应研究，具体包括林业法律制度响应研究、林业相关理论响应研究、福建省集体林权管理体系响应研究以及林农意愿响应研究。

（2）开展福建省集体林权制度改革的评价研究，具体包括福建省集体林权制度改革对林业科技进步贡献率的影响评价、福建省集体林权制度改革前后林业状况评价、福建省集体林权制度改革对森林生态系统服务价值

的影响评价、福建省集体林权制度改革的政策落实度与需求评价、福建省集体林权制度改革的林业社会化服务评价。

（3）通过对福建省集体林权制度改革的响应与评价研究，分析福建省集体林权制度改革中存在的深层次、根本性问题，总结福建省集体林权制度改革的利弊，提出相应的响应策略和改进建议，为深化福建省集体林权制度改革提供理论参考。

二、研究创新点

本书在对福建省林权制度改革10县（市）实地调研的基础上，应用大量的数理统计方法进行数据分析，建立相关预测模型，佐之以实证案例，弥补前人只注重定性而忽略定量研究方法之缺憾。本书研究创新点主要包括：

第一，在10县（市）中抽取9个样本村，以9个样本村的林农为对象，提出了定量和定性分类的林农林地林木影响因素转出意愿的假设。

第二，以福建省三明市12个县（市、区）改革前后林业状况进行对比分析，分别建立了林农人均增收因素预测模型、山林纠纷因素预测模型、村集体林业增收因素预测模型。

第三，以福建省2001—2019年林业生产为对象，采用索洛余值法的经验值法进行测算，测算出福建省林权制度改革在“十五”“十一五”“十二五”“十三五”期间各林业要素增长率和贡献率。

三、技术路线与研究方法

（一）技术路线

按照“是什么，为什么，怎么办”的一般思维模式，遵循“提出假设—诊断问题—分析原因—设计模型—检验结论”的逻辑思路，在文献资料收集、调查访问的基础上，从内部入手进行响应研究，从外部着眼进行评价研究，按照由内及外的思路，从理论和实证两方面进行论证，以期达到全面、客观地分析集体林权制度改革中存在的深层次、根本性问题，并提出预测模型和具体响应策略和建议，为深化福建省集体林权制度改革服务，为推动林业可持续发展服务（图1）。

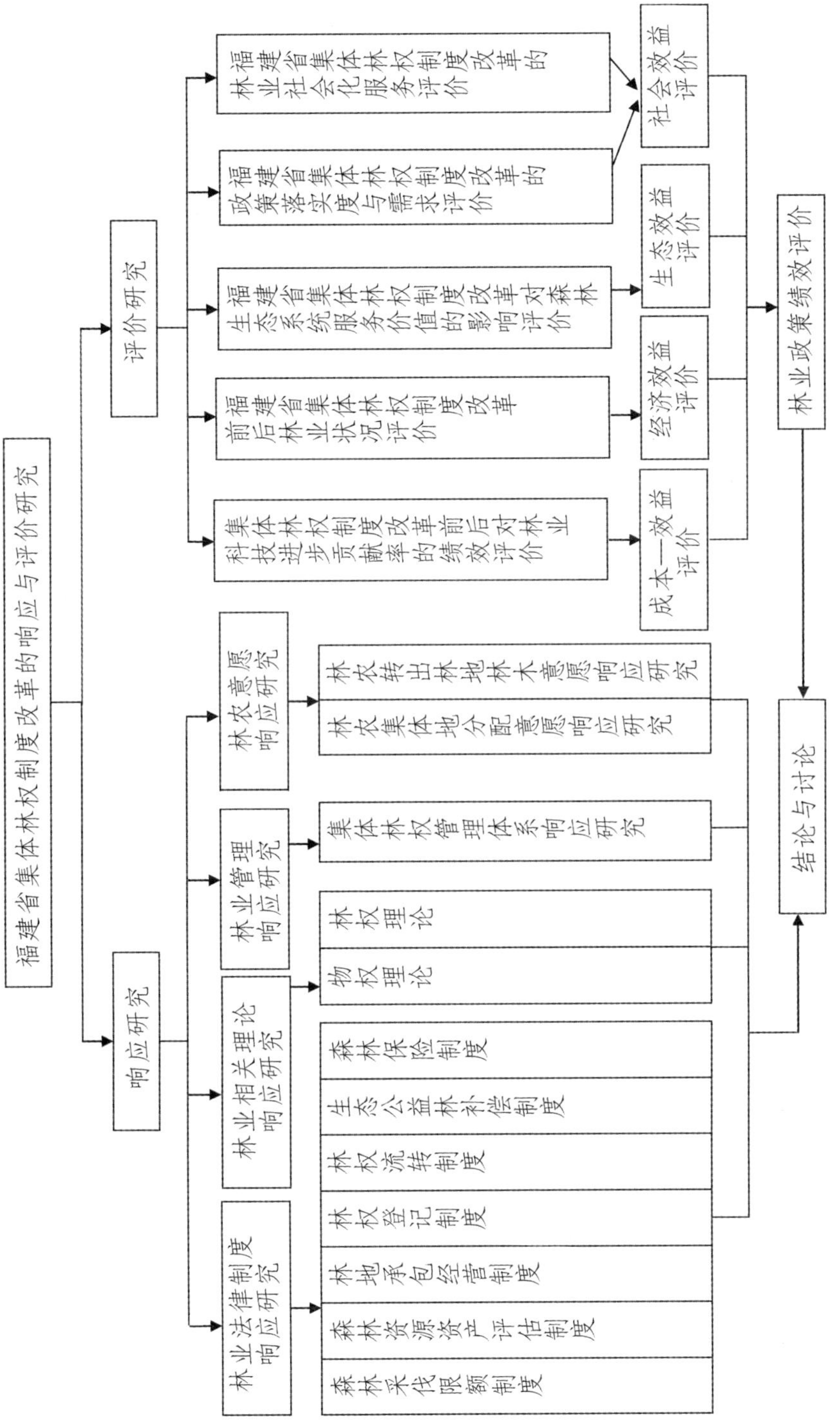

图5　福建省集体林权制度改革的响应与评价研究

（二）研究方法

本书采用理论研究与实证研究、定性分析和定量分析、历史分析与横向比较相结合等多种方法，既注重理论演绎推理，又注重事实归纳总结。

福建省按地理区域划分，可分为山区县和非山区县，山区县是福建省的重点集体林区，是福建省集体林权制度改革的重点。福建省集体林权制度改革在全省铺开，改革范围除了山区县还包括集体林较少的非山区县，而山区县与非山区县还存在经济、文化、教育等方面比较明显的差异，这必将影响到对福建省集体林权制度改革的全面认识。

1. 实地调查方法

在福建省分别按山区县及非山区县抽样进行实地调查。在样本县采取座谈、实地考察、干部问卷调查、林农问卷调查及访谈等形式；对样本村实施乡村快速评估法（RRA）；采取座谈、访谈、观察和林农问卷调查形式调查农户。

2. 问卷调查法

本书分山区县和非山区县进行问卷调查。在样本选择上，山区县选择集体林权制度改革的典型县市，非山区县选择与山区县经济、文化、教育等方面差异明显的县市作对比研究。由于山区县是林权制度改革的重点，在样本数量选择上，偏重山区县调查，非山区县作对比研究。

2010年4月至8月，在全省94个县（市）中调查10个县（市）11个乡村，其中山区县有南平市的光泽县、顺昌县、延平区，三明市的建宁县、将乐县，龙岩市的上杭县、武平县，漳州市的德化县；非山区县有漳州市漳浦县，福州市闽侯县。其间，实地考察调研乡村、基层林业工作站、产权流转中心、造林公司、林业生产基地等相关单位、部门20个，访问林农200多户，发放林业干部和林业技术人员问卷调查表260份，收回235份；发放林农问卷调查表240份，收回199份，合计收回问卷调查表434份，同时收集各类文件及典型案例500余例（表2、表3）。

表 2 问卷调查表——基本情况汇总（林业干部和林业技术人员）

县（市）	调查时间（年月日）	发放问卷（份）	收回调查问卷（份）
南平市光泽县	2010-5-10	30	27
南平市顺昌县	2010-4-22	30	30
三明市建宁县	2010-5-19	30	29
三明市将乐县	2010-5-10	10	6
漳州市漳浦县	2010-5-17	20	11
漳州市德化县	2010-7-3	30	29
龙岩市上杭县	2010-9-18	20	16
龙岩市武平县	2010-8-6	30	27
福州市闽侯县	2010-10-10	30	30
南平市延平区	2010-5-6	30	30

表 3 问卷调查表——基本情况汇总（林农）

县（市）	样本地	调查时间（年月日）	发放问卷（份）	收回调查问卷（份）
南平市光泽县	华侨乡增坊村	2010-5-10	30	20
南平市顺昌县	埔上镇土丰村	2010-4-22	20	16
三明市建宁县	溪源乡东溪村	2010-5-19	30	21
三明市将乐县	万安镇万安村	2010-5-10	10	7
漳州市漳浦县	盘陀镇和美村	2010-5-17	20	12
漳州市德化县	大铭乡大铭村	2010-7-3	30	29
龙岩市上杭县	蛟洋乡邹坑村、达理村	2010-9-18	20	16
龙岩市武平县	武平镇帽林村	2010-8-6	20	18
福州市闽侯县	廷坪乡曹地村	2010-10-10	30	30
南平市延平区	巨口镇上埔村	2010-5-6	30	30

3. 统计分析方法

主要统计分析方法有：二分类 Logistic 回归模型、典型相关分析法、逐步回归分析法、单因素分析法、列联表法、交叉列联表法、频数分布法、符号检验法、两样本均值差异 t 检验以及卡方检验。

第三节 国内外林权制度研究概述

一、国外林权制度研究概述

（一）林权制度相关研究

国外学者在研究林权制度过程中，重在研究林权制度产生、发展的原因及规律，从而为制定林业政策提供依据。关于林权、林业产权及其制度等概念研究，国外学者把所有制一般划分为国家产权、共同产权、私人产权和自由进入4种形式。① Bruce和Fortmann认为，保护森林最好的办法是排他性的经营管理，并且通过国家强制实施。② 但也有一些学者认为，林业是一种多向利用活动，林业中许多问题都根源于多向利用不同目标之间的矛盾，在私人产权形式下，私人所有者不会充分考虑林业中的公共物品和无价格产品的供应问题。③

Adrian Whiteman对森林所有权等方面的全球趋势进行了分析，研究发现国家对森林的控制权和所有权呈下降趋势，这是由于一些国家将公共森林转让给私营部门（包括当地社区），同时发达国家拥有私有森林的比例相对较高。④ 关于林权界定，Rebecca Anne-Riggs从具体案例的角度分析了印度尼西亚农业冲突，指出复杂和模棱两可的所有权制度造成了冲突，森林边界的模糊性也是引起冲突的另一原因，因此要对森林所有权进行合理划分。⑤ Peter J. Kanowski对澳大利亚的林业进行分析，指出澳大

---

① David W Bromly. *Property Rights as Authority Systems: The Role of Rules in Resource Management.* "*Emerging lusses in Forest Policy*". UBC Press, 1992: 1—20.

② John W Bruce, Louise Fortmann. *Property and forestry: emerging iusses in forest Policy.* UBC Press, 1992: 20—50.

③ Alston, J. M.. "An Analysis of Growth of U. S. Farmland Prices, 1963—1982." *American Journal of Agricultural Economics 68.* 1 (1986).

④ Adrian Whiteman. "Global trends in forest ownership, public income and expenditure on forestry and forestry employment." *Forest Ecology and Management 325.* (2015).

⑤ Rebecca Anne Riggs, et al. "Forest tenure and conflict in Indonesia: Contested rights in Rempek Village, Lombok." *Land Use Policy 57.* (2016).

利亚的森林治理模式和森林所有权联系紧密，但在政策上缺乏协调性和连续性，要通过增强不同利益群体的森林所有权来促进目标的实现。[①]

（二）林权制度实践研究

各国根据实际情况制定林权制度，通过实践发现林权制度的演化是可以对经济发展效率和社会产生影响的。[②] 近些年，各国结合世界林业发展趋势和自身发展对林业的具体要求，林权制度实践目标多贴近“森林（林业）可持续发展理论”“森林永续利用理论”“森林多效应理论”等，并取得相应成果。Frederick W. Cubbage 等对美国的林业改革进行研究后发现，美国的改革多集中于国际林业，且环保组织发挥的作用超过政府。[③] McGinley 对拉美国家的社区林场改革进行研究后发现，国家将林场经营权下放给社区，通过建立公园和旅游景点等进行森林资源保护和利用，在提升社区人文环境的同时，政府也减轻了管理压力。[④] Karin Beland Lindahl 探讨了瑞典林业发展模式，发现其森林政策历来优先考虑木材生产和可持续发展的经济层面，然而执行政策和机制薄弱阻碍了目标的实现。[⑤] Mariel Aguilar-Stoen 分析了危地马拉林业激励法案，认为社区组织应多参与法律制定，从而促进环境治理民主化[⑥]。Marcos Tricallotis 等探讨了森林认证对智利林业企业的影响，研究表明森林认证已在智利林业部门等得到广泛采用，森林认证在恢复自然生态系统等方面起到了积极作

① Peter J. Kanowski. “Australia’s forests: Contested past, tenure-driven present, uncertain future.” *Forest Policy and Economics 77.* (2017).

② Pearse, P. H. “Property rights and the development of natural resource policies in Canada.” *Canadian Public Policy 143.* (1988).

③ Frederick W. Cubbage, David H. Newman. “Forest policy reformed: A United States perspective.” *Forest Policy and Economics 9.* 3 (2005).

④ McGinley. “Forest tenure reform in Asia and Africa: local control for improved livelihoods, forest management, and carbon sequestration.” *Journal of Natural Resources Policy Research 7.* 4 (2015).

⑤ Karin Beland Lindahl, et al. “The Swedish forestry model: More of everything?” *Forest Policy and Economics 77.* (2017).

⑥ Mariel Aguilar-Stoen . “Social forestry movements and science-policy networks: The politics of the forestry incentives program in Guatemala.” *Geoforum 90*. (2018).

用，但在解决林业深层次矛盾方面作用有限。[①]

Andy White 等认为森林的收益权与所拥有的权属存在紧密联系，政府应当逐步放开公有林经营，把公有林经营权提供给全社会。[②] 关于森林资源产权的研究，国际上一些专家在研究森林产权变革问题后，认为在森林所有权和使用权方面的变革取得了成效，但也带来了一些新的问题和风险。Stroup、Richard 和 John Baden 认为要充分发挥市场高效配置森林资源效力，前提是私人性质的资源产权能够自由转让，否则市场将失灵，私人将失去信息、生产、转让方面的排他性权利，最终导致资源浪费。[③] 由于交易成本的存在，对公平的追求而产生的政府干预机制也存在失灵问题。世界主要林业国家的森林经营历程表明，森林产权的明晰程度与政府政策、林业机构设置的稳定性存在密切联系，政府干预机制失灵将导致森林产权的稳定性、森林资源遭受破坏，导致生态环境恶化，最终影响林业可持续发展。[④] 在林权制度变革方面，Horse Weyer haeuser 等认为林权改革是必要的，除此之外，构建正式制度过程中相关的人力和社会资本的投入也必不可少。[⑤] 在林业政策的制定和实施方面，Chris Tollefson 等通过对加拿大 20 世纪 70 年代中期以来林业政策变革问题的研究调查，认为北美林业产业处于政策转变的十字路口，并提出了推动林业可持续发展的途径。[⑥]

---

① Marcos Tricallotis, et al. "The impacts of forest certification for Chilean forestry businesses." *Forest Policy and Economics 92.* (2018).

② Andy White. Alejandra Martin. "Who owns the world's Forests? Forest Tenure and Public Forests in Transition." *Forest Trends*. (2002).

③ Stroup, Richard and John Baden. "Property rights and natural resource management." *Literature of Liberty*. (1979).

④ 郭祥泉、林家杉、郑经池：《国内外森林产权变革与永安市集体林权改革的探讨》，《林业经济问题》2006 年第 5 期。

⑤ Horst Weyerhaeuser, et al. "Ensuring a future for collective forestry in China's southwest: Adding human and social capital to policy reforms." *Forest Policy and Economics 8.* 4 (2005).

⑥ Chris Tollefson. *The wealth of Forests: Markets, Regulacions and Sustainable forest.* UBC Press, 1998: 373—383.

二、国内林权制度研究概述

（一）外文文献中关于中国林权改革的研究

外文文献中关于中国林权改革的研究多见于二十世纪八九十年代，主要分析了早期集体林权改革的制度绩效及影响因素，但文献资料不多。Song Yajie 等认为，中国林业家庭股份合作模式有利于调动林农的生产积极性，提高林业生产力。[①] Horst 等也认为，中国林业家庭经营模式有益于林业经济增长与环境改善双重目标的实现。[②] 但是，由于林权改革政策不稳定（频繁变动）及一些不合理的制度安排，林权改革的效果受到了严重影响。[③] Peter 认为中国的林权制度改革受到了政府的干预，农户没有完全获得林权，林地经营中的采伐限额等制度对农户经营林业造成阻碍。[④] 南方林权改革对林地增加有一定的积极影响，但受制于采伐限制等制度约束，林权改革对木材采伐量并没有产生积极效果；而集体林权制度变迁所导致的不确定性，显著地影响了农民造林与森林经营的积极性。[⑤] 林权改革本身对农户增收可能并没有什么效果，农户收入增长主要受制于诸如社会、文化、经济、生态环境等外部因素的约束。[⑥] 以上研究结果也印证了我国在新一轮集体林权制度改革中，要用 5 年时间完成明晰产权、承包到户改革任务的必要性。国外学者初步分析了新一轮集体林权制度改革的成效：基于 2006—2007 年在福建等 8 个省区的调查数据分析可知，林改后

---

① Yajie Song, William Burch. “New Organizational Strategy for Managing the Forests of Southeast China The Share Holding Integrated Forestry Tenure (SHIFT) System.” *Forest Economics and Policy 91*. (1997).

② Horst Weyerhaeuser, et al. “Ensuring a future for collective forestry in China's southwest: Adding human and social capital to policy reforms.” *Forest Policy and Economics 8*. 4 (2005).

③ Sen Wang, et al. “Mosaic of reform: forest policy in post-1978 China.” *Forest Policy and Economics 6*. 1 (2004).

④ Peter Ho. “Development Dilemmas: Land Reform and Institutional Change in China.” *London: Routledge*. (2005).

⑤ Yaoqi Zhang, Jussi Uusivuori, and Jari Kuuluvainen. “Econometric analysis of the causes of forest land use changes in Hainan, China.” *Canadian Journal of Forest Research 30*. 12 (2000).

⑥ Yajie Song, et al. “From innovation to adaptation: lessons from 20 years of the SHIFT forest management system in Sanming, China.” *Forest Ecology and Management 191*. 1 (2003).

农户林业收入及林业生产投资有所增加，林改仅对实施当年的造林面积有显著的正影响。[①] 基于福建永安和江西铜鼓的案例研究，Chen 等认为新一轮集体林权制度改革有效地促进了农民增收。[②] 外文文献对新一轮集体林权制度改革成效的研究几乎都是国内学者的研究成果。

（二）国内学者研究概述

福建省集体林权制度改革取得了一定的成果，但在实践中也存在一定的问题。陈永源等认为，福建省南平市森林资源产权制度改革主要存在以下问题：第一，森林资源产权制度改革违背了改革初衷，存在认识偏差。改革中一些村干部过多地考虑任期内可支配的财力，一卖了之，忽视村民的利益，大面积的林子通过拍卖被集中到少数人手上，而一些需要生产资料的村民却因资金等原因而无法得到。第二，森林资源流转不规范。由于目前没有正式的森林资源评估机构，森林资源要素市场发育尚未成熟，林地林木在流转过程中存在评估过程、流转方式不规范问题。第三，集体林权改革政策不配套。例如，商品林自主经营与采伐限额制度产生矛盾，中幼林抚育间伐与林业部门规定的间伐强度和间伐次数产生矛盾等。[③] 关于林业产业政策研究，杨云龙等发表的中国林业产业政策研究报告——《中国林业产业政策设计基点》，首次对我国林业产业政策进行阶段性研究，阐述了林业产业政策的内涵和目标，强调人是林业产业政策的服务对象，认为林业产业政策的重点在于林业产业格局的转变，只有提供优良的政策环境，保证劳动者的经济利益，才能调动劳动者的生产积极性，从而有效地保护森林资源。[④] 关于集体林产权改革过程和效果的研究，乔方彬等通过对云南林区的实证研究，认为我国 20 世纪 80 年代初的分林到户政策对

---

① Xie Lunyu, Berck Peter, and Xu Jintao. "The effect on forestation of the collective forest tenure reform in China." *China Economic Review 38.* (2015).

② Juan Chen, John L. Innes. "The implications of new forest tenure reforms and forestry property markets for sustainable forest management and forest certification in China." *Journal of Environmental Management 129.* (2013).

③ 陈永源、谢德海：《福建省南平市集体林权制度改革的实践与建议》，《林业经济问题》2005 年第 5 期。

④ 杨云龙、李周、张明吉等：《中国林业产业政策设计基点》，《管理世界》1990 年第 1 期。

林业发展有积极的影响，虽然该政策在短期内可能由于不安全性影响林业的结构，但从长期来看仍然能促进林业的发展。[①] 于波涛等指出资产化和市场化机制的缺失是森林生态服务资源供需失衡的根本原因，森林生态服务使用权证制度的建立，是合理配置森林生态服务资源的可行路径。[②] 严立冬等对生态资源资本化进行了初步探讨，认为生态资源的不合理利用和浪费，必将导致生态环境破坏与生态资本存量减少，进而影响国家经济社会的可持续发展。[③] 乔永平指出森林资源产权市场要素包括市场客体、市场主体、价值评估、市场中介组织、市场规则，森林资源产权要素市场的培育目标，是改变森林资源无偿使用状态，用市场机制进行资源配置，提高森林资源配置效率，最终走林业可持续发展道路。[④] 刘文燕对国有森林资源产权制度变迁规律加以分析，对国有森林资源产权制度改革的经济学原因进行诠释，针对国有森林资源产权领域存在的问题，提出了产权改革模式、产权改革物权结构、产权改革市场体系、产投改革制度保障措施，通过社会实践进行国有森林资源产权改革案例分析，评价改革效益和提供完善对策。[⑤] 孔凡斌指出集体林权改革后出现林地产权破碎化和林地规模化集中、社会经济成本不断扩大的问题，应引起高度关注。[⑥] 王世进等指出我国现行的《中华人民共和国森林法》对林权流转的规定远滞后于政策和地方性立法，无法达到规范林权流转的目的，有必要对森林法中集体林权流转制度的规定进行修改，以适应新情况的需要。[⑦] 徐丰果等指出集体林权制度改革向纵深推进要求制定相关法规，为林权流转提供明确的法律依据，促进林业资产评估，培植林权流转中介组织，同时实行政府的适度

---

① 乔方彬、罗泽尔：《林地产权和林业的发展——云南林区的实证研究》，《农业经济问题》1998 年第 7 期。

② 于波涛、曹玉昆：《森林生态服务资产化与多级交易市场体系初探》，《林业科学》2011 年第 1 期。

③ 严立冬、谭波、刘加林：《生态资本化：生态资源的价值实现》，《中南财经政法大学学报》2009 年第 2 期。

④ 乔永平：《森林资源产权市场建设研究》，南京林业大学 2008 年博士论文。

⑤ 刘文燕：《国有森林资源产权制度改革研究》，东北林业大学 2007 年博士论文。

⑥ 孔凡斌：《集体林权制度改革绩效评价理论与实证研究——基于江西省 2484 户林农收入增长的视角》，《林业科学》2008 年第 10 期。

⑦ 王世进、焦艳：《我国〈森林法〉中集体林权流转制度的不足与完善探讨》，《安徽农业科学》2009 年第 35 期。

引导，以促进林权流转规范有序发展。[①] 此外，还有许多学者针对我国林业投融资体制建设、森林资源市场建设、碳汇林业法制保障、公益林建设市场化以及集体林区森林保险制度建设等方面展开了深入调查与研究。[②③]

第四节　集体林权制度变迁历程

一、我国集体林权制度变迁历程

（一）社会主义公有制林业体制的建立时期（1949—1958年）

1949年至1958年，林业改革的整个轨迹是逐步建立社会主义公有制，即包括全民所有制以及集体所有制的公有制林业体制。社会主义公有制林业体制的建立主要经历了三个时期：土地改革时期、初级社时期、高级社时期。

1. 土地改革时期（1949—1953年）

1949年，中华人民共和国成立。具有临时宪法性质的《中国人民政治协商会议共同纲领》（以下简称《纲领》）提出，“有步骤地将封建半封建的土地所有制改变为农民的土地所有制”“实现耕者有其田”的土地改革目标。《纲领》第34条规定：“保护森林，并有计划地发展林业。”1950年5月16日，中央人民政府政务院发布《关于全国林业工作的指示》，该指示成为处理山林权属问题的依据。该指示规定农民拥有林地、林木所有权、使用权、收益权和完全处分权。林地允许买卖、赠与、典当、出租等。1950年6月颁布的《中华人民共和国土地改革法》为土地改革的基本法律依据，将大森林、大荒山、天然生长的森林资源划归国家所有，并成立全民所有的大林场、森工企业代理人民政府统一经营管理山林；从封建地主处没收和征收的山林按照适当比例，折合普通土地统一分配给没有山

---

① 徐丰果、周训芳：《论集体林权制度改革中的林权流转制度》，《林业经济问题》2008第4期。

② 李利权：《改革与完善我国林业投融资体制对策研究》，东北林业大学2006年博士论文。

③ 王跃先、常宏：《碳汇林业的法制保障——从森林保险法律制度谈起》，《法制与社会》2010年第34期。

林的农民，农村依法实行农民的土地所有制。林地与农地一样，通过均田（山、林）的形式被确立为农民个人私有，农民拥有山林完整的私人产权，可自主决定个人所有山林的采伐、利用、出租和交换等。1951年4月，政务院在《关于适当地处理林权明确管理保护责任的指示》中指出，在确定林权归属的基础上，由县级人民政府发给林权证书。农民从此拥有了自己的土地和山林，焕发出发展林业生产的积极性。这一时期实际上是林权确权阶段，但绝大多数省份山林已有土地证，而且山林“四至”基本正确，只有少数省份发放林权证明。1951年9月，中共中央通过《关于农业生产互助合作的决议（草案）》，以互助组为主要形式的互助合作组织开始发展，出现了以劳动力互助为主、从事造林和采伐作业的林业互助组。1953年4月22日，私有林地区森林工业局长会议提出，采取在国家严格管理下的木材交易自由政策。同年9月30日，政务院发布《关于发动群众开展造林、育林、护林工作的指示》，确定开展造林、育林、护林工作应成为各级人民政府，特别是山区各级人民政府的主要任务之一，应成为各级人民代表大会的重要议题之一。各级人民政府在布置农村工作时，应将林业工作列为应有内容，并作统一计划和统一安排。

土地改革时期，从林权流转方面来说，开始是允许林权流转的，但是自1950年1月30日对林产品开征货物税起，林权流转就逐渐地被限制，到后来不再允许流转，走上完全的计划经济体制道路，直至林权市场化运作开始的20世纪80年代中期才中止。

2. 初级社时期（1953—1956年）

土地改革完成之后，林业方面的矛盾主要体现为三个方面：一是分散的个体林农的林业生产与国家计划的积极性空前高涨，但同时也产生了某些盲目采伐的现象。二是木材生产是商品性生产，一次获得现金收入较多，在存在资本主义经济成分的情况下，容易助长农村个体经济的自发资本主义势力。三是个体经济的私有性与社会主义的公益性之间的矛盾。

为克服这些矛盾并执行《中国共产党中央委员会关于发展农业生产合作社的决议》，林业方面也开始互助合作。1953年国家制定第一个五年计划，全国进入有计划的经济建设时期，农民按照自愿和互利原则组成初级农业合作社，在保持土地私有的基础上，集体统一使用私人的土地、耕畜和农具等主要生产资料，林业和农业一起走上合作化道路。1953 年 12 月 16 日，中共中央通过的《中国共产党中央委员会关于发展农业生产合作社的决议》提出要“教育和促进农民群众联合组织起来，逐步实行农业的社会主义改造，使农业能够由落后的小规模生产的个体经济变为先进的大规模生产的合作经济”，这标志着农林领域生产资料的社会主义改造启动。从此中国经济发展史开始进入初级社时期。

初级合作社时期，南方集体林区的林权制度安排总结如下：农民拥有林地和林木所有权、部分处分权；合作社拥有部分林木所有权和林地使用权，农民和合作社之间分配收益权，林地所有者扣除公积金、公益金后获得分红；社员不能对林地进行出租、出卖；农民可自由退社。1953 年开始，农村山林入社工作展开，合作化运动拉开序幕。成片林木折价入社，转为合作社所有，农民仅拥有房前屋后零星树木和自留山上的林木所有权。初级合作社时期是中国经济走向高度集中的计划经济体制的一个步骤而已。

在林权流转方面，初级社时期，农民将林权作股入社，有较高的自愿成分，也没有从根本上剥夺农民的利益，虽然林地的出租转让受到了一定限制，不利于资源的合理配置，但是整体上还是有利于林业的发展。1955 年 10 月，《中共七届中央委员会关于农业合作化问题的决议》提出，经原主自愿，可将成片的林木入社统一经营，但保留原主的私有权。同年 11 月，全国人大常委会通过的《农业生产合作社示范章程（草案）》强调，“除房前屋后农民私人所有的零星林木外，成片林木、成材林、幼林应该交给合作社统一经营，由合作社支付社员合理的报酬后，收入按比例分成”。根据《农业生产合作社示范章程（草案）》规定，成片的林木一般应逐步过渡到合作社经营。对于社员私有的林木、零星树木由社员自己所有和经营；果园、茶山、桑田、桐山、竹林等交由合作社统一经营，由合作社付给社员合理的报酬；经社员同意，成林和有林可由合作社统一经营，收入按比例分成；经社员同意，幼林可由合作社进行收购，转化为合作社公有资产。《农业生产合作社示范章程（草案）》对农村各类山林、果园、竹林等的经营形式作出原则规定。

初级社采取渐进和自愿方式，按照自愿和互利原则，通过示范在农村推行劳动互助、生产资料和土地合作制度。农民体会到了组织起来统一经营的优越性，自觉性和积极性比较高，但该时期仍然属于诱致性制度变迁与强制性制度变迁的结合。这个阶段林业产权制度的特点是私有产权不完整，出现中华人民共和国成立后林权制度首次所有权与使用权分离：农民拥有林地和林木的所有权，而合作社拥有林地使用权、部分林木的使用权和处置权；收益权在个人和集体之间分配。另外，由于林木的砍伐等由国家统一管理，所以农民拥有私有林地的限制处置权。[①]

3. 高级社时期（1956—1958 年）

1956 年 1 月，由毛泽东亲自主编的《中国农村的社会主义高潮》出版，书中大力倡导创办大社和高级社。1956 年开始，高级农业合作社进入大发展阶段，逐渐废除土地私有制，实行集体所有制。所有社会成员必须加入高级社，必须把土地、林木、耕畜、大型农具等主要生产资料都无代价地转为合作社集体所有，取消土地分红，实行按劳分配。由此，从初级农业合作社向高级农业合作社的转变在全国范围展开。截至 1956 年 12 月底，高级社达到 54 万个，入社农户已超过 1 亿，占农户总数的 87.80%。其中，仅 1956 年 9 月，高级社比重就提高了 12%。高级合作社发展过程中与农民愿望相悖，并没能激发农民的积极性。这一时期的制度变迁仅仅是政府命令的结果，属于强制性制度变迁。这一阶段林权制度的特点是私有林权制度基本废除，除农民拥有少量自留山的林地和林木产权外，集体成为农村林地和林木的产权主体，在全国范围内出现集体林权和小部分私有林权共存状态。

1957 年 7 月，《中共中央批转林业部党组关于农林业生产合作社当前林业生产中几种具体政策问题的请求报告》发布，从而结束了中国农村林权私有化制度。从此，中国由于实行计划经济体制，禁止了林权流转。从 1957 年开始，农村开始进行土地调整，经历了互助组、初级社和高级社三个阶段。从互助组到初级社然后到高级社，逐步把农民个人所有的山林变成了个人和集体共同所有，农村林业逐步由分散经营转向集中统一

① 张旭峰、吴水荣、宁攸凉：《中国集体林权制度变迁及其内在经济动因分析》，《北京林业大学学报（社会科学版）》2015 年第 1 期。

经营。

1949年至1958年，林权制度改革的整体特征是对林权私有制进行社会主义改造，是私有林权制度向公有林权制度过渡并定型的一个时期。就林权流转意义而言，在国家政策层面上，允许林权流转只是昙花一现。但是，对这一历史时期政策的逐渐演变作分段分析，则会给我们以下启示：第一，森林资源的盘活，首先必须清晰界定林权，权力、责任、利益明确。第二，清晰界定林权之后，政策上应该允许林权流转，森林资源只有在林权流转的政策允许下才有可能盘活。第三，林权流转制度的建立，必须允许私人利益的存在，并且国家不得随意干涉私人利益。

（二）人民公社时期（1958—1978年）

1958年至1978年是人民公社时期。人民公社时期，我国实行高度集中的计划经济体制，物资统一分配、统一经营管理，物资流通也是统购统销。在此背景下，林权流转也是被禁止的。整个林业建设也是统一管理，按计划经营。

1958年是国民经济第二个五年计划开始之年。1958年中央发布《中共中央关于在农村建立人民公社问题的决议》《中共中央关于把小型的农业合作社适当地合并为大社的意见》，人民公社化运动迅速开展，林权由高级社集体所有进一步扩大为公社集体所有。公社化运动中，包括农民自留山在内所有山林的林权全部划归人民公社所有，实行统一经营管理。该年3月12日，林业部党组向中共中央提出第二个五年林业和森林工业计划的初步安排。在第二个五年计划执行期间（1958—1962年），加快了林业建设发展的速度，在造林、育林、木材采伐和综合加工利用等林业生产建设各方面都取得了新的进展。但是，从1958年以来，在当时的背景下林业工作也出现了急躁冒进，林业建设遭到重大损失。在随后中央的调整政策中，林业政策也陆续纠偏。1960年，中共中央发布了《关于农村人民公社当前政策问题的紧急指示信》，对农村劳力、土地、耕畜、农具必须实行“四固定”，固定给生产小队使用，并且登记造册。1961年6月26日，中共中央颁布了《关于确定林权、保护山林和发展林业的若干政策规定（试行草案）》，针对山林权属，提出必须坚持“谁种谁有”原则。对于林权、山林的经营管理和收益分配、木材的采伐和收购，以及群众造林等有关政策做出了明确规定，确定人民公社实行山林“三级所有，队为基础”的集体林业所有制，提出“恢复农民房前屋后林木和自留山的产权”，并规定“林木的所有权必须长期固定下来，划清山界，树立标记，不再变动”。1961 年 9 月 1 日—20 日，林业部在北京召开南方 11 省、自治区林业厅局长会议，根据《农村人民公社工作条例（修正草案）》（简称《六十条》）、《关于确定林权、保护山林和发展林业的若干政策规定（试行草案）》两份文件的相关规定，总结几年来林业工作的经验和教训，着重研究人民公社的林业生产问题。林业建设在 1963 年至 1965 年国民经济调整时期，根据中共中央 1961 年颁布的《关于确定林权、保护山林和发展林业的若干政策规定（试行草案）》调整林业政策，使林业建设秩序得到很快恢复，群众造林、育林和护林的积极性有了提高。

1966 年至 1976 年，随着国民经济下行，林业建设方面也受到了冲击。1966 年开始，再次将房前屋后以及自留山的林木全部归集体所有。在人民公社阶段，农民私有林权被完全废除，集体成为农村林地林木的唯一主体。林业政策方面，1973 年 8 月 10 日—23 日，农林部在山西省运城地区召开全国造林工作会议，认为要特别注意解决以下问题：坚决维护国家和集体的山林、树木所有权；坚决执行现阶段农村人民公社“三级所有，队为基础”的基本政策，鼓励社员在房前屋后或生产队指定的地方种树，自种自有；地竹木集中产区的社队，按《六十条》规定，实行“以经营竹木为主，竹木生产和粮食生产相结合”。

总而言之，在 1958 年至 1978 年这 20 多年间，山林权属“三级所有，队为基础”，实行乡村林场统一经营，成为集体林业的基本制度和主要经营形式。整个林业政策因为“特殊”历史时期的整体特征（高度集中的计划经济体制）而受到非常严重的影响，广大农民的生产积极性受到了严重打击。人民公社时期，林权制度安排总结如下：林权权属包括全民所有和集体所有两种。集体虽然拥有所有权、使用权、处分权、收益权，但是，集体产权受到国家的严格限制，集体拥有的处分权只是一种剩余索取权。同时，产权安排忽略了农民的个人利益，极大地打击了广大农民的生产积极性。由此，我们可以看出，意志自由、林权清晰、允许流转是盘活森林资源的三个必要条件。但是，这一时期国家在道路等基础设施建设方面有了显著改进。国家对国有林区和集体林区的开发进行了必要的投资；国家林业部门建立了中等和高等林业教育体系，建立了林木良种实验选育机构，建立了国有林场进行育林技术的试验和推广，建立了比较强大的森工企业和集体林区的木材采购站，还建立了指导农村集体林业科学护林和科学育林的林业站，这些举措为后期林业制度改革打下基础。

（三）集体林权改革时期（1978—1998年）

将1978年至1998年划分为一个阶段，是以《中华人民共和国森林法》的制定、修订为整体阶段而进行划分的。因为《中华人民共和国森林法》的制定、修订从整体上反映了这一时期整个集体林权改革的总体特征。1978年9月23日至10月12日，国家林业总局召开全国林业局长会议。会议讨论了林业发展规划和《中华人民共和国森林法（草案）》，研究了加快林业发展的措施，总结了中华人民共和国成立以来林业发展的利弊得失。1979年2月，第五届全国人大常委会第六次会议通过《中华人民共和国森林法（试行）》，明确规定保障国家、集体和个人林木所有权不受侵犯，经过5年的实施，于1984年9月第六届全国人大常委会第七次会议上正式通过《中华人民共和国森林法》，自1985年1月1日起施行。《中华人民共和国森林法》（以下简称《森林法》）颁布之后，于1998年修订，并于1998年7月1日起施行。

1981年，中央政府确定了集体林承包责任制的改革方案。同年，《中共中央 国务院关于保护森林发展林业若干问题的决定》颁布，提出在集体林区开展以“稳定山权林权、划定自留山和确定林业生产责任制”为主要内容的林业“三定”改革。其中“稳定山权林权”是对各集体间不清晰的山界和林权进行界定；“划定自留山”是把公社时期“集体所有，集体统一经营”的林地像农地一样分户经营，自留山和自留地一样占土地的比例很小；“确定林业生产责任制”与农地产权制度改革不同，并没有明确必须把林地分到农户，由农户承包经营。林业生产责任制改革是尝试着进行集体所有权和使用权相分离的多种形式之一，分户承包经营是其中一种模式。在农业改革的带动下，基层农民和基层组织主要选择了“分林到户”的模式。有相当多的村庄选择了其他多种多样的生产责任制，如“管护承包”“采伐承包”，还出现了受到中央政府肯定的三明林业股东会的改革模式。[①] 多种多样的林业生产责任制在本质上分为两大类：一类是与农业经营制度相近的分林到户，与农业不同的是集体实际上保留了相当大的经营控制权；另一类是保持集体统一经营，农户参与生产阶段承包。改革初期，农民、农村基层组织、从基层到中央政府的林业部门以及学者对两类模式有过激烈的争论。支持分林到户的和支持保持集体统一经营的力量都很强大，理论依据也很充足。最终，中央政府肯定林业生产责任制可以有多种模式。

截至 1981 年年底，全国有 1695 个县开始实施集体林地产权改革，组织大量人力参加林业“三定 ”工作。截至 1982 年年底，1069 个县和 66％的生产队完成集体林地产权改革，同时将 1100 万公顷的集体林地分配给 4500 万农民。截至 1983 年年底，65％的县和 79％的生产队完成林业“三定”任务。[②] 截至 1984 年年底，全国除上海和西藏外，1781 个县完成林业“三定”工作，占全国应开展“三定”工作县的 77.50％；475.40 万个生产队完成林业“三定”工作，占应开展林业“三定”生产队总数的 88.20％；完成定权发证的山林面积达 9666.67 万公顷；建立各种形式林业生产责任制的山林面积达 7866.67 万公顷。1985 年，《关于进一步活跃农村经济的十项政策》的颁布，进一步放宽了山区林区政策，开放了木材市场，允许林农和集体的木材自由上市交易。截至 1986 年年底，南方集体林实行家庭承包经营的约占集体林面积的 69％。在林业“三定”时期，福建、陕西等地实施了在全国范围内较有影响力的股份合作制，福建省的林地分配到户率仅为 32％，其中福建省划定自留山面积为 14.64 万公顷，占集体所有林权面积的 2.62％；且福建省 90％的用材林仍旧归集体所有。在一些南方集体林区，坚持“长期不变”和“谁造谁有”的原则，对于远山、面积比较大的山场和荒山实行林业生产责任制，承包期可以延长至 50 年或更长。[③] 在平原农区，林木实行“树随地走”等多种形式与农田一

---

① 刘伟平：《三明市集体林产权制度变迁研究》，《林业经济问题》2006 年第 6 期。

② 林业部：《中国林业年鉴》，中国林业出版社 1986 年版，第 479—481 页。

③ 林业部：《中国林业年鉴》，中国林业出版社 1986 年版，第 479—481 页。

起分给农户，其实质为农地家庭承包责任制。

但是，于1985年提出的这一政策使得木材生产和交易量急剧上升，严重破坏了森林资源的均衡利用原则，南方集体林区出现了乱砍滥伐现象，引起了各地林业部门和中央政府的警觉。为扼制这一不良倾向，1987年中共中央、国务院出台《关于加强南方集体林区森林资源管理坚决制止乱砍滥伐的指示》。文件要求暂停集体林区分林到户改革，已分包到个人的山林要加强集体统一管理，并要求严格执行采伐限额制度，农民生产木材由林业部门统一管理和进山收购。新文件的出台不是否定林业生产责任制改革，只是否定了十分模糊的所谓一分到底的“分林到户”模式。新文件出台之后，两类模式还在延续，只是探索集体统一经营方式的改革得到更大的支持。但是新文件的出台确实极大地影响了林业生产责任制改革，原本就难以确定的集体所有权与农户承包权的界限变得更加模糊。不确定的林业生产责任制导致负责林业改革的各级林业部门面临统与分的两难选择。这种模糊性的政策目标设置也为“摸着石头过河”的改革方式提供了合法性基础。中央政府并未“垄断”规则制定权，而是将规则制定权下放到各地方政府，鼓励进行多样化的“试点”，通过“百花齐放”的方式来调试林权制度改革的方向。[①] 这一时期的制度变迁属于诱致性制度变迁和强制性制度变迁结合。从产权特征看比较复杂，又一次出现集体林权和私有林权并存的情况。对于承包到户林地，集体保持所有权，承包农民享有林地使用权、林木所有权及受限制林木处置权。集体统管山林，拥有完整林权。自留山和责任山的所有权归集体所有，农民拥有自留山的使用权和林木所有权、收益权，以及责任山林地经营权和部分林木所有权。

1985年《中共中央　国务院关于进一步活跃农村经济的十项政策》颁布，确定“取消木材统购，放开木材市场，允许林农和集体的木材自由上市，实行议购议销”，集体林区林木材经营进一步放开。但1987年中共中央、国务院发布了《关于加强南方集体林区森林资源管理坚决制止乱砍滥伐的指示》，要求“严格执行年森林采伐限额制度”“集体所有集中成片

① 刘伟平、傅一敏、冯亮明等：《新中国70年集体林权制度的变迁历程与内在逻辑》，《林业经济问题》2019年第6期。

的用材林凡没有分到户的不得再分”“重点产材县，由林业部门统一管理和进山收购”。之后，各地整顿、强化森林资源管理秩序，木材流通再未放开。20 世纪 90 年代的国家市场化改革为集体林权改革确定了基本方向。1992 年，党的十四大明确提出中国经济体制改革的目标是建立社会主义市场经济体制。多个林业改革试验区开展了山地开发制度、林政资源管理、木竹税费、林产品流通市场、林业股份合作等一系列触及林权制度的改革实践，起到了典型示范、探路子、出经验的作用，但没有形成以林权制度改革为核心的全局性的改革大势。1995 年，国家体制改革委联合林业部发布《林业经济体制改革总体纲要》，提出“以市场化为导向，广泛吸引城乡多种生产要素投入山区资源的培育和开发”；允许“四荒”使用权有偿流转，允许通过招标、拍卖、租赁和抵押等形式，使森林资产变现。1998 年，除新修订的《森林法》第 3 条明确规定林权的归属之外，还在第 15 条明确规定林权可以流转；森林、林木和林地使用权可以依法转让，也可以依法作价入股或作为合资、合作造林、经营林木的出资和合作条件。该时期林地使用权和林木所有权的流转使林权主体多元化，法律保障增强，林权排他性有所提高。而《中共中央　国务院关于保护森林发展林业若干问题的决定》（林业“三定”政策）在 1981 年的时候就已为稳定林权山权打下了较好的基础。

1978 年至 1998 年，有非常重要影响的林权制度改革政策有两个：一是《森林法》的制定和修订；二是《中共中央　国务院关于保护森林发展林业若干问题的决定》的颁布。实际上，此期间的林权体制改革是伴随着农村经济体制改革的发展而发展的，也是林权制度市场化的萌芽阶段。20 世纪 70 年代末期，中国以农村探索家庭联产承包责任制启动了改革开放时代。从基层农民探索开始到由中央政府最终确定，家庭联产承包责任制成为农村家庭的基本经营制度经历的时间并不长，是因为家庭联产承包责任制的土地产权基本结构是清晰的、基本一致的。准确地说，农地的产权基本结构是清晰的、基本一致的。林权流转的市场运作也是从此时开始，尤其是 1985 年木材市场的放开，促进了民间林权流转形式的出现。

（四）林业可持续发展的确定阶段（1998—2003年）

1998年至2003年是林业可持续发展的确定阶段。这一阶段一方面是实施《森林法》，另一方面是确定林业可持续发展战略。

1998年新修订的《森林法》规定：只要不将林地改为非林地，森林、林木和林地的使用权可以依法转让，也可以依法作价入股或作为合资、合作造林、经营林木的出资和合作条件。这一时期的产权主体和林权经营形式更加多元化。该时期林地使用权和林木所有权的流转使林权主体多元化，法律保障增强，林权排他性有所提高。在保障村集体组织内成员优先的前提下，林权使用权的主体不限于集体组织成员，社会单位和集体外的人员也可以通过拍卖、流转、租赁等方式获得集体林地的使用权，出现了以家庭经营为主，联户经营、大户经营、租赁经营、股份合作经营等多种林权经营形式并存的现象。为深入实施《森林法》，政府还颁布了相关配套政策：2000年3月13日，国家林业局发布《林业工作站管理办法》；2000年4月18日，国家林业局决定实行全国统一林权证式样；2000年12月31日，国家林业局发布《林木和林地权属登记管理办法》；2001年1月4日，国家林业局发布《占用征用林地审核审批管理办法》；2002年8月，《国家林业局关于调整人工用材林采伐管理政策的通知》印发。

关于可持续发展方面，2000年3月9日，国家林业局、国家计委、财政部印发《关于开展2000年长江上游、黄河上中游地区退耕还林（草）试点示范工作的通知》；2001年10月21日，国家林业局印发《全国林业发展第十个五年计划》，标志着可持续战略思想的确立；2002年11月，国务院公布《退耕还林条例》，自2003年1月20日起施行。2003年，《中共中央　国务院关于加快林业发展的决定》中做出了“进一步的完善林业产权制度”的决定，并规定：“已经划定的自留山，由农户长期无偿使用，不得强行收回。自留山上林木，一律归农民所有。”“已分包到户的责任山，要保持承包关系稳定。”“由集体统一经营管理的山林，要区别对待，分类指导，积极探索有效的经营形式。”“放手发展非公有制林业。”

这一历史时期，我国的林权制度改革实际上是对整个林业发展战略上的一个总体认识与确定。在林权流转方面，主要是对《森林法》的具体实施，除允许以多种形式进行林权的同时流转外，还应该坚决维护整个林业发展的战略思想。

（五）生态林业建设阶段（2003—2008年）

2003年6月25日，《中共中央　国务院关于加快林业发展的决定》（中发〔2003〕9号）颁发，这一决定是新形势下指导中国林业加快发展的纲领性文件，中国林业的发展从此实现由以木材为主向生态建设为主的历史性转变。此决定一颁布，全国各省于2003年至2004年间陆续颁布了关于贯彻《中共中央　国务院关于加快林业发展的决定》的实施意见。2005年6月，国家林业局印发《国家林业局关于继续深入落实〈中共中央　国务院关于加快林业发展的决定〉的意见》（林办发〔2005〕90号）。继2003年《中华人民共和国农村土地承包法》、2007年《中华人民共和国物权法》颁布实施后，从法律上规定了农村土地依法实行土地承包经营制度，集体林权制度进入深化改革实质性推进阶段。福建、江西、辽宁等省率先进行了以"明晰所有权、放活经营权、落实处置权、确保收益权"为主要内容的集体林权制度改革的大胆探索，确立农民的经营主体地位，重新构建一个公正合理的利益分配格局并取得了显著成效。

（六）林业产权制度改革深化时期（2008年至今）

在南方集体林区——福建、江西等省集体林改获得区域性成功的经验基础上，2008年7月14日，《中共中央　国务院关于全面推进集体林权制度改革的意见》（以下简称《意见》）发布，明确提出用5年时间基本完成明晰产权、承包到户的改革任务，实现"明晰产权、放活经营权、落实处置权、保障收益权"的目标，并规定集体林地承包期为70年，承包期满，可以按照国家相关规定继续承包。根据《意见》，国家将通过一系列与明晰产权的基础改革相配套的措施，真正做到还山于民、还得于民、还权于民，确保农民得到实惠，林业得到资源，社会得到生态。这次改革的目标非常明确，就是根据各地情况，集体保留尽可能少的林地直接经营，绝大部分林地分到农户承包经营。这次改革无可置疑地确定了林业生产责任制是集体林业经营的基本制度，产权的基本结构进一步确定。在这种产权架构下，集体掌握所有权，直接控制部分林地的经营权，农户控制承包权，农户有权自主使用林权包括转让经营权。2012 年，国家林业局官方宣布，全国确权集体林地 1.80 亿公顷，占集体林地总面积的 97.70%，发证面积占确权林地的 95.50%，8949 万农户拿到林权证，基本落实了农民家庭承包经营权。2013 年全面完成主体改革任务。

《意见》从理论和实践上对集体林权制度改革进行再总结和再认识。这次改革给我们几点启示：第一，集体林权制度改革的核心是“明晰产权”，在林地所有权不变的情况下，把林地承包经营权和林木所有权通过合法的方式交给农民，消除林业进一步发展的制度障碍。这也是这次改革与以往历次改革的根本区别所在。第二，配套政策的完善，是真正实现“放活经营权、落实处置权、保障收益权”的关键。第三，实现林业的生态、社会和经济三大效益，必须坚持“以人为本”，充分考虑农民的切身利益，集体林权制度改革是保障广大农民根本利益的战略举措。

这一阶段改革与上一阶段改革有明显的差别。改革初期，国家主要探索不确定的林业生产责任制，寻找有效率的林业产权制度。虽然林业改革也涉及林地转让、木材交易、林业税费、集体林区森工企业、政府林业管理等方面，但这些改革并没有与制度基础的林业产权制度有机地联系起来。相关改革也是试探性的，并不十分明确集体林区的各种林业问题是由产权制度、市场交易制度，或是政府的规章制度导致的。这一阶段改革的目的非常明确，对林业问题与相关制度与政策的联系相对明确。这一阶段改革分为两大部分，主体部分是确定集体林权制度，另一部分是配套政策与改革。两部分组合共同解决集体林权面临的林业发展问题。在这一阶段，国家林业局相继发布了《国家林业局关于切实加强集体林权流转管理工作的意见》（林改发〔2009〕232 号）、《国家林业局关于进一步加强集体林权流转管理工作的通知》（林改发〔2013〕39 号）、《中国银监会、国家林业局关于林权抵押贷款的实施意见》（银监发〔2013〕32 号）等文件，2016 年，《国务院办公厅关于完善集体林权制度的意见》（国办发〔2016〕83 号）提出坚持创新体制机制，拓展和完善林地经营权能，构建现代林业产权制度的要求。[①]

总体来看，在集体林权非公有化改革期，产权主体多元化，林权流转保障性增强，所有权、使用权、经营权、处置权和收益权等林业产权逐步明晰。改革的着眼点在于落实农民的收益权，迎合了农民获利的需求，农民的主动性比较高。这一阶段的制度变迁属于强制性制度变迁和诱致性制度变迁结合。[②]

二、福建省集体林区林权制度变迁历程

（一）山林集体林权改革

中华人民共和国成立后，历来重视山林权处理工作。1950 年 6 月公布的《土地改革法》第 16 条、第 18 条规定了土地改革中对山林的处理原则。1951 年 4 月，中央人民政府政务院发布《关于适当地处理林权明确管理保护责任的指示》。福建省从 1951 年 5 月起，根据中央指示精神，结合土地改革进行山林权处理试点。1951 年 9 月，在总结试点经验的基础上，省人民政府制定和发布《福建省土地改革中山林处理办法》。

在土地改革中，福建省除近 20 个县的山林没有进行分配外，大部分地区已完成或已基本完成山林分配工作，基本废除封建剥削的山林占有制度，实行农民的山林所有制。这次在土地改革中进行的大规模的山权林权处理工作，通常被称为山林所有制改革，简称山林集体林权改革。

据当时建阳、南平、永安、龙岩等 4 个专区的统计资料（缺南平的顺昌县）显示，通过山林集体林权改革共征收、没收山林 590.50 万公顷，占进行集体林权改革的山林总面积的 41.29%。在没收的山林中，分配给农民 477.20 万公顷，占 80.82%；收归国有 112.20 万公顷，占 19%；归乡村所有 1 万公顷，占 0.17%。

福建省的山林集体林权改革大部分是在土地改革后期进行的，时间

① 刘伟平、傅一敏、冯亮明等：《新中国 70 年集体林权制度的变迁历程与内在逻辑》，《林业经济问题》2019 年第 6 期。

② 张旭峰、吴水荣、宁攸凉：《中国集体林权制度变迁及其内在经济动因分析》，《北京林业大学学报（社会科学版）》2015 年第 1 期。

紧，任务重，工作开展不平衡，有些地方工作较粗糙，存在许多山权林权遗留问题。全省一般可分为三种情况：第一，山林已进行分配的地区。这些地区较突出的是农民内部关系以及农民与国有林的关系问题，也存在若干没收、征收不彻底或不正确的现象，全省大部分地区都存在这种情况；第二，山林虽已宣布没收、征收，但存在未分配，或没收、征收工作很不彻底的地区；第三，封建性的山林占有制度尚未消灭的地区（大部分又是落后乡），传统势力不但在政治上，而且在经济上仍保持极大影响。

以上问题的存在，直接或间接地伤害了农民发展林业生产的积极性，影响山林的保护管理，造成农民之间的不团结。

（二）林木入社

1954年，中共福建省委要求：在林区、山区积极发展农林相结合的生产合作社；山区合作社的山林应和土地一样入股，统一经营。在贯彻落实中共福建省委指示之后，农林生产结合的互助合作组织发展迅速。1954年，全省创办农林合作社81个。林木入社工作涉及广大群众的切身利益。同年，南平、三元、仙游、安溪、德化等县的少数合作社进行了试验，方法比较简单。有些地方对林木“折价入股”或“比例分成”的规定不够合理，有的简单地按山林集体林权改革时山林所折的田产量入股，没有充分注意栽植林木劳动应分得的报酬，因而影响农民林木入社积极性，试点工作进展缓慢，有的合作社林木入股后又全部退股。1955年2月，中共福建省委农村工作部在全省第一次山区工作会议上，对林业生产合作社山林入股的政策和办法提出初步意见，推动了林木入社试点工作进一步展开。1955年秋收前，据南平、建阳、闽侯、晋江等5个专区的不完全统计，已有农林生产合作社1965个，其中绝大部分是初级社。1955年，全省实行林木入股的农林合作社有104个，1956年春扩大到185个。

1956年全国农业合作化进入高潮。根据全国人民代表大会通过的《高级农业生产合作社示范章程》的规定，1956年冬季，全省各地陆续从试点转入有秩序地开展林木入社工作。闽北林区的南平专区进展最快。据全区13个县统计，至1957年3月底，林木入社工作已结束的有475个社，占合作社总数的22.50%；即将结束的有442个社，占22%。

1957 年 6 月 10 日，中共福建省委、省人民委员会发出《关于正确贯彻林木入社政策，迅速完成林木入社工作的指示》。1957 年冬和 1958 年春，结合林木入社工作，进行一次林权调整，主要是解决山林集体林权改革时遗留的山林与证不符、山林分配不合理，以及扩大国有林等问题。全省有 22 个县搞试点，较大规模调整的有 7 个县。扩大国有林工作缺乏具体部署和检查，有的划得过多，有的划了不落实，权属不明，四至不清，没有办理有关手续。

总之，林木入社是中国有史以来第一次农民私有山林过渡为集体所有，在当时的政治形势下，福建省实行这个转变是顺利的。但是，由于要求过急，工作粗糙，林木折价过低，有的甚至不折价，折价款兑现甚少或长期拖欠，直接损害了农民的经济利益。对留给农民个人所有的林木，政策卡得过紧；对已入社的林木，经营方式解决得不好，收益分配不够合理。

（三）公社化后的山林权

1958 年，农村实现人民公社化后，合作化时入社的山林全部归公社所有，山林收益也全归公社，林农对此有意见，护林、造林的积极性不高。中共中央关于改变人民公社体制的指示下达后，对如何正确处理山林所有制问题，在福建省各级干部会和林区的全民讨论中都有激烈的争论，有些地方争执不下，形成“顶牛”状态。为此，1959 年 4 月 4 日，福建省委下达《福建省委关于山林所有制问题的处理意见》，指出：“关于山林所有权问题，应在公社化前山林占有的基础上，分别进行处理。原属国有的仍归国家所有；原属乡有的划归公社所有；原属高级社所有的，仍归原高级社所有（就是归现在的基本核算单位的大队或生产队所有）。在村庄分散、林木又多的地方，也可将少量的林木划归生产小队所有；小片的‘风景林’‘风水林’原属谁所有，仍归谁所有；原属社员的零星林木，仍归社员所有；尚未处理的天然林和无主林，一律收归国家所有。”并于 1959 年 4 月向中央提交《关于山林所有制问题处理意见的报告》，对克服山林体制中过分集中和平均主义倾向作了 8 项规定，主张“山林所有权问题，应在公社化前山林占有的基础上，分别进行处理”。中共中央同意并批转了这个报告。1959年4月26日，中央下达《中央批转福建省委关于山林所有制问题的处理意见》（中发〔59〕392号），指出："福建省委四月四日关于森林所有制的八项规定是符合郑州会议精神的，中央同意这八项规定。各地情况有所不同，可以根据福建的八项规定结合当地情况制定自己的规定，以达到调动群众的生产积极性、发展造林事业的目的。"也就是说，中央赞成福建省委关于山林所有权问题的处理意见。5月，在全省林业工作会议上，根据中共福建省委的意见部署确定公社化后的山林权属。

1961年6月，中共中央发布《关于确定林权、保护山林和发展林业的若干政策规定（试行草案）》（以下简称《规定》），强调确定和保护山林权属，解决公社化中发生的"一平二调"和"以大吃小"等问题。1961年10月，中共福建省委根据中共中央的《规定》，结合省内具体情况，做出《补充规定》，颁发全省试行。1962年12月，对《补充规定》的内容又进行修正。

1961年12月，中共福建省委召开会议部署，全面开展处理山林权工作。省委成立处理林权办公室。从1961年底到1963年初，利用两个冬春的时间，全省有30%左右的有林大队对山林权问题进行处理。1963年以后，各地结合社教运动又处理了一部分。1966年"文化大革命"开始，山林权处理工作遂告停顿。凡是全面贯彻林业政策，处理了山林权的地方，都调动了群众保护山林和发展林业生产的积极性。但是，全省大部分地区对山林权问题处理不彻底，存在林界不清、森林管理混乱、社员折价款未偿还等问题。

（四）林业"三定"

1981年至1991年，我国经历林业"三定"时期。林业"三定"改革内容包括稳定山权和林权、划定自留山、确定林业生产承包责任制。1981年3月，颁布了《中共中央　国务院关于保护森林发展林业若干问题的决定》（以下简称《决定》），《决定》要求稳定山权林权，落实林业生产责任制。根据《决定》，福建省从1981年6月起全面开展稳定山林权属、划定社员自留山、确定林业生产责任制的林业"三定"工作。省人民政府结合省内实际情况制定《福建省人民政府关于稳定山权林权若干具体政策的规定》，经省人大常委会批准发布执行。该规定要求省、地、县都要在党委和政府的领导下，由农委、计委、公安、检察、法院、民政、林业、农业、供销等部门领导组成稳定林权发证领导小组，下设办公室。全省组织2万多人的工作队，协助公社、大队开展林业“三定”工作。至1984年，林业“三定”工作基本完成，全省98%的山地和林木都明确了权属。其中，山权属国家所有的占8.09%，属集体所有的占90%，属国家与集体合作的占0.13%，未定权属的占1.78%，林权属国家所有的占13.50%，属集体所有的占81.50%，属国家与集体合作的占0.60%，属个人所有的（主要是自留山）占2.50%，未定权属的占1.90%，凡是明确权属的都分别由县以上人民政府颁发山林权证书。

（五）林业股份合作制

1992年至1998年，我国经历林业股份合作制和“四荒”使用权拍卖试点时期。20世纪90年代初，内蒙古、山西等省区开展拍卖荒山、荒坡、荒滩、荒沟（简称“四荒”）使用权，加速小流域治理工作。之后，“四荒”使用权的拍卖只在部分县市进行试点，例如西南地区和吕梁地区。“四荒”的使用权期限为50～100年，在有效期内可以对“四荒”实行出租、转让、抵押、继承和联营入股等，而且“四荒”拍卖都面向全社会。1993年中共中央发出《中共中央关于建立社会主义市场经济体制若干问题的决定》后，林业股份合作制开始在福建三明市、广东始兴县及湖南怀化市进行试点，并逐步向全国推广。福建省此阶段的林业改革以推行林业股份合作制为主。

以福建省三明市为例，根据福建省委农工部1993年07号文件和三明市林业改革实验区1993年工作计划，选择了西城镇东村等4个村进行试点。改革的主要内容包括：合理林业股份配置；理顺关系，加强经营主体建设；建立独立账户，落实股份分红；强调林业生产责任制的重要性。1996年以来，三明市对用材林经营实行产权重组，划小经营单位，毛竹和其他经济林采取统一规划、分户经营等形式，促进林业生产要素的重新组合，提高林业产出效益，保证分红。具体形式包括：三元区南坑村以调整毛竹林经营承包为主要内容的第二轮承包；宁化县构造多元化山林经营主体的重组家庭联营林场；大田县坑村重组股份合作林场等。尤溪县1996年在全县75个村进行落实生产责任制试点工作，1997年尤溪县政府决定在全县推行林业生产责任制，并制定了相应的政策，主要内容包括：落实生产责任制，根据“宜统则统、宜分则分、统分结合、双层经营”的原则，主要采取林木管护押金承包、林木收益比例分成、中幼林有偿转让、林木责任目标管护等经营管理方案，重点推广林木管护押金承包、林木收益比例分成的经营管理形式。健全和完善林业股份合作组织。林业股份合作制是社会主义集体林经营的具有活力的实现形式。三明在深化林业改革中，始终没有削弱集体经济。创建时，林业股东会坚持“分股不分山，分利不分林”，大面积集体用材林、公益林等没有简单分割到户，所有制属性没有变，但却增加了发展的活力。由于参股投资的国有和集体成分占有绝大部分股份，林业联营实体起到控股作用，符合党的十五大的公有制还包括混合所有制经济中的国有成分和集体成分的提法，为林业公有制经济的发展和壮大闯出了一条新路子，为集体林权制度改革提供了新的政策依据。[①] 但是在实践中，由于绝大部分的股东会和村两委是重合的，股东会由村委会管理。因此，林木林地所有权和经营权未被分离，林农个人的股权虚置，权益得不到落实，改革没有收到应有的成效。

（六）森林资源产权制度改革突破

1998年出台修改后的《森林法》，特别是2003年开始实施《中华人民共和国农村土地承包法》，使全国开始了新一轮的集体林权制度改革。林地承包期延长至70年，并允许经营权和使用权转让。对宜林“四荒地”的拍卖工作也在全国展开，并允许“四荒地”用益权的自由转让。也正是在这一时期，福建省依据此前国家出台的相关政策，开启了一系列改革。1998年，三明市永安市洪田镇洪田村经过20多次村两委和村民小组会议，形成了“均山、均权、均利”的分山到户、按人口均分的林改办法，每人分得山地6.20亩，鼓励联户经营，将山林平均划为3片，共形成16个经营组。这场自发的变革，使洪田村成为“中国林改小岗村”。2000年，原

---

① 孔明、刘璨：《福建省三明市林业股份合作制发展研究》，《林业经济》2000年第1期。

国家林业局组织换发全国统一样式的林权证。2001 年，龙岩市武平县成为福建省换证试点之一，探索分山到户的相关方案。“山要平均分，山要群众自己分。”作为试点村，捷文村很快拿出了方案：户户都要分，期限 50 年；按山林肥瘦程度分 4 个等级，搭配着分。[①] 2001 年 12 月 30 日，村民李桂林领到了第一本新式林权证，上面清清楚楚标注着：林地所有权归捷文村委会，林地使用权、森林或林木所有权、森林或林木使用权归李桂林所有。[②] 捷文村由此成为“全国林改策源地”。2002 年 4 月，武平县委、县政府出台《关于深化集体林地林木产权制度改革的意见》，拉开了全县林改的序幕。这个地处闽粤赣三省交界的山区县，由此成为“全国林改第一县”。2002 年 6 月，时任福建省省长习近平来到武平调研，充分肯定了武平集体林权制度改革：“集体林权制度改革要像家庭联产承包责任制那样从山下转向山上。”7 月 27 日，习近平再次强调“林改”的方向是正确的，并要求：“把工作做细致，做到位！”[③] 2003 年 4 月，福建总结武平等地经验，出台《福建省人民政府关于推进集体林权制度改革的意见》，在全国率先开展了以“明晰所有权、放活经营权、落实处置权、确保收益权”为主要内容的集体林权制度改革。

（七）森林资源产权制度改革深化

2003 年开始，国家将森林资源产权制度改革与农村税费改革、社会保障体制改革、机构改革及社会主义新农村建设相结合，放手发展非公有制林业，进一步落实广大农民的收益权，将森林资源产权制度改革融入农村工作当中。

自 2003 年始，福建在全省范围开展了集体林权制度改革，与此同时，福建省持续探索林改的相关配套政策，2004 年，福建在全国率先开展林权抵押贷款。2006 年，全省基本完成明晰产权主体改革，实现了“山定

---

① 张辉、傅凯峰、黄海：《福建林改 20 年，只此青绿万重山》，《中国绿色时报》2022 年 6 月 28 日。

② 本书编写组：《闽山闽水物华新——习近平福建足迹（上）》，福建人民出版社 2022 年版，第 298 页。

③ 本书编写组：《闽山闽水物华新——习近平福建足迹（上）》，福建人民出版社 2022 年版，第 301 页。

权、树定根、人定心”。同年，福建省又率先推进“稳定一大政策、突出三项改革、完善六个体系”的综合配套改革，进一步巩固和拓展林改成果，同时率先开展林业小额贴息贷款试点工作，推出多款产品，与不同树种、树龄精准匹配。2008年以来，福建省大力推进“经营规模化、资源资本化、利用合理化、服务社会化”的深化改革，再次实现了“三个全国率先”：一是率先成立了省级林权收储机构——福人林木收储有限公司，推动全省成立林权收储机构，为林权抵押贷款提供担保、收储服务，有效防控林业金融风险，实现了银行放贷放心、林农贷款省心，推动了森林资源资本化。二是在永安市、武夷山市等地率先开展重点生态区位商品林赎买等改革试点，实现了重点森林资源国有化保护，破解了生态保护与林农利益的矛盾，维护了林农合法权益。三是率先开展设施花卉种植保险试点，全面实施森林综合保险，有力强化林业经营保障。2013年，《福建省人民政府关于进一步深化集体林权制度改革的若干意见》出台，该政策文件提出以林权管理为重点，建立规范有序的森林资源流转市场；以分类经营为主导，建立森林可持续经营的新机制；以转变职能为核心，健全林业社会化服务体系3部分共10条意见，助推集体林权制度深化改革。2015年，福建出台《福建省林业厅关于引导林权规范流转促进林业适度规模经营的意见》，全面推行林权流转格式合同，进一步规范林权流转行为。

截至2015年，福建省林权制度改革取得新突破。一是组建全国首家省级林木收储中心，推进全省新成立林权收储机构12家，累计30家，有效缓解林权抵押贷款风险，促进森林资源向资本转变。全省发放林权证抵押贷款28亿元，同比增长23.50%。二是完善生态补偿机制，将省级及以上生态公益补偿标准提高到每年285元/公顷，在武夷山市等7个县（市、区）开展重点生态区位商品林赎买试点，累计完成赎买3320公顷。三是在巩固森林综合保险（全省参保率超过90%）的同时，制定下发设施花卉种植保险方案，选择8个县（市、区）开展试点。四是全省调处山林权属争议263起，面积3520公顷。新增林权流转面积2万公顷，累计69.77万公顷，新增林业专业合作社263家，累计3616家，新增家庭林场195家，累计453家。五是指导列入全国第二批农村改革试验区的沙县、永春，以及被原国家林业局确定为全国集体林业综合改革试验示范区的三明市开展各项改革试点，重点在承包权和经营权分离、林业金融创新、新型经营主体建设等方面实现新的突破。六是按序时进度推进全省国有林场改革工作，《省属国有林场改革方案》和《县属国有林场改革指导意见》已上报全国国有林场改革领导小组审批。七是积极参与其他改革。积极参与国家公园体制试点等其他相关改革工作，配合省统计局在南靖县开展森林资源资产负债表编制试点。按照省里的统一部署要求，完成了林权登记职责整合移交、厅属（办）国有企业和高职院校脱钩移交等改革工作，成立了林业改革处，并通过多方争取，成立了省湿地保护管理中心和省航空护林总站两个处级机构。

截至 2016 年，福建林改继续走在全国前列。不断深化集体林权制度改革，开展了林权收储机构建设（已建立 37 个）、重点区位商品林赎买（完成赎买等改革 6866.67 公顷）、设施花卉种植保险（参保近 247 公顷）、集体林地“三权分置”（发放经营权证 2466.67 公顷）等一批新的改革试点，继续为全国林改探路径、出经验、作示范。国有林场改革和武夷山国家公园体制试点工作有序推进，总体进展也在全国前列。

截至 2017 年，福建省林权改革持续推进。探索开展重点生态区位商品林赎买等改革试点（新增 8866.67 公顷、累计 1.57 万公顷）、林业碳汇项目交易（已完成 20 个项目申报，总面积 8.13 万公顷、碳汇量 343 万吨）、武夷山国家公园等一批新的改革试点，扎实推进深化林改工作，新培育林业专业合作社、股份林场、家庭林场等新型林业经营主体 310 家，累计 4873 家；新增林权收储机构 6 家，累计 43 家；森林综合保险参保率 82.70%，林下经济发展面积 194 万公顷，各类林业贷款 185.30 亿元，其中林权抵押贷款 8.80 亿元，继续为全国林改作示范，得到了习近平总书记等中央领导的肯定。同时，扎实推进国有林场改革，出台了《福建省国有林场管理办法》，基本完成国有林场属性界定、编制核定、整合优化、机制创新等主体改革任务。

截至 2018 年，福建省林权制度改革继续发挥标杆示范作用。一是重点生态区位商品林赎买等改革增量拓面。在全省 28 个县（市、区）和武夷山国家公园开展试点，新增赎买等面积 2400 公顷、累计完成 18133.33 公顷。通过赎买、置换、租赁、改造提升等多种方式，缓解重点区位商品林保护与发展的矛盾。二是林业金融创新取得新进展。首次引入森林综合保险市场竞争机制，每亩保费不变、保额增加 40～90 元。加快推进林业 PPP（政府和社会资本合作）项目建设，积极利用国开行贷款推进国家储备林基地建设，已签订贷款协议 185 亿元、放贷 21.70 亿元。新建林权收储机构 4 家、累计 47 家，初步建立集评估、保险、监管、处置、收储“五位一体”基本覆盖全省的林业金融风险防控机制；为林农发放“福林贷”“惠林卡”等普惠制林业金融贷款 16 亿元；全省林权抵押贷款余额达 94.50 亿元，同比增长 30.70%。三是集体林生产经营机制有新突破。积极推进标准化建设，新培育家庭林场、合作社等新型林业经营主体 363 家，累计 5236 家。沙县等地积极引导社会资金以股份式、合作式、托管式、订单式等模式与林农建立紧密的利益联结机制，壮大集体经济，增加林农收益。四是国有林场改革主体任务全面完成。根据国家最新情况通报，福建省国有林场的改革完成率、职工养老保险率、医疗参保率等指标均为 100%，改革工作走在全国前列，已完成省级验收。

截至 2019 年，全省 200 多万公顷集体统一经营林地林木基本完成改革。福建省深入贯彻省委省政府关于深化集体林权制度改革的意见，继续完善森林生态补偿机制，推进重点生态区位商品林赎买、林业金融创新、集体林生产经营机制创新等改革，取得新进展。一是完善森林生态补偿机制。对生态公益林、乔木林等每亩补助提高 1 元，达到 420 元/公顷，对天然商品乔木林每亩补助提高 5 元，达到 300 元/公顷，合计增加补偿资金 1.25 亿元。二是加大赎买等改革力度。继续加大福建省在全国率先开展的重点生态区位商品林赎买等改革力度，省级财政安排补助资金 5000 万元，比上年增加 1500 万元，有效促进赎买等改革增量拓面，新增赎买面积 3400 公顷，累计达 2.15 万公顷。三是创新普惠林业金融产品。创新推出“福林贷”“金林贷”“惠林卡”“益林贷”“邮林贷”等“闽林通”系列普惠林业金融产品，累计发放贷款 63.40 亿元，受益农户近 5.70 万户。四是创新林业生产经营模式。积极扶持新型林业经营主体规范化、标准化建设，新培育家庭林场、合作社等新型林业经营主体 328 家，累计 5564 家。五是圆满完成国有林场改革任务。全面完成中央和省委确定的各项改革任务，顺利通过国家检查验收。

截至 2020 年，福建省集体林权制度改革持续深化，涌现出一批典型案例。高质量完成中央部署的国有林场改革任务，在国家抽查验收中被评为优秀等次。持续深化集体林业综合改革，重点生态区位商品林赎买、普惠林业金融产品创新等多项改革经验作为国家生态文明试验区的首批成果向全国推广，三明“林票制”改革等成为全国林业综合改革典型案例，南平“生态银行”入选中国改革年度十大案例。大力弘扬“坚守初心、赤诚奉献、久久为功、科研报国”的洋林精神，省洋口林场杉木育种科研团队被省委授予“八闽楷模”荣誉称号。全省累计发放“闽林通”普惠贷款 81.90 亿元，受益农户 7.40 万户；新增林业专业合作社、家庭林场等新型经营主体 349 家，累计 5913 家，经营面积 86.40 万公顷；完成重点生态区位商品林赎买等改革 4200 公顷，累计完成 2.57 万公顷；森林综合保险参保面积 733.33 万公顷，参保率超过 90%。同时，福建省自然资源厅、福建省林业局要求各级林业部门加强林地承包和林权流转管理，促进林地承包、林权流转与不动产登记的有效衔接。林权流转平台建设方面，已建设 66 个县级林权流转服务平台。福建省林业局与海峡股权交易中心合作开发省级林产品电商平台“闽山碧”，已建成林业政策及林权流转平台、林企和林产品展示平台、林产品电商平台、林业融资服务等四大平台，取得了较好成效。

2022 年，《中共福建省委　福建省人民政府关于做好 2022 年全面推进乡村振兴重点工作的实施意见》发布，在深化农村集体产权制度改革中提出：“全面推行林长制，深化集体林权制度改革，扎实推进全国林业改革发展综合试点及现代化国有林场试点建设，开展重点生态区位商品林赎买等改革，健全生态公益林补偿和天然林停伐管护补助机制。”

总之，福建省集体林权制度改革经历了一个曲折的历史过程，这个过程与我国特定的历史背景和社会发展进程是相吻合的。计划经济时期，福建省集体林权制度变迁属强制性制度变迁，各林权制度安排缺乏相应的保障机制和配套措施，未充分考虑森林资源产权的特殊性，导致林权变更频繁，各林权主体之间矛盾突出，加上森林资源经营的长期性，严重打击了林农的生产积极性，因此“林业三定”时期森林资源遭受巨大破坏。改革开放特别是 1992 年之后，我国社会主义市场经济体制改革目标确立，随着经济体制环境日益宽松，集体林权制度改革进入了一个新的阶段。福建乘着这股改革浪潮，开启了全国集体林权制度改革的先行先试之旅。1998年5月，三明市永安县洪田村经过多次会议，制定了一套“均山、均权、均利”办法，鼓励联户经营。2000年，龙岩市武平成为福建省换发全国统一样式的林权证的试点县。2002年，福建省率先开展了以“明晰产权、放活经营权、落实处置权、保障收益权”为主要内容的集体林权制度改革。2006年，福建为巩固林改成果，率先推进了综合配套改革措施。2008年后，福建省大力推进林业深化改革，实现全国“三个率先”。2015年福建组建全国首家省级林木收储中心。2019年三明市率先在全国探索林票制改革，南平“生态银行”等入选中国改革年度十大案例。2021年沙县区配套推出林票贷。2022年，福建森林覆盖率达65.12%，继续位居全国第一；全省林业产业总产值逾7000亿元，全省林下经济利用面积达3146.90万亩，林下经济产值达750.80亿元。在改革取得良好成效的同时，当前福建集体林发展仍旧面临新的困境，集体林地生产力尚未充分释放，集体林产业及市场缺乏活力、综合效益不高，林农务林收入比例逐年减少，林农和社会资本经营林地的积极性不高，且公益林管理机制不健全、林业社会化服务体系建设滞后，这些困境都成为未来进一步深入创新改革的现实动因。

第二章　福建省集体林权制度改革的响应研究

随着福建省集体林权制度改革的不断深化，集体林权改革中历史积累的矛盾不断暴露出来。林权纠纷案件面积大、时间长、诱因复杂，集体林权改革前的历史遗留问题导致了改革时存在个别地方无山可分、大户小户矛盾较大、商品林采伐管理还不能适应林农自主经营的后果、林业产业结构不尽合理、生态公益林和国有林的保护压力增大、自然保护区内群众生活比较困难等一系列问题，并且随着改革的继续深化，必然将遇到新的情况和问题。目前，肖泽忱等认为集体林权制度改革中存在的问题有政府职能转变太慢、技术支持不到位、资金不足、林业基础薄弱等。[①] 刘永祥认为集体林权制度改革中存在的问题有采伐限额管理制度有待进一步完善、林业融资困难、森林保险发展缓慢、林权市场不完善等。[②] 贺东航认为集体林权制度改革中存在的问题有思想认识不统一、宣传落实不到位、集体林地流转过程中存在隐患等。[③] 引发这些问题的最根本原因是，在林业法律制度层面、林业相关理论层面、林业管理层面以及林农意愿层面，政府未能梳理其中存在的问题，提出相应的解决对策，并采取有效的改进措施。因此，本书从福建省集体林权制度改革的林业法律制度响应、林业相关理论响应、林业管理响应以及林农意愿响应入手，对福建省集体林权制度改革中存在的这些深层次、根本性问题进行梳理，并提出相应的改进响应策略。[④] 希望本书提出的策略能从根源上解决上述问题。

---

① 肖泽枕、布仁仓、胡远满：《我国集体林权制度改革存在的问题及对策探讨》，《林业资源管理》2008 年第 6 期。

② 刘永祥：《对深化集体林权制度改革问题的探讨》，《林业调查规划》2009 年第 4 期。

③ 贺东航：《我国集体林权改革的问题研究》，《理论前沿》2008 年第 8 期。

④ 徐济德、许传德、黄东等：《福建林权制度改革的调查与思考》，《林业资源管理》2005 年第 6 期。

第一节　福建省集体林权制度改革的林业法律制度响应研究

本节对集体林权改革过程中出现的林业法律制度深层次问题进行了深入分析。笔者认为林业法律制度存在的问题对福建省集体林权制度改革产生了阻碍。因此，政府要充分重视林业相关法律制度研究，深入林业相关法律制度的基础研究工作，为深化福建省集体林权制度改革服务。

一、林业法律制度建设滞后

（一）森林采伐限额制度

第一，森林采伐限额制度限制了林木所有权人的用益物权，妨碍了社会资金投资林业的积极性。从《森林法》第29、30、37条规定不难看出，森林采伐限额制度严重限制了林业生产者的生产积极性。森林采伐限额制度的目的在于遏制森林资源的过度采伐，但以木材采伐许可证和木材运输许可证形式对森林采伐限额容易造成政府寻租现象的发生，并且严重侵害林木所有人对林木的处分权。

第二，木材超限额采伐现象依然严重，限额采伐执法力度不严。许多林政部门存在超限额发证，发人情证、关系证的情况。对于违反采伐限额制度的行为，《森林法》《森林采伐更新管理办法》等法律法规明确规定了当事人应当承担的行政责任，甚至是刑事责任。我国第七次全国森林资源清查结果表明，林地转为非林地的面积虽比第六次清查有所减少，但依然有831.73万公顷，其中有林地转为非林地面积377万公顷，征占用林地有所增加，林地流失、林木过量采伐现象依然存在。为进一步巩固集体林权制度改革成果，调动广大森林经营者发展林业的积极性，促进森林可持续经营，加快现代林业建设，2009年《国家林业局关于改革和完善集体林木采伐管理的意见》发布。该文件指出优化集体林木采伐管理方式，包括：（1）实行森林采伐分类管理。非林业用地上的林木，不纳入采伐限额管理，由经营者自主经营、自主采伐，为了保障其木材流通顺畅，尚需依法申请林木采伐许可证，林业主管部门应及时核发。林业用地上的林木继续实行采伐限额管理，但是，商品林采伐类型由主伐、抚育伐、更新采伐、低产（效）林改造和其他采伐，简化为主伐、抚育伐和其他采伐，采伐指标可向以后各年度结转使用；公益林允许抚育和更新性质的采伐。（2）完善森林采伐限额管理方法。森林采伐限额管理以编制并实施森林经营方案为基础，依据森林经营方案核定年森林采伐限额；木材生产计划实行备案制。集体和个人所有的森林采伐由蓄积量和出材量双项控制改为由蓄积量单项控制。（3）简化森林采伐管理环节。凡是林木权属清晰的，森林经营者可以直接向林业站或县级林业主管部门提出林木采伐申请，受理部门要简化中间环节，实行林权审核、伐区设计和审批发证等“一站式”服务，并在法定时限内办结。林业主管部门由“伐前拨交、伐中检查、伐后验收”的全过程管理，改为森林经营者伐前、伐中和伐后自主管理，林业主管部门指导监督。（4）推行森林采伐公示制度。各级林业主管部门要公布采伐限额（含临时增加和结转）以及森林采伐管理政策；凡符合采伐条件的森林资源和经县级林业主管部门审核后的乡村采伐计划，必须在县级林业主管部门网站和乡村告示栏公开。森林经营单位或个人对采伐计划和采伐审批有疑问的，可提出书面质疑，林业主管部门应及时公开反馈。上级林业主管部门和有关监督机构，应加强对辖区内采伐指标分配、采伐审批的指导和监督，并定期公布检查监督结果。2014 年，《国家林业局关于进一步改革和完善集体林采伐管理的意见》（林资发〔2014〕61 号）印发，该文件根据林业发展的新形势、新要求，就进一步改革和完善集体林采伐管理提出如下七点意见：完善采伐指标的分配管理，简化林木采伐的审批手续，推行简便易行的伐区设计，改进采伐作业的监管方式，推进采伐管理与科学经营的紧密结合，进一步放宽竹林经营利用的监督管理，进一步规范木材运输检查监管行为。但是，森林采伐限额制度建设仍然处于滞后状态，以福建省为例，2008 年发布《福建省森林采伐管理办法》，2019 年才对《福建省森林采伐管理办法》重新修订并发布。

（二）森林资源资产评估制度

第一，森林资源资产评估制度法律地位不明确。虽然我国陆续出台

《森林资源资产评估技术规范（试行）》（国资办发〔1996〕59号）、《关于加强森林资源资产评估管理工作若干问题的通知》（国资办发〔1997〕16号）、《国有资产评估管理办法》（国务院令1997第91号）、《资产评估机构审批管理办法》（财政部令2005第22号）、《森林资源资产评估管理暂行规定》（财企〔2006〕529号）、《森林资源资产评估专家审定办法》（林企2007第121号）、《森林资源资产评估技术规范》（LY/T 2407—2015）、《资产评估执业准则——森林资源资产》（中评协〔2017〕41号）、《国有资产评估管理办法》（2020年国务院令第732号）等法律法规和规范，并且要求各地成立相应森林资源资产评估机构，但由于森林资产的特殊性，多年来森林资源资产评估游离于资产评估的大家庭之外，在国家级资产评估师考试中，一直没有设置森林资源资产评估这一专业门类，不存在“森林评估师”“林业评估师”等资质，只有从事森林资源资产评估的注册资产评估师。因此，在进行注册登记时，无法取得林业相关的资产评估师执业资格证书，只有林业部门的培训结业证书，执业资格证书问题依然很难解决。[①] 现有的森林资源资产评估相关政策并未确立森林资源资产评估的法律地位，法律公信力不足，甚至存在合法性问题，极大地制约了森林资源资产评估业发展，林权流转交易双方往往找不到专业的、可信赖的中介评估机构，森林资源资产评估人员匮乏，致使林权流转转让缺乏客观依据，调解纠纷时也无据可循。

第二，森林资源资产评估的评估标准和体系不健全。虽然出台了不少关于森林资源资产评估的法规和管理办法，但森林资源资产评估制度尚未健全，有待进一步完善。《森林资源资产评估技术规范》确定的评估方法与《资产评估基本准则》存在矛盾。长期以来，森林资源账面上反映的都是实物量数据，如林地面积、林木蓄积、树种组成、森林郁闭度等，缺少森林资源资产的确切价值量信息。同时，我国的森林资源资产评估对象单一，主要还是以林木资产评估为主，而忽略了森林的生态价值评估。众所周知，森林具有涵养水源、保持土壤以及净化空气等生态价值，然而由于

① 张妮、曾思齐、肖化顺等：《林权改革后森林资源资产评估存在的问题及对策》，《林业资源管理》2013年第2期。

森林的外部性特征，森林的生态价值长期不受重视，甚至造成对森林资源的恶意透支。近年来，我国山崩、泥石流、洪水以及干旱等自然灾害频发，气候条件日趋恶化，因此，有必要对森林生态价值进行资产评估，把森林的外部性特征转变为内部性特征，实现森林生态价值的有偿服务标准。

第三，《中华人民共和国资产评估法》第 33 条规定：“评估行业按照专业领域设立全国性评估行业协会，根据需要设立地方性评估行业协会。”目前，全国已设立 6 大类资产评估协会，包括中国土地估价师协会等，但是福建省还未设立森林资源评估协会，不利于森林资源资产评估相关业务的正常开展。2010 年《全国林地保护利用规划纲要》（2010—2020 年）印发，提出以提供生态产品为主体功能兼顾木材等林产品生产的公益林地从第七次全国森林资源清查的 36.20％调整到 2020 年的 56％；以生产木材和其他林产品为主体功能的商品林地从第七次全国森林资源清查的 63.80％调整到 2020 年的 44％，优化生态产品与物质产品生产用地结构。2013 年，《福建省人民政府关于进一步深化集体林权制度改革的若干意见》（闽政〔2013〕32 号）明确指出，加强森林资源资产评估体系建设，规范森林资源资产评估。截至今日，森林生态价值资源资产评估未见诸《中华人民共和国资产评估法》《关于加强森林资源资产评估管理工作若干问题的通知》《国有资产评估管理办法》以及《森林资源资产评估管理暂行规定》等相关法律法规中，长期处于缺位状态，不利于我国生态环境保护，不利于我国林业可持续发展。

（三）林地承包经营制度

第一，林地使用权与林地承包经营权的法律关系难以厘清。《中华人民共和国民法典》（以下简称《民法典》）第 330、332 条明确规定林地承包经营权为用益物权，以及林地承包经营权和承包年限等。但《森林法》第 16 条规定：“下列森林、林木、林地使用权可以依法转让，也可以依法作价入股或者作为合资、合作造林、经营林木的出资、合作条件，但不得将林地改为非林地：（一）用材林、经济林、薪炭林；（二）用材林、经济林、薪炭林的林地使用权；（三）用材林、经济林、薪炭林的采伐迹地、火烧迹地的林地使用权；（四）国务院规定的其他森林、林木和其他林地使用权。”《森林法》与《民法典》对林地权能规定的不同，致使在现实中林地承包经营权与林地使用权的关系难以厘清，有观点认为土地承包经营权与林地使用权是两种不同性质的权利；有观点认为林地承包经营权包含于林地使用权中；有观点认为林地承包经营就是林地使用权。这些问题已给林业发展带来了很大的负面影响。例如，有的观点认为集体林地的承包经营权是指林地承包经营者依照承包合同依法取得的，对集体林地依法占有、使用、收益的权利。因此，林地承包经营权是一种由林地所有权派生出的用益物权，林地承包经营者的经营权受到林地所有权的制约。由于许多林农对此理解不到位，对自己承包的集体林地进行不当使用和非法处分，会造成滥用集体林地承包经营权。

第二，《民法典》未明确区分林地与耕地。林地具有生长周期长、风险高、经营方式灵活多样等特点，兼具环境保护等生态价值，林地的这些特点说明其明显具有有别于耕地的特殊性质。《土地管理法》第 4 条，依据不同用途将土地分为农用地、建设用地和未利用地。同是作为农用地，并未把耕地与林地区别对待。同样的问题还出现在《民法典》中。

第三，忽视林木权利归属与承包经营权的生态义务。无论是《农村土地承包法》还是《民法典》，在“土地承包经营权”的规定中都没有就承包地上的林木的权利归属、权利行使和流转，以及承包期满后的处理办法和补偿等问题作出单独的规定。[①] 同时，相关法律对承包经营权的生态义务规范明显不足，只注重林地的经济效益而忽视生态效益。

第四，监管主体模糊。《森林法》第 15 条规定：“林地和林地上的森林、林木的所有权、使用权，由不动产登记机构统一登记造册，核发证书。国务院确定的国家重点林区（以下简称重点林区）的森林、林木和林地，由国务院自然资源主管部门负责登记。”《森林法》第 33 条规定：“地方各级人民政府应当组织有关部门建立护林组织，负责护林工作；根据实际需要建设护林设施，加强森林资源保护；督促相关组织订立护林公约、组织群众护林、划定护林责任区、配备专职或者兼职护林员。”这里仅规

① 林旭霞、张冬梅：《林权的法律构造》，《政法论坛》2008 年第 3 期。

定了确权发证和护林工作的监管主体，对林地经营行为的监管留有很大的法律空白。《农村土地承包法》第 63 条规定：“承包方、土地经营权人违法将承包用地用于非农建设的，由县级以上人民政府有关行政主管部门依法予以处罚。”这里的“有关行政主管部门”具体指哪个部门，“依法”依据什么法都很模糊。[①]

（四）林权登记制度

第一，林权登记效力不足。有关林权登记的法律规范零散分布于《森林法》《森林法实施条例》《林木和林地权属登记管理办法》等，这些规定仅对林权登记工作提出指导原则，并且法律位阶较低，在实际运用中发挥作用不大。另外，《森林法》《森林法实施条例》《林木和林地权属登记管理办法》只是明确规定林权登记要求，并未明确说明登记内容以及登记办法。而地方出台的相关法律法规，例如《福建省林权登记条例》在很多方面都与之有出入，使得全面、完善的林权登记制度难以建立，权利人相关权益无法得到保护。同时，《民法典》第 209 条规定：“依法属于国家所有的自然资源，所有权可以不登记。”森林属自然资源，为国家所有，其所有权可以不登记，这样不但使林权主体国家处于“虚置”状态，而且把国家所有权与集体所有权区别对待，不利于我国的法律平等与公信力。2015 年 3 月 1 日起施行的《不动产登记暂行条例》（国务院令第 656 号），对不动产权利登记作出了详细规定。但是《不动产登记暂行条例》是从各种不动产权利出发，力求囊括所有不动产权利，其弊端是林权是个更复杂、更特殊的领域，无法参照各种不动产权利的登记规定进行操作。

第二，林权登记不规范。林权证中的“森林、林木、林地状况登记表”包括林权四至部分，但林权登记部门往往对此填写不够具体，也没有附图，林权证无法真实反映林权标的物的所在位置。一些地方还存在台账、林权证发放登记表、林权登记申请表等一整套档案资料管理不健全、不规范等问题，这必然影响到抵押权人权利的实现。

---

① 徐本鑫、刘清轩、曾庆枝：《论集体林地承包经营权滥用的法律规制》，《国家林业局管理干部学院学报》2014 年第 4 期。

第三，林权登记软件不统一，无法实现全国联网。目前，全国林权登记软件类型多样，一些地方林权登记所用的软件是由国家林业和草原局中南森林资源监测中心开发的林权证管理信息系统，在实践中发现该软件不能与“数字林业”平台的其他林业软件资源共享，而且没有林权证附图矢量化功能。一些地方虽然自主开发，达到全省联网，但是由于与国家林草局开发的林权管理信息系统存在不匹配问题，仍然要求后续开发才能够实现全国联网，势必造成国家资源不必要的浪费。

第四，林权登记类型不足。《林木和林地权属登记管理办法》第 2 条第 2 款规定：“林权登记包括初始、变更和注销登记。”《民法典》第 220 条规定：“权利人、利害关系人认为不动产登记簿记载的事项错误的，可以申请更正登记。……不动产登记簿记载的权利人不同意更正的，利害关系人可以申请异议登记。”可见，林权登记除了初始、变更和注销登记，还应当包括更正、异议登记。现行林权登记管理制度尚未按照《民法典》规定修订完善，全国范围的林权证编号、式样没有统一标准，严重制约了林权登记的法律效力，同时制约林权登记的信息化进程。林业“三定”以来，有些地方林地使用权、林木所有权归属变化较大。特别是近 10 年来，各类建设项目大量征占用林地，林权主体运用市场化手段盘活森林资产、农户搬迁等活动，使林权变更不断增加，但变更后却未及时办理林权变更登记。

第五，林权档案灭失，换发新证时缺乏法定依据。有些地方原林权档案都保存在村委会，由于行政体制的变化，档案大多灭失，农户手中的林权证，由于时间长了，也有很多遗失了。由于林权档案灭失，换发新证时缺乏法定依据。同时，我国现行法律及政策对自留山的规定仍存在保留。《中华人民共和国土地管理法》中，自留山仍被规定为集体所有。自留山所有权属于集体所有，集体成员拥有自留山使用权，但是不能流转，同样也不能私自用于建造房屋等其他不属于农业之生产用途。根据《不动产登记暂行条例》第 5 条可知，现行法律体系中并没有规定自留山林地的使用权是否需要进行登记。自留山未进行林权登记，易导致村民的自留山权益被侵犯，例如村委会擅自收回自留山、自留山流转不规范，等等。

（五）林权流转制度

关于林权流转制度，国家出台了一系列相关文件。2003 年，《中共中央　国务院关于加快林业发展的决定》提出："加快推进森林、林木和林地使用权的合理流转。"2005 年，《中共中央　国务院关于进一步加强农村工作提高农业综合生产能力若干政策的意见》（中发〔2005〕1 号）规定：应当"防止片面追求土地集中"。2008 年，《中共中央　国务院关于全面推进集体林权制度改革的意见》要求，"规范林地、林木流转"和"加快林地、林木流转制度建设，建立健全产权交易平台，加强流转管理，依法规范流转，保障公平交易，防止农民失山失地"。2009 年，《国家林业局关于切实加强集体林权流转管理工作的意见》进一步鼓励和规范林地林木流转。据统计，截至 2009 年、2011 年、2012 年、2013 年、2014 年年底，全国累计发生集体林地流转面积分别为 813.33 万公顷、1080 万公顷、1280 万公顷、1460 万公顷、1520 万公顷，分别占全国已确权集体林地面积的 5％、6.05％、7.12％、8.10％和 8.43％。截至 2016 年年底，全国累计发生集体林地流转面积达到 1886.67 万公顷，占全国已确权集体林地面积（1.83 亿公顷）的 10.50％，占全国承包到户集体林地面积（1.30 亿公顷）的 14.50％。[①]

关于工商资本介入林权流转，国家历年出台的文件发生了一系列转变。2001 年，中共中央 18 号文件不提倡"工商企业长时间、大面积租赁和经营农户承包地"。之后，对于工商资本参与集体林地林木流转，中央政策有所波动。2013 年的中央 1 号文件提出："探索建立严格的工商企业租赁农户承包耕地（林地、草原）准入和监管制度。"2013 年，《国家林业局关于进一步加强集体林权流转管理工作的通知》（林改发〔2013〕39 号）中规定："对工商企业等社会组织在林业产前、产中、产后服务等方面投资开发林业，带动农户发展林业产业化经营的，要充分尊重农民意愿，防止出现以'林地开发'名义搞资本炒作或'炒林'现象，探索建立工商企业流转林权的准入和监管制度，对流转后闲置浪费流转林地影响林

① 张建龙：《中国集体林权制度改革》，中国林业出版社 2017 年版，第 26 页。

业生产、恶意囤积林地和擅自改变林地用途等行为要予以制止，要责令其依法纠正，情节严重的要追究法律责任。”2014年的中央1号文件规定：“在落实农村土地集体所有权的基础上，稳定农户承包权、放活土地经营权，允许承包土地的经营权向金融机构抵押融资。”并规定：“支持由社会资本发起设立服务‘三农’的县域中小型银行和金融租赁公司。”国家林业局也出台相应政策，规范与限制集体林地大规模地向工商资本流转，防止农民失山、失地。2016年出台的《关于完善农村土地所有权承包权经营权分置办法的意见》规定：“完善工商资本租赁农地监管和风险防范机制，严格准入门槛”。2016年至2018年，中央和国家林业（和草原）局关于“三权分置”的政策性文件进一步鼓励集体林地林木流转。新一轮集体产权制度改革以后，出现了集体林地林木流转高潮，尤其是工商资本和企业从煤炭、石油等能源和房地产等产业转向森林资源经营管理，使林业成为继房地产、能源等产业之后又一备受青睐的产业。

2009年出台的林权抵押贷款政策，以及2013年的中央1号文件、2018年修正的《农村土地承包法》等法规为转入方提供了明确的预期，刺激了工商企业流转林地的积极性，南方集体林区出现了一批民营林场。虽然这些法规就集体林地流转对工商资本做出了一些限制，但由于林权抵押贷款没有明确规定用途，通过林权抵押获得的贷款实际上可以用于房地产开发等用途，因此一些地区出现了工商资本流入集体林地后跑路的现象，如浙江省安吉县和江西省修水县出现因工商资本跑路而遗留林地问题，农户希望重新获得林地承包权，但金融机构因抵押贷款尚未偿付而不愿意放弃作为抵押物的集体林地，地方林业部门在金融机构和农户之间两头不讨好。与此同时，工商资本流入具有一定的盲目性，它们中的大多数没有从事森林资源经营的经历，也不熟悉森林资源经营管理，也会出现侵害农民利益，导致农民失山、失地的问题，鉴于此，部分地区如江西省修水县规定了农户流转其经营林地的最高比例，以防止农户失去山林，但这又违背了农户自愿流转的愿望。

林权流转制度存在以下几方面问题。第一，林地承包经营权人的用益物权受限。《民法典》第326条规定：“用益物权人行使权利，应当遵守法律有关保护和合理开发利用资源、保护生态环境的规定。所有权人不得干涉用益物权人行使权利。”根据《民法典》第 334 条规定：“土地承包经营权人依照法律规定，有权将土地承包经营权互换、转让。未经依法批准，不得将承包地用于非农建设。”因此，林地承包经营权属用益物权。但是，《农村土地承包法》第 34 条规定：“经发包方同意，承包方可以将全部或者部分的土地承包经营权转让给本集体经济组织的其他农户，由该农户同发包方确立新的承包关系，原承包方与发包方在该土地上的承包关系即行终止。”《农村土地承包法》直接规定了林地流转需要发包人同意，《农村土地承包法》与《民法典》立法思想相冲突，严重限制了林地承包经营权人的用益物权，不利于林地的正常流转。实践中，发包方的不当干预已成为影响林权积极流转的重要因素之一。第二，林地流转方式法律界定模糊不清。根据《森林法》第 15 条规定，“承包方可以依法采取出租（转包）、入股、转让等方式流转林地经营权、林木所有权和使用权。”根据《农村土地承包法》第 3 条规定，不宜采取家庭承包方式的荒山、荒沟、荒丘、荒滩等农村土地的流转形式可采取招标、拍卖、公开协商等方式承包。根据《中共中央　国务院关于加快林业发展的决定》第 14 条规定，森林、林木和林地使用权流转形式包括承包、租赁、转让、拍卖、协商、划拨、继承、抵押、担保、入股、合资、合作。根据《民法典》第 339、342 条规定，农民集体所有的不动产和动产流转形式包括招标、拍卖、公开协商、出租、入股、抵押或者其他方式。《森林法》等专门调整林权的法律未对林权流转进行全面的规范，各法律规定之间对林权流转界定不一，致使不同地方纷纷出台“土政策”来推动集体林权改革，造成林权流转缺乏明确的法律依据，不利于林权流转市场的正常运作，不利于保护林权流转交易双方的合法权益，容易造成林权纠纷。2013 年，福建省人民政府出台《福建省人民政府关于进一步深化集体林权制度改革的若干意见》（闽政〔2013〕32 号），文件明确指出：“建立林权流转市场。按照‘依法、自愿、有偿’的原则，以海峡股权交易中心等机构为依托，建立规范有序的林权流转交易平台和信息发布机制，鼓励林权公开、公平、公正流转，促进林业适度规模经营。引导林农以入股、合作、租赁、互换等多种方式流转林地；探索建立工商企业流转林权的准入和监管制度，防止以‘林地开发’名义搞资本炒作或‘炒林’。严格执行森林资源流转法律法规，加强对集体统一经营林地流转的监管，维护林区稳定。”第三，集体林权流转的激励机制缺失。我国现行集体林权流转制度在林权流转主体资格、林权流转客体范围、林权流转前的审核批准、林权流转后的经营利用方面都设定了一系列的限制性条件。[①] 有些关于林权流转的限制条件是为保护森林生态环境而做出的，但在某些情况下也是出于维护部门利益或其他因素考虑而做出的不合理限制。这些限制性因素会在一定程度上阻碍集体林权的流转。

（六）生态公益林补偿制度

第一，生态公益林补偿与商品林收益差异巨大。《森林法实施条例》第 15 条规定："防护林和特种用途林的经营者，有获得森林生态效益补偿的权利。"2011 年江西省生态公益林平均补偿标准为每亩 15.50 元，福建省省级生态公益林补偿标准为每亩 12 元。但是，近年来商品林的收益越来越高，生态公益林与商品林收益差距大。以福建省为例，2010 年，4 米长、尾径 20 厘米以上的杉木，达到了 980 元/立方米。因此，当农民苦心经营的商品林被国家划定为公益林时，肯定对国家政策产生抵触情绪，不利于生态公益林补偿制度的实施与完善。

第二，补偿基金来源单一，缺乏统筹安排。生态公益林补偿是一项长期且浩大的工程，为了维护生态公益林补偿制度的可持续性，补偿给付主体必须予以明确。《国家环境保护总局关于开展生态补偿试点工作的指导意见》确定了生态补偿的基本原则是"谁受益、谁补偿"。因此，生态公益林补偿的给付主体应该是生态公益林生态效益的受益者。实践中，中国的生态公益林补偿却是单纯地依靠中央和地方各级人民政府以财政转移支付的方式进行。由于生态公益林生态效益的公益性质，政府成为生态公益林生态效益补偿的给付主体毋庸置疑，但这并不意味着政府是唯一的补偿给付主体。根据环境正义理论，生态公益林生态效益的其他受益者也应承担相应义务。目前，我国这种单一的补偿给付主体形式不但导致了补偿给付主体的范围狭窄，忽视了其他受益者的补偿义务，而且仅靠政府财政长

---

① 柯水发、李红勋、温亚利：《基于农户视角的集体林地使用权流转调查分析——以江西省铜鼓县和靖安县的农户调查为例》，《北京林业大学学报（社会科学版）》2010 年第 4 期。

期支撑如此庞大的补偿，会造成政府财政负担过重，导致补偿标准偏低，难以发挥生态公益林补偿制度对补偿接受主体的激励作用，影响其参与生态公益林保护的积极性，不利于生态公益林补偿制度的可持续发展。补偿给付主体单一还直接导致了补偿资金来源渠道单一。对非政府给付主体的忽视，造成了非政府给付主体没有渠道履行生态公益林补偿的义务，没有建立起政府、社会、企业和个人等共同组成的多元化筹资机制。2018 年出台的《福建省生态公益林条例》第 30 条规定："按照政府投入为主、多渠道筹集资金的原则，加大森林生态效益补偿资金筹措力度，用于保障生态公益林的经济补偿、管护经费以及日常监管等。"但是，第 31 条又规定："设区的市、县级人民政府可以结合财力状况，提高当地森林生态效益补偿标准。"可以看出，仅靠政府财政补偿，不仅没有体现"谁受益、谁补偿"的原则，还使政府的财政负担过重，资金来源缺乏稳定性。除了生态公益林补偿之外，我国作为世界上最大的发展中国家，国家的经济建设和社会保障也需要政府投入大量的资金。因此，不管是根据生态公益林补偿的理论依据，还是根据我国的具体国情，目前生态公益林补偿这种完全依靠国家财政投入来实现的做法都是不现实的，必须实现补偿给付主体多元化，拓宽补偿资金来源渠道，才能保证生态公益林补偿制度的稳定性和持续性。[①]《中共中央　国务院关于加快林业发展的决定》明确指出，要建立生态公益林补偿基金制度。除了中央和地方财政，还要从旅游景点门票所得、水力发电收入以及社会捐赠中提取生态公益林补偿基金。以福建为例，目前生态林补偿基金仅来源于中央和地方财政，由于生态林补偿机制的缺失，作为受益者的企业、单位乃至跨区域省份，只受益不投入，仅靠中央和地方财政支持，很难大幅度地提高生态林补偿标准。因此，可以从产业政策倾斜、信息指导、技术服务、转包公益林经营管理权等渠道，拓宽生态公益林补偿基金来源。

第三，生态公益林补偿制度不完善。2005 年，《福建省生态公益林管理办法》出台，但管理办法对公益林补偿中的补偿渠道、管理机制、监督环节等缺少具体规定，缺乏与之相配套的市区级及县级相对应的地方性公

① 肖隐琼：《论我国生态公益林补偿制度的问题及完善》，中南民族大学 2019 年硕士论文。

益林补偿实施条例。于是，2013 年《福建省人民政府关于进一步深化集体林权制度改革的若干意见》（闽政〔2013〕32 号）明确指出：“完善生态公益林管理机制。建立省级公益林与国家级公益林补偿联动机制，补偿标准随着国家级公益林补偿标准提高而提高。从 2013 年起省级以上公益林补偿标准每亩提高 5 元。要建立村集体、护林员管护生态公益林联动责任机制，实行年度考核、奖惩制度。进一步优化生态公益林布局，对落在重点区位外的分散的生态公益林，可采用等面积置换的方法置换重点区位内的商品林。落实《福建省生态功能区划》，加强重点生态区位林地保护，建设项目应不占用或少占用重点生态区位林地，严格控制占用沿海防护林尤其是基干林带林地。”

（七）森林保险制度

第一，森林保险制度缺失。目前，我国森林保险从属于农业保险，但森林保险兼具公益性和经济性，与农业保险存在较大差异。现有森林保险制度主要包括政策性森林保险制度、商业性森林保险制度、有财政补贴的商业化森林保险制度，这 3 种制度均有政府的支持参与，但参与程度和运行规则不同。需要明确政府参与程度和市场化的关系，这是健全我国森林保险制度的前提。有关部门颁布的《森林保险条款》、《中国保险监督管理委员会、国家林业局关于做好政策性森林保险体系建设促进林业可持续发展的通知》（保监发〔2009〕117 号）、《财政部　林业局　保监会关于做好森林保险试点工作有关事项的通知》（财金〔2009〕165 号）、《农业保险条例》等相关文件，也未明确森林保险的制度安排，其组织体系、费率制度、保额标准、赔付机制等缺乏制度规范。因此，森林保险在实际运行中往往表现出随意性和盲目性，亟待建立独立健全的森林保险制度体系。

第二，森林保险险种单一，供给严重不足。2014 年，我国森林保险覆盖范围已扩大到全国，为了扩展业务范围，提高森林保险产品的适用性，各保险公司也在创新产品种类，但目前仍以火灾险和综合险为主，且笼统地将风灾、冻灾、病虫害等归于综合险，未能因地制宜地设置多样化险种。林业本身是个高风险的产业，特别是近几年来自然灾害频繁发生，可能导致巨灾风险，使一部分投资者顾虑重重，加之承保面小，保险公司的风险相对集中，赔付率高，使得保险公司开发新险种的积极性不够，导致森林保险的险种单一，供给严重不足。而发达国家的森林保险已从最初单一的火灾险逐步发展为包括风暴、洪水、泥石流等多种自然灾害及附加险的综合性保险，如瑞典包括霜冻、火灾、田鼠、昆虫等的森林综合险和森林砍伐险。[①]

第三，保险门槛高。由于大部分林农生产规模小，保险标的物分散，保险公司必须投入大量的人力、物力，风险管理的难度加大，经营森林保险的成本必然高于一般保险，导致森林保险的经营收益就相应低于其他保险。保险公司必然会设置一些门槛以保证其利益，如提高保险费率、设置免赔额度等，无形中降低了林农的投保意愿。

第四，经营者收入较低，投保意识薄弱。林业经营者的收益较低，给森林投保在一定程度上增加了林农的经济负担，林农不愿意额外出钱为其经营的森林投保。另一方面，尤其在经济欠发达的地区，林业经营者或林农的森林保险意识不足，部分林农存在侥幸心理，缺乏对森林保险的足够认识。

第五，森林保险技术十分薄弱。森林资源价值（涉及森林面积、林龄、投入标准、当地市场价格等因素）和赔付率这两个森林保险的核心问题至今还没有科学的测算和计量方法，阻碍了森林保险险种的拓展以及实际保险业务的运作。[②]

总之，林业法律制度存在的种种弊端是驱动福建省集体林权制度改革的动力之一。打破原有的林业法律制度存在的弊端，从制度内部入手解决存在的问题，才能够真正激发广大林农的积极性，促进林业可持续发展。

二、林业法律制度的响应策略

（一）森林采伐限额制度

第一，国家在建立生态公益林和商品林两种经营模式的前提下，将公益林和商品林重新分类。将公益林进一步划分为国家重点公益林和地方重

① 陈曦、曹芳萍：《瑞典森林保险发展历程与现状分析》，《世界林业研究》2018 年第 6 期。

② 胡继平、王伟：《论我国森林保险制度建立的重要性和必要性》，《林业资源管理》2009 年第 2 期。

点公益林，将商品林进一步划分为天然商品林和人工用材林两种。对于不愿意被区划为公益林的商品林，天然商品林同样要受国家限伐、禁伐的法律约束；人工用材林与天然商品林不同，人工商品林林地、林木能够在林权流转市场进行自由流转。

第二，国家林草局协同有关部门共同制定森林分类区划标准与方法。根据森林分类区划制定森林采伐限额标准，对于公益林特别是国家重点公益林，实行禁伐、限伐，只能进行抚育性采伐或者改造性采伐；对于天然商品林实行限伐措施，确保人工用材林的采伐额度。

第三，建立森林采伐限额执行情况检查评价体系，完善责任追究制度。首先，应当加强对公益林、天然商品林在伐区调查设计、伐后验收、采伐更新等各个环节的监督检查。其次，对人工商品林的采伐限额可予以放宽，但是，人工用材林经营者应当严格按照森林经营方案的内容实施采伐，林业主管部门则应当加强对森林经营方案实施的监督检查。

（二）森林资源资产评估制度

第一，建立森林生态价值资源资产评估和林木资源资产评估两大体系。根据森林生态价值资源资产评估和林木资源资产评估两大体系，重新设立森林资源资产评估标准，修改相关法律法规，建议国家尽快出台“森林资源资产价格评估机构管理办法”和“森林资源资产价格评估师执业资格管理办法”，形成一种站在保护资产所有人与投资者双方利益基础上的公平竞争环境。

第二，成立独立的森林资源资产评估中介机构。森林资源资产评估中介机构的森林资源资产评估师，必须经过国家级森林资源资产评估考试，取得森林资源资产评估师执业资格证书后方可执业。全面提升注册资产评估师的职业道德水平和专业能力，提高注册资产评估师执业的独立性，塑造独立、客观、公正的职业形象，把行业建设成为社会公众信得过的专业服务行业，为中国经济有序发展提供优质服务。

第三，国家在资源资产评估考试中设立森林资源资产评估专业门类。在森林资源资产评估专业门类下，分别设置森林生态价值资源资产评估和林木资源资产评估两个小门类，解决森林资源资产评估机构和评估师的资质问题，加强森林资源资产评估队伍建设，尤其是森林生态价值资源资产评估队伍建设。

（三）林地承包经营制度

第一，建议修改《森林法实施条例》《林木和林地权属登记管理办法》《林木林地权属争议处理办法》《森林法》等相关法律法规，更正“林地使用权”为“林地承包经营权”。

第二，在《森林法》中构建林地承包权的概念，构建林地承包权的两大体系。所谓林地承包权的两大体系，即商品林林地承包经营权和生态公益林林地承包经营权。不同类型的林地在承包经营过程中，可能产生不同权利关系和利益格局，应就其承包经营权的内容在法律上分别进行规范。

（四）林权登记制度

第一，完善林权抵押登记制度立法。目前，林权抵押登记的法律规范还需完善，《林木和林地权属登记管理办法》《森林资源资产抵押登记办法（试行）》《福建省林权登记条例》等相关法律法规，多以部门规章形式存在，法律位阶较低，效力层次相对较弱；且条款分散，有关涉及林权抵押的法律散见于《民法典》《担保法》《农村土地承包法》，例如《担保法》第 42 条，《农村土地承包法》第 23 条等。因此，为明确林权抵押登记的效力及其担保功能，应尽快完善我国林权登记制度，对登记机关、登记效力、登记类型、变更及消灭登记等相关制度也要进行合理规范和具有可操作性的规则设计，对林权抵押登记予以立法规范。

第二，建议将自留山使用权纳入林权登记范畴。《土地管理法》第 9 条规定：“宅基地和自留地、自留山属于农民集体所有。”《不动产暂行登记条例》第 5 条未将自留山纳入不动产办理登记范畴。因此，自留山尚未纳入权属登记范畴。建议尽快将自留山纳入林权登记范畴，维护自留山使用权人利益，促进自留山规范流转。

第三，开发林权登记管理信息系统。建议由国家林业和草原局继续开发出能适应林权登记工作的管理软件。同时，在开发相关软件时，注意要做到统一开发，全国统一使用，既避免国家资源浪费，又能尽快实现林权登记管理系统的全国联网，以加快林业可持续发展的信息化进程。

（五）林权流转制度

修改《森林法》《农村土地承包法》《民法典》，根据现有林权流转形式需要，增加林权流转形式，同时各法对林权流转形式要达成统一规定，杜绝林权流转形式法律界定不清问题的发生。《中华人民共和国农村土地承包法》（2018年12月29日第十三届全国人民代表大会常务委员会第七次会议《关于修改〈中华人民共和国农村土地承包法〉的决定》第二次修正）规定："县级以上地方人民政府应当建立工商企业等社会资本通过流转取得土地经营权的资格审查、项目审核和风险防范制度。工商企业等社会资本通过流转取得土地经营权的，本集体经济组织可以收取适量管理费用。具体办法由国务院农业农村、林业和草原主管部门制定。"根据这一规定，为引导和规范工商企业等社会资本依法投资林业发展，建立工商企业等社会资本取得林地经营权的资格审查、项目审核和风险防范制度，国家林业和草原局改革发展司组织起草了《工商企业等社会资本流转林地经营权管理办法》，征求了各省（区、市）林草部门和各单位的意见，并召开多层次的座谈研讨会，不断完善《工商企业等社会资本流转林地经营权管理办法》。为了进一步深化集体林权制度改革，优化涉林营商环境，促进集体林地经营权流转，增强林业发展活力，助推乡村振兴，2016年湖南省人民政府出台《湖南省工商资本参与林权流转管理办法》，2021年贵州省林业局出台《关于支持工商企业等社会资本流转集体林地经营权的办法》，这些法规深入贯彻习近平生态文明思想，着眼于推动林业高质量发展要求，对工商企业等社会资本参与林地经营权流转的指导思想、适应范围、基本原则、程序方法、禁止事项、监督管理、服务保障等方面进行明确和规范，为集体林地经营权流转提供了政策指导。福建省应尽快制订"工商企业等社会资本流转林地经营权管理办法"等相关文件，为促进林权流转制度改革提供有力政策支持。

（六）生态公益林补偿制度

第一，建立森林生态价值有偿服务机制。要求生态公益林使用者、直接受益于生态公益林的个人和单位，如供水、风景旅游、征占用生态公益林林地、林地矿产开采等经营单位和个人，以税收形式缴纳森林生态价值有偿服务费，国家建立森林生态价值有偿服务基金，统一划拨有偿服务金到地方财政，给予提供生态价值有偿服务的个人和单位。例如，森林公园、风景名胜区、旅游度假区等利用公益林资源直接受益的单位，应从门票等收入中提取一定比例资金，用于加大生态效益林补偿力度。同时，应当明确补偿资金使用范围，对经济补偿、管护补助支出比例进行设定，另设定一定比例用于公益林管理费用的支出，并明确支出范围。

第二，细化完善公益林补偿标准。生态公益林所发挥的生态效益的大小，取决于生态公益林的数量和质量。同时，生态区位、地类因子能影响生态公益林的生态效能。因此，应按照公益林分级管理制度，根据公益林管理层级、保护等级和生态效益等级等，制定公益林分级分类补偿标准，合理化生态公益林的补偿标准，进一步完善生态公益林补偿机制。例如，对生态区位重要、保护等级高的公益林提高补偿标准，对一级国家级公益林补偿标准应予以适当提高，加强对一级国家级公益林的保护力度。

第三，保护公益林所有者权益。生态公益林的所有者和使用者的合法权益受法律保护，要依法对其实施严格保护。按照谁受益、谁补偿的原则，由受益地区对保护地进行补偿。对集体及私人业主营造的林木被划为公益林的，由国家收购；不愿意被划为公益林的，当地林业主管部门应当与集体或私人业主签订禁伐、限伐协议，同时给予相应的森林生态价值有偿服务费。

（七）森林保险制度

第一，建立森林保险风险准备金制度。国家从林业税收上划拨资金，建立森林保险风险准备金。保险公司在开展森林保险业务过程中，当年赔付率超过既定水平的部分，由风险准备金予以适当补助；当年赔付率不足既定水平的部分，通过财政转拨，转入风险准备金；将若干承保公司组成共保体共同承保森林保险，加强合作；考虑引入巨灾债券，减轻保险人的经济压力，借此减轻保险人经营成本高的问题。[①]

① 王珺、冷慧卿：《中央财政森林保险保费补贴六省试点调研报告》，《保险研究》2011年第2期。

第二，政府大力开展森林保险宣传活动。政府应当发挥基层保险服务体系的宣传作用，以乡镇为基本单元，切实加强森林保险工作的领导，建立森林保险服务站、森林保险办公室等工作机构，借助广播、电视、报纸、政府宣传栏及各类媒体，广泛宣传森林保险的意义和险种知识，提高林业生产经营者的投保积极性和投保意识，提高保险覆盖率。

第三，建立分类保险制度。保险公司应根据生态公益林与商品林两种森林经营类型，充分考虑林种、树种（特别是保护树种）、林龄的差异，组织有关林业专家制定出符合需求的森林保险品种，确定相应的理赔范围、保险费率和赔偿标准，将其纳入森林保险法律制度，以实现合理的理赔。林权所有者或林业经营者在投保时，对森林资源能够同时进行多项森林保险，既保证在林业生产者的负担能力范围内，又保证在保险机构的偿付能力范围之内。

第四，健全相关法律法规。参考《农业保险条例》的立法目的，森林保险制度应以规范森林保险活动为基础，规范林业生产，保护森林保险法律关系各方主体的合法权益，提高林业生产抵御风险的能力，保护森林资源可持续发展，促进森林保险事业健康发展，从而推进生态环境保护工作。以此为目标，对森林保险法律关系各主体的权利义务进行设定，在注重其一般保险权利义务的同时，还要补充其生态义务以及保障其生态权利。《农业保险条例》还应规定实施森林保险的具体制度，做到有法可依。①

第五，完善监督管理体制。森林保险具有商业性保险和政策性保险双重性质，因此比普通的农业保险复杂。我国的森林保险监督，应由相关部门成立“森林保险监管处”，由专人负责监督，进一步提升森林保险的服务质量和管理水平。

三、林业法律制度的响应案例及相应法律对策研究

（一）林权抵押贷款

1. 林权抵押贷款新模式

南平市顺昌县的“森林生态银行”。2018 年，顺昌县在全国创新开展

---

① 华绮娴、周伯煌：《我国森林保险制度的完善》，《中国环境管理干部学报》2019 年第 2 期。

“森林生态银行”试点建设，积极探索建立以林业资源为主的管理、开发、运营平台，借鉴银行“分散式输入—集中式输出”模式，探索形成“五输入五输出”的试点模式。前端环节是通过赎买、租赁、托管、入股、质押等单一或组合形式，在不改变林地所有权的前提下，将零散化、碎片化林木资源实施集中化储备和规模化整治，转换成集中连片优质高效的资产包；后端环节通过提供原材料基地服务、金融服务、重资产服务、生态服务、市场服务等5种方式，依托专家委员会、南平市生态公司及其他专业机构力量，开展项目策划包装和招商推介，实现对林业资源的集约化经营开发。2018年12月3日，顺昌县“森林生态银行”正式挂牌运营。由顺昌县政府提供3000万元资本金，依托顺昌县国有林场，成立顺昌森林生态运营中心，下设“两中心三公司”，即资产评估收储中心、数据信息管理中心、绿昌林木经营有限公司、绿昌托管有限公司和林业金融服务公司。由绿昌经营有限公司、绿昌托管有限公司和林业金融服务公司对资源进行收储、托管、经营和提升，由数据信息管理中心、资产评估收储中心提供数据和技术支撑。同时，在城区中心地段开辟750平方米的“森林生态银行”营业部，实行林权评估收储、抵押贷款、林权转让变更等手续一站式服务、一个窗口办理。经“森林生态银行”担保的林权抵押贷款，贷款成本明显下降，期限最长可达15年，手续便捷，贷款最快当日即可到账。截至2020年，南平“森林生态银行”已导入林地林木面积41733.33公顷，其中股份合作、林地租赁经营8400公顷，赎买商品林3333.33公顷，托管经营4公顷，使用国开行资金4.20亿元；办理林权抵押贷款257笔2.25亿元，抵押林地面积5882.40公顷。南平“生态银行”入选中国改革年度十大案例。

三明市的林票质押贷款新模式。2019年年末，三明市出台了《三明市林票管理办法（试行）》，成功推动全国首个林票制度改革试点。林票具有交易、质押、兑现等权能，可在林权流转平台上流通交易。村集体经济组织成员可凭个人持有的林票向金融机构申请质押贷款，由合作经营双方共同提供担保。例如，国有林业企事业单位与村集体经济组织及其成员共同出资造林或合作经营现有林，国有企事业单位负责收储林票（兜底回购），合作经营双方（国有企事业单位和村集体经济组织及成员）共同担保，依照“合作经营、量化权益、自由流转、保底分红”的方式，由合作双方按投资份额制发股权（股金）凭证。截至2020年年末，全市建立试点村152个，面积70733.33公顷，制发林票总额1.05亿元，惠及村民1.40万户、5.90万人。2021年，三明市制定《三明市实施“八项创新”推进林改再出发行动方案》，切实推进全国林业改革发展综合试点市建设。2021年5月18日，三明市发行全国首批林业碳票。随后，三明沙县创新推出“碳票开发贷”“碳票质押贷”等林业金融碳汇产品。此外，三明市将“福林贷”升级为“福林·抵押贷”和“福林·林票贷”，贷款年化利率降低了三分之一，贷款期限从最长15年延长至30年。截至2022年3月，福建全省林业碳汇累计成交321万吨，成交额4665.20万元，成交量和成交额均居全国首位。三明“林票制”改革成为全国林业综合改革典型案例。

龙岩市武平县的“五位一体”林权服务中心。2004年6月，武平县在全国率先开展“林权抵押贷款”试点工作，成立县林地林木权登记中心和林权贷款担保公司，由县政府累计注资240万元，再由银行5倍放大，为林农提供林权担保抵押贷款，迈出了林权抵押贷款的实质性步伐。2013年5月，武平县进一步完善林权抵押贷款机制，由县财政专门安排1500万元作为收储担保资本金，不再需要担保，林农可利用林权证直接在金融部门获得贷款。随后，武平县积极探索林业投融资机制，构建“评估、收储、担保、流转、贷款”五位一体的林业金融服务机制，成立县林权抵押贷款服务中心。该中心下设森林资源资产评估中心、林权收储担保中心、林权流转交易中心、林权抵押贷款中心、林业信息服务中心，实行合署办公，提供“评估、收储、担保、流转、贷款”五位一体的一站式林业金融服务。县级林权流转管理服务平台延伸至各个乡镇，与海峡产权交易中心林权交易子平台对接；林权服务中心有窗口服务和线上简易评估服务。武平县基于该服务体系，推出“直接抵押＋收储担保”的贷款模式，由当地林业局牵头成立林权收储担保中心，设立总额2000万元的收储担保基金，合作银行以收储资本金的5倍为放贷金额上限。一旦林权直接抵押贷款逾期未还，即由收储担保基金予以先行赔付。截至2021年6月，全县累计办理林权抵押贷款3.10亿元，贷款余额2亿元。

2. 林权抵押贷款法律对策

2017 年，原国家林业局、财政部联合印发《国家级公益林区划界定办法》（林资发〔2017〕34 号）和《国家级公益林管理办法》，通知要求：及时落实好国家级公益林保护等级，进一步做好国家级公益林区划落界工作，切实将国家级公益林落实到小班地块，并据此更新国家级公益林基础信息数据库等档案资料。在此过程中，不得擅自调整、变更国家级公益林的范围。国家级公益林区划落界的小班属性数据和矢量数据，应当与当地林地保护利用规划林地落界成果相衔接。要严格按照《国家级公益林管理办法》规定的要求和程序，规范开展国家级公益林动态调整和保护管理工作，严禁随意调整国家级公益林范围，违规使用国家级公益林林地。《国家级公益林区划界定办法》发布后，大量经济林被划归公益林，被划归为公益林的原经济林逾期抵押贷款，亦难以实现法院拍卖流程。立足于福建林区经济发展的现状及当前存在的问题，林业金融改革应着力构建多层次林业普惠金融体系，实现各类林业资源的金融服务全覆盖。一是健全完善林业金融基础设施，完善林木采伐指标优先保障林权抵押处置的长效机制，设计推出与林木生产长周期相匹配的中长期、低利率、大额林权抵押贷款。例如，加强与林权收储担保机构合作，开发设计与林木生产周期相匹配的中长期林权抵押类贷款品种，如林票质押贷款等，努力解决林企、林农遇到的“短贷长用”问题。二是基于农村征信体系的工作基础，推广创新与林下经济相匹配的短期小额信用贷款。例如，取消中幼林、生态林和阔叶林不能抵押等限制，将果园、茶园等价值较高的经济林列入抵押范围，逐步提高收储担保基金的担保比例。三是以生态公益林补偿收益权质押贷款为补充，进一步盘活生态公益林资源，林权质押贷款服务，通过收益权质押可有效扩大抵押品范围。例如，统一由人民银行征信管理中心的“中征应收账款统一登记平台”办理林权质押登记，进一步盘活生态公益林资源，从源头上为林企、林农拓宽融资渠道，增强生态公益林融资能力。①

① 张习宁、林瑾瑜、陈佳丽：《林业金融服务的福建探索与创新》，《福建金融》2021 年第 9 期。

（二）林权纠纷

1. 林权纠纷成因分析

产生林权纠纷的原因有历史遗留问题、现实改革需要、政府过度干预、林业资源价值提升打破原先利益格局等，归纳起来，主要包括以下几个方面：

第一，国家政策多变。人民公社期间、“四固定”和“林业三定”时期，各阶段工作粗放，隐患纠纷较多。中华人民共和国成立后，林业政策不断地调整着林业生产关系，从土地改革、“四固定”到承包荒山造林、“林业三定”、土地二轮延包，林业政策不断调整变化，每一次新的林业政策出台后，由于改变了原先的利益格局，总会出现一些新的林业纠纷。人民公社期间以及60年代初的“四固定”时期，林地的划分权属多从便于行政管理方面考虑，忽视山林的本应归属，有的甚至以手指为界，任意调配。有的与相邻的区、乡（社）、大队（村）互不通气，重新划分，为山林纠纷留下隐患。现在的很多纠纷是因当时权属不明或者权属重叠造成的。改革开放初期的“林业三定”同样也存在明显的工作粗放问题。填证之前，没有组织接连地各方相互勘界、核实，因此，在林地边界地带，忽视别人权利，双方各自多填面积的情况时有发生。因没有图表相对应，当林权纠纷发生时双方或多方的林权证都包括同一块争执林地，四至不明、四至不清的情况非常普遍，一些林地边界模糊，权属不清。在“三定”工作中质量服从时间的要求，也保证不了确权的质量；漏报、重填、误填的问题比较突出，发证率也没有达到预期目标。

第二，政府对村属集体林权安排过度干预，集体林制度安排存在一些缺陷。政府对村属集体林权安排的过度干预是产生一些林权纠纷的外在原因，而集体林权制度安排存在一些缺陷又是一些林权纠纷产生的内在原因。“农民集体所有”是独立于国有的一种所有权形式，村集体山林产权应归全村村民共同共有，山林经营的决策权理应属于全体村民大会或其决定的决策机构，社区外任何个人和组织，包括政府部门，无权决策村属集体林的产权安排。然而，中华人民共和国成立以来的历次变革，都是由各级政府和林业部门决定着村属集体林的产权安排，并将本属于村民共同共有、平等受益的集体林权通过行政权力划归社区外个人与组织或社区内少数人所有，因此，从法治角度分析，究其根源，主要与人民公社时期沿袭下来的“政社合一”的农村管理体制相关，集体财产权利完全隶属于行政权力，成为高度集中的公共产权。

第三，林地发包、林权流转不够规范，承包合同、流转合同未能较为公平、均衡地反映各方的利益。大部分乡镇的村民小组都拥有一定数量的林木，有的山场分给村民做自留山，有的归村民小组集体所有，有的归村委会所有。长期以来部分山场上的林木因管理不力或无人管护，导致部分山场变成荒山。因此，林业主管部门等建议各个乡镇对不属于村民自留山的山场可以通过发包、流转的形式来加强对山场林的发展和管理。然而，在林业发包、流转的过程中，有的没有召开全体村民大会或未经三分之二以上村民代表同意，草草签订承包合同或流转合同；有的还强行承包，签订一些霸王条款，承包人仅交少量的保证金就能获得大面积的山场林业承包权；还有的虽然召开了村民大会，但参与人数未超过半数，亦无会议记录，仅凭一纸合同，就决定承包人取得了数十年的林业承包权，并以此抗辩所有集体经济组织成员上山砍柴等权利。另外，在林业承包、林权流转中，发包方与承包方在签订合同时，几乎都没有对发包的数百亩甚至数千亩的山场林木的价值进行评估或测算，就这样简单地发包给承包人承包经营，承包期限一般规定在 30 年以上，有的甚至更长。数百亩甚至数千亩的林木，其价值逐年递增。承包人承包山场后，主要对现有的山场进行管护，将荒废的地方进行补植，对部分林木予以间伐。在大多承包或流转合同中，只是简单地约定按比例缴纳承包金或转让款，按比例分成等，进而导致承包或流转各方利益的失衡。利益的不均衡导致部分村民甚至村委会、村民小组对承包、流转合同甚是不满，利益主体之间的纠纷由此产生。

第四，林业资源价值提升打破原先利益格局，村民对林业资源产权的需求加强。林权纠纷是一种显性冲突，从冲突的发展规律看，在一般情况下，显性冲突是由隐性冲突发展而来，而转变的关键因素是利益的变动与凸显。具体而言，对于村民而言，在原先的经济条件下，即使国有林场没有占有集体林地，地方林业部门没有划走山林，自留山主拥有完整的山林权，村民个体之间在山林资源占有上没有差异，这些权利在高税费、高管制的约束下也带来不了更多利益，并且，权利被剥夺或限制也不会造成明显的利益损失，此时冲突处于隐性阶段，表现为村民的不满情绪尚未升级为林权纠纷。但伴随着经济发展和林业市场化程度提高带来的社会对林产品和林业资源需求的持续增长，林业资源的价值也随之提升，在市场拉动和政府“让利”双重作用下的林地、林木价格上涨成为不容争辩的事实。山林经营收益不断增加的事实激发了村民对山林资源强烈的产权需求，国有林场低价占有集体林地、地方林业部门无偿划拨山林以及村民个体间不平等的山林占有现状严重阻碍了村民产权需求的实现，纠纷因此而生。

第五，村民博弈能力增强，进而促进林权法律制度及政策的变迁。林权纠纷的普遍性预示着我国具有共有性质的现实集体林权制度处于非均衡状态，制度变迁已成为可能。但对制度的变迁起决定作用的是对现行制度不满的变迁主体。对现行制度不满的主体，一旦对新制度有了需求，并具有利用非均衡条件的能力，即博弈能力时，就会主动采取行动，进行制度创新。从这种意义上讲，村民对山林资源的产权需求只是制度变迁的内在驱动力，村民的博弈能力的大小决定了村民行为的种类、强度以及有效性。随着市场经济的发展，农村与林业管理体制得到一定程度的改革，村民参与程度与水平不断提高，特别是《村民委员会组织法》的实施赋予了村民对社区事务的民主管理权利，强化了村民博弈能力，村民通过各种有效途径主张产权的行为推动了集体林权制度的改革。

2. 林权纠纷的法律对策

（1）林木林地权属纠纷的法律对策。

第一，“谁造谁有”政策是我国20世纪50年代提出的，是基于我国森林资源匮乏、荒山众多、林业投入不足的基本国情而出台的鼓励社会各界投资林业、消灭荒山、绿化祖国的一项林业政策。它指单位或个人响应政府号召并征得林地所有者的同意或默许，但往往没有合同约定就在国家或集体荒山上自投资金造林、种果，而取得该林地使用权和林木所有权的一种行为（但执行政府号召参加义务造林的除外）。这是响应政府号召、以社会公共利益为出发点的一种积极行为，其应有的林木所有权等合法权益应当予以保护，村集体或国有单位不得随意无偿收回。

第二，对于因贯彻落实“谁造谁有”政策而取得林地使用权的，要本着尊重历史和现实的原则，综合考虑造林者与村集体以及其他村民（国有单位）利益的均衡问题，可以依据公平、合理原则，在双方协商一致的基础上，通过补签协议对林地使用费、经营管理期限等进行约定。一般情况下，一个主伐期满后，林地所有者主张收回的，造林者不再继续享有该林地使用权，而应将该林地归还给林地所有者。

第三，“谁造谁有”政策是鼓励荒山绿化的，因此造林者造林后抛荒一定年限（比如 2 年以上）的，应视为造林者放弃对该林地使用权，林地所有者有权收回该林地，造林者无权要求造林补偿费。

第四，在贯彻落实“谁造谁有”政策时，对违法私自侵占国有、集体林场、采育场林地以及他人的自留山或者明知林地有争议或未依法取得林地使用权的情况下抢造林、抢种果的，要与“谁造谁有”行为严格区分开来，并予以打击。占有他人林地造林的，林地所有权人或使用权人可以向造林者主张林地使用费。①

（2）林地承包合同纠纷的法律对策。

第一，对承包期有约定的，按照合同约定期限履行；对承包期限不明确的，一般情况下用材林以一个主伐期为限，经济林以一个自然衰退期为限。第二，对林地使用费（承包费）产生纠纷的，双方自行协商解决；不能达成协议的，依据公平、合理原则，并参照发生纠纷时当地同类林地使用费标准履行。第三，以家庭承包方式取得的林地使用权属于《民法典》规定的物权范畴。以家庭承包方式取得的林地使用权变更如果是发生在《民法典》颁布之前，原则上不适用《民法典》的规定，应根据纠纷发生时的法律、法规或政策的规定处理，但在当时没有相关法律、法规或政策的情况下，可以按照双方签订的合同处理。以家庭承包方式取得的林地使用权变更如果是发生在《民法典》颁布之后，应适用《民法典》的规定。根据《民法典》第 333、335 条规定，土地承包经营权的设立，不以登记为要件，是登记要件主义的例外规定；土地承包经营权的互换、转让，不经登记不得对抗善意第三人，但不影响合同本身的效力。

---

① 颜良伟：《福建林权纠纷的主要类型、成因分析及法律对策》，《经济法论坛》2011 年。

（3）林权流转合同纠纷的法律对策。

第一，没有约定林权使用期限的单纯林木转让合同，受让人的林地使用权效力至林木主伐完终止，即林木一轮主伐后，林地使用权应当返还给出让方。第二，有约定林地使用期限的林木转让合同，当林木已主伐完毕，虽然林地使用期限未到，为了林地的及时更新，若属于无偿使用林地的，出让方有权无偿收回该林地；若属于有偿使用林地的，剩余林地使用期限不足一轮林木生长期的，原则上林地应当先返还给出让方，但双方可以通过协商，由出让方给予受让方适当补偿；若属于有偿使用林地的，剩余林地使用期限超过一轮林木生长期的，应重新协商合作方式。通过民主议定不同意继续合作的，可参照前述办法处理；同意继续合作的，要探索受让方和村集体及村民的权益都能得到保障的办法，重新签订协议。第三，约定林地使用权期限的林木转让合同，林木未主伐完毕，但林地使用权期限已到的，可延长林地使用期限至林木主伐完毕为止。但在延长的期限内，受让方应根据当地政府的规定，支付林地使用费给出让方。[①]

（4）林地承包、林权流转合同涉及民主议定原则而引发的纠纷的法律对策。

违反民主议定原则签订的合同属于效力待定合同，应根据效力待定合同的有关规定进行处理。对于林地承包、林权流转合同违反民主议定原则的，可以区分为以下四种情况进行处理。第一，1988 年 6 月 1 日《村民委员会组织法（试行）》试行前签订的合同，根据法不溯及既往原则，不能适用《村民委员会组织法（试行）》规定的民主议定原则。此阶段签订的合同，主要不涉及所有权问题的“专业承包、联产计酬”形式的生产责任制合同，对此类合同，要严格区分责任制和所有制两者的界限，不能把集体林木变为个人所有。第二，从 1988 年 6 月 1 日《村民委员会组织法（试行）》实施之后到 1998 年 11 月 4 日《村民委员会组织法》实施之前，特别是 1997 年 7 月 30 日《福建省森林资源转让条例》实施之前这个阶段，有关法律法规只是粗线条地规定了民主议定原则，但当时村民以及村干部的法律意识比较淡薄，对一些重大事项，村委会较少使用民主议定原

① 颜良伟：《福建林权纠纷的主要类型、成因分析及法律对策》，《经济法论坛》2011 年。

则处理，多由村干部讨论决定。对此阶段签订的合同，只要村委会所作出的决定没有违背法律的禁止性规定，没有恶意侵害村集体利益的，要予以维护，并对原来签订的合同进行补充和完善，但不能简单以违反民主议定原则而宣告合同无效。第三，从 1998 年 11 月 4 日《村民委员会组织法》实施之后到 2003 年 3 月 1 日《农村土地承包法》实施之前这个阶段，民主议定原则已经得到细化，群众法律意识也有一定程度的提高。对此阶段签订的合同，要结合本地实施民主议定原则和木材特产税取消等林业政策调整的实际情况，注重法律适用的社会效果，进行综合分析处理，既要保护善意取得山林业主的权益，也要维护村集体及村民的既得利益，对出让方要求确认合同无效或解除合同的不予支持，但要依照公平原则，对利益进行协商调整，由受让方作出进一步让步，并适当提高偏低的林地使用费。凡是未补签利益调整协议的，采伐、流转、变更登记等一切涉及所有权的活动一律冻结。对债权转林权面积超过原借款造林面积的，可参照前述办法进行处理。第四，2003 年 3 月 1 日《农村土地承包法》实施以后，尤其是 2003 年 4 月 4 日《福建省人民政府关于推进集体林权制度改革的意见》（闽政〔2003〕8 号）出台之后，福建省已经全面开展集体林权制度改革，对此阶段签订的合同，应严格遵守民主议定原则。一般情况下，违反民主议定原则签订的合同，特别是根据民主议定要求公开招投标而没有招投标的，并有半数村民提出异议的，可认定为无效合同。[①]

（三）林权登记制度——以三明市为例

1. 三明市创新林权登记机制

自 2016 年实行不动产统一登记以来，三明市先行先试，积极稳妥解决林权登记历史遗留问题，持续规范林权类不动产登记，着力探索建立“数据整合、权籍调查、系统优化”三位一体的林权类不动产登记工作新机制。本着“图、属、档”信息一致的目标，三明将这些问题分为五类，一一对症施策。一是数据不完整的，补齐缺项、完善档案；二是数据不准确的，校准精度、修正误差；三是数据不一致的，严格比对、统一数据；

① 颜良伟：《福建林权纠纷的主要类型、成因分析及法律对策》，《经济法论坛》2011 年。

四是权属重叠和边界不吻合的，核查权属、明晰界线；五是林地与永久基本农田重叠的，核实现状、调整地类。过去，三明市林权登记由林业部门负责，实行不动产统一登记后由自然资源部门负责。为推进林权类不动产登记，三明市委、市政府召开会议研究出台相关政策，从人、财、物等方面予以保障，为两部门协同作战奠定了基础。在自然资源部门和林业部门的双向发力下，三明用了一年时间基本完成了 34 万宗林权登记存量数据的整合，实现了林权类不动产登记“一个平台、一套数据、一张图”。

2. 三明市创新林权登记前置要件

一是组建一支专业的林权地籍调查队伍。三明市按照调查、登记、调处全业务流程，理顺登记工作机制，由自然资源、林业部门联合组建林权纠纷调处工作组、林权地籍勘验调查小组，分别负责处理辖区林权争议纠纷及涉诉涉访案件、开展权籍调查。二是免费办理林权登记和地籍勘验调查。加强自然资源所队伍建设，向乡（镇）延伸不动产登记窗口。三是将权籍调查前移到林地发包之前，以提高办证效率、避免发包纠纷。同时，优化调查内容，着重调查与林权登记有关的界址、四至、权属等内容，简化造林年度、林班、小班、起源、主要树种等林业管理方面的内容。2019 年，福建省自然资源厅选择在三明市沙县区、南平市建阳区开展林权类不动产登记规范化制度建设试点。以沙县区试点为契机，三明展开了数字化林权地籍调查的探索。沙县区早就开发出了集“数据采集”“图形绘制”“底图叠加”“3D 模型”“成果导出”“安全锁”等功能于一体、以平板电脑为载体的林权地籍调查信息化产品——移动端林权信息采集软件。利用影像图生成 3D 影像模型，直观展示地形地貌，叠加林权宗地图、生态红线图、“三调”成果等基础数据，可现场采集界址点、林权属性因子及指界照片、视频等重要资料，便于林农、林企核实权属界线。现场测量成果还可无缝对接登记系统，大大提高了登记效率，也解决了基层所调查人员不足、业务不熟的问题。为了做好林权登记与林业管理的衔接，三明市自然资源部门与林业部门建立了信息共享平台，实现了林权审批、交易和登记信息实时互通共享。

3. 三明市创新林权登记方案

以“权属重叠和林田地类冲突”为例，针对不同时期颁发的林权证和承包经营权证存在图数不一致或“一地多证”问题，如林地被征占后，林权证未注销或部分征占面积未核减，导致林权登记与建设用地重叠问题；将部分山垄田、种植苗木的永久基本农田纳入发证范围，造成林权登记与基本农田重叠问题。三明市自然资源局、林业局、农业农村局联合出台解决方案：一是内业核实，将林权登记、永久基本农田和土地承包经营权确权登记矢量数据套合，提取重叠数据，建立台账；二是外业调查，三部门联合对重叠地块进行实地认定。经初步套合，三明发现全市共 161 宗地块、580.47 公顷土地存在林地与永久基本农田重叠问题。为了避免问题再次发生，三明市还对不动产登记信息管理系统进行了优化，增加了基于“三调”成果的耕地及永久基本农田图层，实行“一张图”管理。同时，完善林权类不动产登记审查机制，将林权登记范围与永久基本农田保护范围套合比对。以三明市清流县龙津镇基头村七里径的一块稻田为例，2021 年 2 月，清流县不动产登记中心联合林业、农业农村等部门 4 次进行现场调查、协调，3 月，最终把 2 块涉及 4.45 公顷土地的地类性质确定下来。按实际情况，山涧间的稻田认定为永久基本农田，靠路边山坡上种了油茶的 0.08 公顷地认定为林地。有关部门制作了《清流县林权证与永久基本农田重叠地块核实结果认定表（现场踏勘）》，表格中含有地块基本情况、现场踏勘情况、农业农村局审核意见、林业局审核意见、自然资源局审核意见和认定结论等，并有责任人签字，再附上地形图，形成了有力的认定档案资料。截至 2021 年 7 月，161 宗地块中，三明已处置 128 宗，面积 355.67 公顷。此外，三明市创新抵押登记模式。通过林权收储公司为林农利用林权类不动产向金融机构抵押贷款提供担保、收储兜底，在实现抵押权时依法流转林地经营权及林木所有权并办理转移登记。[①] 2021 年 3 月 23 日，习近平总书记在三明市考察调研时再次对林改作出重要指示，指出三明集体林权制度改革探索很有意义，要坚持正确改革方向，尊重群众首创精神，积极稳妥推进集体林权制度创新，探索完善生态产品价值实现机制，力争实现新的突破。

---

① 车娜、陈永香、郑与国等：《林改策源地　林权这样“明”》，《中国自然资源报》2021 年 8 月 16 日。

第二节 福建省集体林权制度改革的林业相关理论响应研究

本节在系统总结物权理论、林权理论的基础上，对物权理论、林权理论存在的问题进行了深入分析。笔者认为现行的物权理论、林权理论对福建省集体林权制度改革产生着阻滞作用，因此，应深化物权理论、林权理论基础研究工作，为深化福建省集体林权制度改革服务。

一、物权理论

（一）《民法典》视角下的物权内涵

2020年5月28日，十三届全国人大三次会议表决通过了《中华人民共和国民法典》，自2021年1月1日起施行，《中华人民共和国物权法》同时废止。但是，《民法典》中仍然保留《物权法》对物权的相关定义（见《民法典》第五章民事权利第114条）。《民法典》规定："物权是权利人依法对特定的物享有直接支配和排他的权利，包括所有权、用益物权和担保物权。"该定义包括了物权主体、物权客体、物权的支配与排他两大特性，以及物权的基本分类，较为全面完整，代表了物权理论近世发展的成果。

（二）《民法典》视角下的自然资源物权内涵

《民法典》中的自然资源物权，与集体林权制度改革的林地林木资源属性密切相关。因此，本节重点归纳了《民法典》中的自然资源物权内涵。

1. 自然资源的内涵

资源从经济学角度而言，是指资财的来源或者人类社会财富的来源。资源通常按照其属性被分为自然资源和社会资源。其中自然资源是指自然界中存在的对人类有用的自然物，例如森林、野生动植物、土地、水流、矿产等。《民法典》中涉及"林"的规定也多是以"森林"一词进行表述，如第250、260条分别规定"森林"属于国家所有或集体所有。

2. 自然资源物权的内涵

自然资源物权的内涵有传统物权理论与现代物权理论两种。传统理论的第一种解释认为，自然资源物权是以自然资源为客体的物权，即权利人为满足其利益需要，对自然资源依法或依合同所享有的直接支配与排除他人干扰的权利。传统理论的第二种解释认为，所谓的自然资源物权，专指自然资源使用权。这是由于自然资源所有权具有不可向私人转让的私人所有权性质，而民法物权本质属性上仅指私物权，私物权具有可转让性，因此部分传统民法学者把自然资源物权界定为自然资源使用权。传统理论的第三种解释认为，自然资源物权，是指除土地资源以外的自然资源使用权。部分传统民法学者认为，所谓的自然资源物权是特许物权，是经过行政许可而开发、利用土地资源以外的自然资源而获得收益的准物权。或是基于开发、利用土地资源以外的自然资源而享有的权利。①②

现代物权理论认为，自然资源物权，是在尊重自然资源经济规律和自然属性的基础上，通过国内立法赋予自然资源物权人在法律规定的范围内依法或者依合同取得，按照自己的意志支配法定自然资源的生态价值与经济价值，排除他人干涉并享受其利益的权利。现代理论的资源物权主张对自然资源的生态价值予以考虑，但自然资源的生态价值未正式写入《民法典》予以立法确认与保护。

（三）《民法典》视角下的物权基本内容与特征

1. 自然资源物权主体

所有制形态。既然要实行多种经济成分的共同发展，就要对其他经济成分予以明确。我国《民法典》对物权主体的定义概括为权利人，但是没有对物权主体在法律层面上进一步界定。《民法典》第 250 条规定："森林、山岭、草原、荒地、滩涂等自然资源，属于国家所有，但法律规定属于集体所有的除外。"目前，我国正处于社会主义初级阶段，以公有制为主体、多种所有制经济共同发展是我国的一项基本经济制度。因此，笔者

① 杨立新：《物权法》，高等教育出版社 2007 年版，第 50—60 页。

② 杨立新：《民法物格制度研究》，法律出版社 2008 年版，第 30—40 页。

认为目前我国自然资源物权主体主要包括国家、集体、法人、其他组织和个人。其中国家所有权和集体所有权是我国最重要的自然资源所有权种类，是我国“以公有制为主体，多种所有制并存”经济制度的基础。同时，把法人、其他组织和个人纳入自然资源物权主体，与国家和集体受法律的同等保护，充分发挥多种经济成分的物权主体地位，破除国家至上的本位主义。

我国集体林权制度改革后，林业建设呈现出林权结构分散化、经营主体多元化、经营形式多样化的特征。若从法律层面上确立法人、其他组织和个人的自然资源物权主体地位，经营者就能拥有更大的自主权，将有利于大力促进非公有制林业的快速发展，促进林业生产要素的合理流动与组合，有效地吸纳社会资本，促进林业经营的规模化、集约化、市场化、产业化以及现代化。

2. 自然资源物权客体

《民法典》以物作为主要的物权客体，规定物包括动产和不动产，这种划分方法是日耳曼法首先采取的，是基于物的物理性质进行的，但现在或将来出现的新的物权现象便被排除在现有的物权客体之外，如森林的生态价值、网络虚拟物以及风、热、水产生的自然力等。因此，随着现代社会的飞速发展，有体物已经并非物权的唯一客体。笔者认为作为自然资源物权客体的物应该包括有体物，也应包括可以支配管理的无体物，规定物包括动产和不动产但不包括知识产品。建议修改《民法典》中的物权客体内涵，增加无体物的内容。

3. 物权的本质特征

支配性与排他性是物权的本质特征。有学者认为对物的直接支配，从本质上讲，是指不管物处于何种状态，不管物权人对物的管领处分是否需要他人的意思或行为的介入，物权永远是一种特定的人与特定的物之间的一种特定关系状态，物权人与物都有某种权利义务上的关联性，物权人能够直接影响物的地位和命运。[①] 笔者认为，物权的直接支配指特定的物权人在法律允许范围内自由享受特定物的权利。

---

① 孟勤国：《物权二元结构论》，人民法院出版社2004年版，第83—84页。

在排他性的理解上，我国学者存在争议。许多学者认为，物权的排他性是指同一标的物上不容许性质互不两立的两种以上物权同时存在。[①②]也有不少学者认为物权的排他性即指“排除他人干涉”的效力，一方面是指物权具有不容他人侵犯或得直接排除他人不法妨碍的效力，另一方面是指同一物上不得同时成立两个内容不相容的物权。[③④]

4. 自然资源物权的基本分类

《民法典》明确规定物权的基本类别包括所有权、用益物权和担保物权。《民法典》第 240 条规定：“所有权人对自己的不动产或者动产，依法享有占有、使用、收益和处分的权利。”《民法典》第 250 条规定：“森林、山岭、草原、荒地、滩涂等自然资源，属于国家所有，但法律规定属于集体所有的除外。”《民法典》第 260 条规定：“集体所有的不动产和动产包括：（一）法律规定属于集体所有的土地和森林、山岭、草原、荒地、滩涂”。《民法典》第 261 条规定：“农民集体所有的不动产和动产，属于本集体成员集体所有。下列事项应当依照法定程序经本集体成员决定：（一）土地承包方案以及将土地发包给本集体以外的单位或者个人承包”。

《民法典》第 323 条规定：“用益物权人对他人所有的不动产或者动产，依法享有占有、使用和收益的权利。”《民法典》第 324 条规定：“国家所有或者国家所有由集体使用以及法律规定属于集体所有的自然资源，单位、个人依法可以占有、使用和收益。”

《民法典》第 386 条规定：“担保物权人在债务人不履行到期债务或者发生当事人约定的实现担保物权的情形，依法享有就担保财产优先受偿的权利，但法律另有规定的除外。”

以上《民法典》关于自然资源的相关规定，为我国集体林权制度改革提供了相应的法律基础。

---

① 谢在全：《民法物权论》（上），中国政法大学出版社 1999 年版，第 25 页。

② 王泽鉴：《民法物权（第 1 册）：通则・所有权》，中国政法大学出版社 2001 年版，第 60 页。

③ 王利明：《民法》，中国人民大学出版社 2000 年版，第 143 页。

④ 马俊驹，余延满：《民法原论》（上），法律出版社 1998 年版，第 363—364 页。

（四）《民法典》对集体林权制度改革的影响与响应策略

1.《民法典》把可以支配管理的无体物排除在物权主体之外

众所周知，森林的生态价值已经越来越多地得到全世界的认可。2010年，中国对森林生态服务功能进行物质量和价值量评估，它包括涵养水源、保育土壤、固碳释氧、积累营养物质、净化大气环境与生物多样性保护6项功能，得出的结论是：中国森林生态系统的生态服务总价值为每年10万亿元，大体上相当于当时国内生产总值总量30万亿元的三分之一。涵养水源的年价值达4.06万亿元，保育土壤的年价值为0.99万亿元，固碳释氧的年价值达1.56万亿元，积累营养物质的年价值为0.21万亿元，净化大气环境的年价值为0.79万亿元，生物多样性保护的年价值为2.40万亿元。① 2014年10月22日，原国家林业局和国家统计局联合公布的第二期（第八次森林资源清查数据）全国森林生态系统服务评估总价值量为12.68万亿元/年；最新一期（第九次森林资源清查）全国森林生态系统服务评估总价值量为15.88万亿元/年。《中国森林资源及其生态功能四十年监测与评估》研究结果表明：近40年间，我国森林生态功能显著增强，其中，固碳量、释氧量和吸收污染气体量实现了倍增，其他各项功能增长幅度也均在70%以上。② 然而，森林的生态价值作为无体物，在《民法典》中无法得到立法上的确认与保护，由于自然资源的外部性特征，一些企业在追求利润最大化的过程中，通过过度使用不属于自己的环境资源，把本应自己支付的环境成本转嫁到别人身上来增加自己的盈利，导致环境污染和生态破坏等环境问题，对我国自然资源保护立法存在不利影响，进而影响我国集体林权制度改革的自然资源保护进程。因此，笔者建议修改《民法典》中的物权客体内涵，增加无体物的内容。

2. 物权登记制度存在着不足

《民法典》第209条规定："不动产物权的设立、变更、转让和消灭，经依法登记，发生效力；未经登记，不发生效力，但法律另有规定的除

---

① 余新晓、鲁绍伟、靳芳等：《中国森林生态系统服务功能价值评估》，《生态学报》2005年第8期。

② 国家林业局中国森林生态系统服务功能评估项目组：《中国森林资源及其生态功能四十年监测与评估》，科学出版社2018年版。

外。依法属于国家所有的自然资源，所有权可以不登记。”笔者认为这种立法规定，使得国家作为自然资源所有权人的主体地位长期处于缺位状态，不利于集体林权制度改革的自然资源保护目标。并且，这种规定严重影响了自然资源登记的公信力，破坏了国家与集体受法律约束与保护的平等性。最后，登记了的自然资源就肯定属于集体所有，但在登记机关存在登记错误的情况下，会出现自然资源权属不明的纠纷。笔者认为，《民法典》应该无一例外地把国家所有的自然资源予以登记。同时，设立专门的物权登记机构进行所有权登记，并且进行严格的登记审查。

3.《民法典》中未规定国家对自然资源用益物权的强行收回制度

《民法典》第 326 条规定：“用益物权人行使权利，应遵守法律有关保护和合理开发利用资源的规定。所有权人不得干涉用益物权人行使权利。”笔者认为按照《民法典》第 326 条规定，在用益物权人未遵守法律有关保护和合理开发利用资源的情况下，国家作为自然资源的所有权人将无权进行干涉并收回被开发利用的资源，自然资源的立法保护将成为空谈。由于自然资源的稀缺性和不可再生性，促使用益物权人对自然资源的利用已超越或接近环境承载力的极限，自然环境资源的稀缺程度在急剧上升。笔者认为，应该删除《民法典》第 326 条中“所有权人不得干涉用益物权人行使权利”的不合理规定。同时，在《森林法》中建立自然资源用益物权强行收回制度。

二、林权理论

（一）林权内涵定义

我国法律明确规定了森林或者森林资源的权属范围，但是没有对林权进行明确界定。根据这些立法规定，对于林权概念的界定，学术界主要有以下三种观点[①②]：第一种观点认为，林权是林业政策的核心。它指的是国家、集体、自然人、法人或者其他组织对森林、林木和林地依法享有的

---

① 刘宏明：《谈林权的法律性质》，《国家林业局管理干部学院学报》2007 年第 2 期。

② 刘宏明：《试论林权概念的修正》，《林业经济》2006 年第 11 期。

占有、使用、收益和处分的权利。第二种观点认为，林权是国家、集体、单位或个人对森林、林木、林地享有的所有权、用益物权和担保物权。第三种观点认为，林权是指森林、林地和林木的权属问题，主要包括森林的国家所有权、集体所有权以及个人林地使用权与林木所有权三种形式，这些只是表述的方式以及林权所具有的外延范围有些不同。[①②] 表述一认为林权是指森林、林木、林地等森林资源的所有权和使用权。森林、林木的所有权是指所有人依法对森林、林木、林地享有占有、使用、收益和处分的权利。使用权是所有权权能的一种，使用权可以由所有者行使，也可以由非所有人行使。表述二认为林权即为林业物权，是有关森林资源以及森林、林木和林地的所有权和使用权，是林业政策的核心和根本。[③] 表述三认为林权是指森林、林木和林地的所有权和使用权，根据我国有关法律规定，我国森林、林木和林地所有权有三种形式：即国家所有权、集体所有权和个人所有的林木。[④] 表述四认为林权是有关森林资源以及森林、林木和林地的所有权和使用权。[⑤] 表述五认为在内涵上林权是指森林、林木、林地等森林资源的所有权和使用权，包括森林所有权和使用权、林木所有权、林地所有权和使用权。[⑥] 表述六认为林权即林地使用权，是指人们依法对国有和集体所有的林地进行开发、利用的权利，是从林地所有权中分离出来的具有相对独立性的一项使用权。[⑦] 表述七认为不同类型的林权在法律性质上存在差异，有的属于公权，有的属于私权，因此，不能简单地将林权界定为公权或者私权，而应将林权定性为包含公权性质和私权性质不同类型权利的集合体。[⑧⑨] 表述八认为林权是指林木的所有权，不能涵

---

① 谭世明、张俊飚：《集体林权制度改革研究述评》，《湖北社会科学》2008 年第 6 期。

② 张国明、朱介石：《关于江西省集体林权制度改革的调查》，《林业经济》2006 年第 6 期。

③ 陈根长：《中国林业物权制度研究》，《林业经济》2002 年第 10 期。

④ 程云行：《南方集体林区林地产权制度研究综述》，《林业经济问题》2002 年第 6 期。

⑤ 中国可持续发展林业战略研究项目组：《中国可持续发展林业战略研究》，中国林业出版社 2003 年版，第 30—45 页。

⑥ 喻胜云、张晓辛：《物权法视野下林权涵义辨析》，《美中法律评论：英文版》2007 年第 4 期。

⑦ 吕祥熙、沈文星：《林权主体及林权的物权属性分析》，《南京林业大学学报（自然科学版）》2010 年第 1 期。

⑧ 刘宏明：《谈林权的法律性质》，《国家林业局管理干部学院学报》2007 年第 2 期。

⑨ 刘宏明：《试论林权概念的修正》，《林业经济》2006 年第 11 期。

盖或替代林地使用权或林地承包经营权。[①] 表述九认为森林、林木、林地权属通常称为林权，是森林、林地、林木的所有者或使用者依法对森林、林地、林木的占有、使用、处分和收益的权利。[②] 根据林权主体、客体和内容的不同，将以上定义进行对比（表4）。

表4 林权定义比较一览表

定义类型	主体	客体	内容
表述一	权利主体	森林资源	所有权和使用权
表述二	权利主体	森林资源以及森林、林木和林地	纵向上包括林业资源所有权及其派生的使用权、处置权和收益权；横向上包括森林、林木的采伐利用权，林上、林中、林下资源的采集利用权，森林景观的开发利用权、品种权、流转权、抵押权、补偿权、收益权、担保权等
表述三	权利主体	森林、林木和林地	国家所有权、集体所有权和个人所有的林木
表述四	权利主体	森林资源以及森林、林木和林地	所有权和使用权
表述五	权利主体	森林资源	指森林、林地、林木等森林资源的所有权和使用权，包括森林所有权和使用权、林木所有权、林地所有权和使用权
表述六	权利主体	林地	林地使用权
表述七	自然人、法人或者其他组织、国家、集体	森林、林木和林地	包含公权性质和私权性质不同类型权利的集合体；森林、林木、林地所有权和森林、林木、林地使用权
表述八	权利主体	森林、林木	林木所有权
表述九	所有者或使用者	森林、林木、林地	占有、使用、收益或处分

资料来源：由笔者整理而得。

以上不同学者对林权的定义，无论在权利主体、客体还是内容上都存在差异。要确切地定义林权内涵，首先得把林权客体等相关概念搞清楚。

---

① 李延荣：《浅谈林权制度改革中的“林权”》，《法学杂志》2009年第1期。

② 张力、贺建伟：《林业政策与法规》，高等教育出版社2002年版，第20—30页。

（二）林权内涵新义

林权指的是国家、集体、法人、其他组织和个人对林地、林木和森林生态价值依法享有的占有、使用、处分和收益的权利，具体包括林木和森林生态价值所有权、林木和森林生态价值用益物权，以及林地承包经营权。

1. 林权客体

关于林权客体的界定，我国法律存在各层次法律条文不一致的现象。《中华人民共和国宪法》（以下简称《宪法》）与《民法典》所指的林权客体指森林，《森林法》所指的林权客体指森林资源。有学者指出《森林法》第 3 条规定显然是有意与宪法相对应，但采用的概念是森林资源而非森林，理论上，此处“森林资源”应与《宪法》中之“森林”同义。[①②] 但是，《森林法实施条例》的森林资源包括森林、林木、林地以及野生动物、植物和微生物。森林与森林资源存在明显的从属关系，这就导致了《宪法》《民法典》与《森林法》在林权客体界定上的不一致，容易导致法律上对林权客体的混淆。

从法律意义上对森林和林木含义的探究，实际上涉及自然资源法理论研究中的一个基础性问题，即自然资源与资源产品在法律上的区分。[③④] 森林可分为天然林和人工林。天然林是指依靠自然能力形成的森林，属于自然资源，对维持生态平衡起着不可估量的作用。人工林是指用人工种植的方法营造和培育而成的森林，林地是人工林进行人工营造的土地基础。人工林属于资源产品，能提供大量的木材产品，为我国经济建设发挥了重要作用。我国集体林权制度改革的目标是在不改变所有权的前提下，改变森林资源集体所有权虚置局面，为森林资源的开发利用创造新的活力，因此，林权客体应为森林资源，具体包括森林生态价值、林地和林木。

---

① 沈文星、余光辉：《“第三部门”视野下的福建集体林业产权制度改革》，《南京林业大学学报（人文社会科学版）》2007 年第 1 期。

② 黄李焰、陈少平、陈泉生：《论我国森林资源产权制度改革》，《西北林学院学报》2005 年第 2 期。

③ 张璐：《“林权”概念的误读与理性认知》，《中国地质大学学报（社会科学版）》2010 年第 1 期。

④ 赵伟、张维：《集体林权制度改革的产权设定与林权流转市场的构建》，《林业经济问题》2009 年第 3 期。

2. 林权主体

目前相关法律未对林权主体作出明确的规定，实践中对林权主体存在不同表述（表 4）。《宪法》第 9 条规定：“矿藏、水流、森林、山岭、草原、荒地、滩涂等自然资源，都属于国家所有，即全民所有；由法律规定属于集体所有的森林和山岭、草原、荒地、滩涂除外。”《农村土地承包法》第 5 条规定：“农村集体经济组织成员有权依法承包由本集体经济组织发包的农村土地。”《农村土地承包法》第 52 条规定：“由本集体经济组织以外的单位或者个人承包的，应当对承包方的资信情况和经营能力进行审查后，再签订承包合同。”因此，根据相关法律规定，广义上的林权主体应该包括国家、集体、单位和个人。由于“单位”不具有能够揭示林权主体的法律地位，所以广义上的林权主体应该包括国家、集体、法人、其他组织和个人。

3. 林权权属

一些西方学者把林地等公共资源的产权分成了五大类，即使用权、收益权、经营权、处置权、转让权（表 5）。[①]

表 5　林权的类型及其权限范围

权利类型	权限范围
使用权	进入某特定的自然区域并享受那些不会减少的利益的权利（如徒步旅行、划独木舟、享受日光浴等）
收益权	获得资源单位或得到资源系统提供的产品的权利（如砍伐木材、薪柴、毛竹、收获香菇、竹笋等）
经营权	规范资源的内在使用形式、采用先进技术改进资源质量的权利（如播种造林、抚育间伐等）
处置权	决定谁有权进入该区域以及这种权利如何转让的权利
转让权	出卖或出租经营权和处置权的权利

资料来源：由笔者根据相关文献整理而得。

我国森林权属体系结构基本上可以分为一元模式、二元模式以及混合模式。一元模式即“林随地走”，是指土地将其上的一切物体完全吸附，

① Schlager E. E. Ostrom. “Property-rights regimes and natural resources: A conceptual analysis.” *Land Economics 68*. (1992).

土地属于谁，其上的一切财产就属于谁。二元模式则允许林地与其上的其他财产区分开来，林地、林木、野生动植物等分别设置所有权，并且可以单独转让。混合模式是无偿划拨林地给某个森工企业或机关团体的现象，林木收益完全归该单位，这种模式是从计划经济到市场经济的转变过程中出现的，因为林地是无偿的，国家所有权的权利主体——国家，又非常空洞遥远，给人的感觉是林地跟着林木的变动而变动，所以实践中这种模式也叫作"地随林走"。我国《森林法》基本上属于二元模式。①

所有权是指所有人在法律允许的范围内对其所有物享有的全面支配的物权。② 考察《民法典》和林权相关理论以及学者对林权客体的观点，笔者认为林权权属可分解为森林生态价值所有权和使用权、林木所有权和使用权，以及林地使用权。森林生态价值和林木所有权包括四项权能，即对森林生态价值、林木和林地的占有权、使用权、收益权和处分权。占有权是指所有人对森林生态价值、林木和林地进行控制或者管领的权利。使用权是指所有人按照森林生态价值、林木和林地性能对其加以利用，以满足生产或者生活需要的权利。收益权是指所有人通过合法途径获取基于森林生态价值、林木和林地而产生的利益的权利，在民法上主要表现为收取森林生态价值、林木和林地产生的孳息的权利。处分权是指所有人对森林生态价值、林木和林地进行消费和转让的权利，它是森林生态价值、林木和林地所有权的核心内容。处分可以分为事实上的处分和法律上的处分。事实上的处分是指对森林生态价值、林木和林地进行消费，包括生产消费和生活消费；法律上的处分是指对森林生态价值、林木和林地进行转让。森林生态价值、林木和林地所有人可以将这四项权能集于一身统一行使，也可以将这四项权能中的若干权能交由他人行使，指使用人依法对森林生态价值、林木和林地享有的占有、使用和收益的权利，即森林生态价值、林木和林地使用权，使用权是在森林生态价值、林木和林地所有权权能分离、使用权能独立基础上形成的，不具有处分权能。以下总结森林生态价值、林木和林地所有权和使用权相关的法律特征。

---

① 高利红：《森林权属的法律体系构造》，《现代法学》2004年第5期。

② 梁慧星、陈华彬：《物权法》，法律出版社2004年版，第171页。

4. 森林生态价值所有权和森林生态价值用益物权

（1）森林生态价值所有权。

根据《森林法》和《民法典》的相关规定可以看出，在我国，森林的所有权只能属于国家或者集体，个人不能成为森林所有权的主体。一般情况下，森林资源国家所有权的各项职能不是由国家直接行使，而是由国务院代表国家行使所有人的权利，并授权国有林场、采育场等具体行使森林资源国家所有权的各项权能，包括占有权、使用权、收益权和处分权。[①]森林资源集体所有权的各项职能由集体经济组织统一行使，根据生产和经营需要，也可通过家庭承包经营、联户经营、乡村林场经营、租赁经营、股份合作经营、股份制经营等经营形式交给他人行使，其中家庭承包经营是最主要的形式。

（2）森林生态价值用益物权。

《林木和林地权属登记管理办法》第 3 条规定："林权权利人是指森林、林木和林地的所有权或者使用权的拥有者。"第 4 条规定："林权权利人为个人的，由本人或者其法定代理人、委托的代理人提出林权登记申请；林权权利人为法人或者其他组织的，由其法定代表人、负责人或者委托的代理人提出林权登记申请。"《森林法实施条例》第 5 条规定："使用集体所有的森林、林木和林地的单位和个人，应当向所在地的县级人民政府林业主管部门提出登记申请，由该县级人民政府登记造册，核发证书，确认森林、林木和林地使用权。"《民法典》第 324 条规定："国家所有或者国家所有由集体使用以及法律规定属于集体所有的自然资源，单位、个人依法可以占有、使用和收益。"根据相关法律条例与管理办法，笔者认为森林生态价值用益物权的主体应包括国家、集体、法人、其他组织和个人。但是，由于国家和集体作为主体具有高度抽象性，自身并不能真正行使森林使用权，也不能像行使所有权那样通过政府或者林业行政主管部门行使，所以国家和集体的森林生态价值用益物权不具有现实性，森林使用权的主体应只包括法人、其他组织和个人。法人、其他组织和个人在行使使用权过程中，是以平等主体的身份出现，遵循民法的基本原则和规则，

---

① 周训芳、谢国保、范志超：《林业法学》，中国林业出版社 2004 年版，第 40 页。

因此，森林的法人、其他组织和个人的使用权在法律性质上应属于私权。

在林业上，森林的概念指的是以乔木为主的具有一定面积和密度的木本植物群落，受环境的制约又影响（改造）环境，形成独特（有区别的）的生态系统整体。① 在这里，森林与林木存在明显的从属关系，并且森林代表的是生态系统整体，发挥的是作为生态系统的生态价值等。因此，森林作为林权客体，容易引起法律上对林权客体外延上的混乱，建议《森林法》《林木和林地权属登记管理办法》《民法典》等相关法律法规在将来的修订中，把森林所有权和使用权改为森林生态价值所有权和森林生态价值用益物权。

5. 林木所有权和林木用益物权

（1）林木所有权。

根据《民法典》第1133条和《森林法》第20条相关规定，林木所有权取得的方式主要有两种：原始取得和继受取得。原始取得即造林取得林木所有权。继受取得有两方面的含义，其一是森林使用权收益实现取得林木所有权，二是合法继承取得林木所有权。当然林木可以设置担保物权。② 但喻胜云、张晓辛认为林木仅包括林木所有权，不包括林木使用权。③ 根据现有法律规定，林木可界定为林木所有权和林木用益物权。

（2）林木用益物权。

《森林法实施条例》第3条规定："国家依法实行森林、林木和林地登记发证制度。依法登记的森林、林木和林地的所有权、使用权受法律保护，任何单位和个人不得侵犯。"第4条规定："使用国家所有的其他森林、林木和林地的单位和个人，应当向县级以上地方人民政府林业主管部门提出登记申请，由县级以上地方人民政府登记造册，核发证书，确认森林、林木和林地使用权以及由使用者所有的林木所有权。未确定使用权的国家所有的森林、林木和林地，由县级以上人民政府登记造册，负责保护管理。"第5条规定："使用集体所有的森林、林木和林地的单位和个人，应当向所在地的县级人民政府林业主管部门提出登记申请，由该县级人民

① 毛芳芳：《森林环境》，中国林业出版社2006年版，第7页。
② 喻胜云、张晓辛：《物权法视野下林权涵义辨析》，《美中法律评论：英文版》2007年第4期。
③ 喻胜云、张晓辛：《物权法视野下林权涵义辨析》，《美中法律评论：英文版》2007年第4期。

政府登记造册，核发证书，确认森林、林木和林地使用权。”由此可见，《森林法实施条例》已明确提到森林或林木的使用权，并将其与林地所有权、林地使用权以及森林、林木的所有权一道，实行同样的登记发证制度，在林权登记实践中，林木使用权与林木所有权一样，都属于确权发证的对象。因此，笔者认同一些学者的观点，《森林法实施条例》所规定的森林或林木使用权，应被作为用益物权对待。[①] 在法律适用上，关于森林或林木使用权的取得、转让、登记、保护等事项，除《森林法》及《森林法实施条例》等法律、行政法规另有规定的以外，应当适用或类推适用《民法典》的相关规定。

6. 林地所有权和林地承包经营权

（1）林地所有权。

《土地管理法》第 2 条规定：“中华人民共和国实行土地的社会主义公有制，即全民所有制和劳动群众集体所有制。”该条从原则上规定了中国土地制度的基本类型，即土地公有制度，实行全民所有制和劳动群众集体所有制。《森林法》第 14 条规定：“森林资源属于国家所有，有法律规定属于集体所有的除外。”根据《森林法实施条例》第 2 条第 2 款关于“森林资源”的解释，林地是森林资源的一种。依据《土地管理法》和《森林法实施条例》法律规定，林地的所有权主体是国家和集体。

（2）林地承包经营权。

关于林地的权属，《土地管理法》第 13 条规定：“农民集体所有和国家所有依法由农民集体使用的耕地、林地、草地，以及其他依法用于农业的土地，采取农村集体经济组织内部的家庭承包方式承包，不宜采取家庭承包方式的荒山、荒沟、荒丘、荒滩等，可以采取招标、拍卖、公开协商等方式承包，从事种植业、林业、畜牧业、渔业生产。家庭承包的耕地的承包期为三十年，草地的承包期为三十年至五十年，林地的承包期为三十年至七十年；耕地承包期届满后再延长三十年，草地、林地承包期届满后依法相应延长。”同时，《森林法》当中直接使用“林地使用权”概念。但是《民法典》明确规定土地承包经营权为用益物权，但对林地使用权未予

① 魏华：《物权法视野中的林权制度》，《北京林业大学学报（社会科学版）》2009 年第 2 期。

规定。根据相关规定，林地承包经营权的主体包括全民所有制单位、集体所有制单位、个人和农民集体等。《土地管理法》第13条规定，包括林地在内的土地采取农村集体经济组织内部的家庭承包方式，不宜采取家庭承包方式的荒山、荒沟、荒丘、荒滩等农村土地，可以采取招标、拍卖、公开协商等方式承包。在这里林地是作为生产资料以承包或拍卖的方式分配给农民使用的。

（三）林权理论对集体林权制度改革的影响与响应策略

林权理论是现代林业产权制度发展的重要基础，但是林权理论本身未有坚实的法律保障，《宪法》《森林法》《民法典》《森林法实施条例》等相关法律法规并未对林权的内涵和外延作出明确定义，造成林权内涵模糊不清、界定不严，林权主体、客体说法不一现象的发生。有学者认为，在修改《森林法》时，应该实现对《森林法》的立法宗旨、目的、指导思想和定性定位的重大调整，使《森林法》成为有关森林开发、利用、保护、改善及其管理的法律体系中的基本法，成为名副其实的林业基本法。[①]

完善林权理论关键在于从法律意义上对林权概念的重新定义，包括对森林和林木含义的探究，实际上涉及自然资源法理论研究中的一个基础性问题，即自然资源与资源产品在法律上的区分。[②③] 就森林起源而言，森林分为天然林和人工林。天然林是指依靠自然能力形成的森林，属于自然资源，对维持生态平衡起着不可低估的作用。人工林是指用人工种植的方法营造和培育而成的森林，林地是人工林进行人工营造的土地基础，属于资源产品，可提供大量的木材产品，为我国经济建设发挥了重要作用。我国集体林权制度改革的目标是在不改变所有权的前提下，改变森林资源集体所有权虚置局面，为森林资源的开发利用创造新的活力。因此，笔者认为林权客体应为森林资源，具体包括森林生态价值、林地和林木。

---

① 蔡守秋：《论〈森林法〉修改的几个问题》，《中国环境资源法学研讨会（年会）论文集》2004年。

② 张璐：《“林权”概念的误读与理性认知》，《中国地质大学学报（社会科学版）》2010年第1期。

③ 赵伟、张维：《集体林权制度改革的产权设定与林权流转市场的构建》，《林业经济问题》2009年第3期。

第三节　福建省集体林权管理体系响应研究

一、现有集体林权管理体系存在的问题

（一）现有林权管理模式不适应现实需求

集体林权改革前，林权管理的主要对象为集体经济组织，林权管理对象单一，忽视了林权管理体系建设。随着集体林权制度改革的深入推进，产权变更经常化、林权主体多元化、经营主体分散化、林权交易市场化，以及林权管理职能划分不够清晰、管理不够科学、资金渠道不够顺畅等问题日益凸显，静态、单一的林权管理模式对进一步保障交易安全、稳定林权权属、维护交易秩序、促进林业发展已经造成严重影响，因此，现有的林权管理模式必须向多元、动态管理模式转变。

（二）林权管理机构不健全

不少地方的林业主管部门未设立专门的林权登记办事机构，未把林权登记纳入日常管理工作范畴；有些地方虽然设立林权登记办公室，或设有行使林权登记和档案管理等行政职能的林业产权交易中心，但工作人员不足，职业素养较低，甚至有部分是兼职员工，缺乏法律地位、规范指导和功能定位，造成林权档案管理不规范，林权登记发证严重滞后，未有效、及时地指导和监管林权流转交易市场，已无法承担林权管理日趋常规化、社会化的繁重工作，难以适应新形势下林业发展和林权管理的需要。

（三）林权管理队伍素质整体不高

集体林权制度改革后，不少地方应集体林权改革之需临时抽调的人员，由于缺乏指导和系统培训，缺乏对林权管理应有的认识。基层不少从事林权登记、流转管理的工作人员，对农村林地承包经营权中出现的转包、出租、转让等概念区别不清；对与林权管理密切相关的一些法律用语，如异议登记、抵押登记、预告登记、不动产登记簿等混淆不清，理解

上存在较大偏差，导致在实践中出现了不少走样甚至错误的情况。[①]

（四）未能适应现代林业产权制度赋予林权管理体系的更加重要的内容

集体林权改革后，林权管理服务的对象由集体经济组织转变为广大农民，林农关心的林权登记、流转、保险、贷款、抵押以及公益林补偿等相关事务，以及由此派生的政策、法律咨询服务以及合作组织运转等问题应运而生。加强林权管理的专业性、动态性、时效性，形成日常、动态、科学、系统的林权管理体系，使林权管理由单一、静态模式转为多元、动态的管理模式迫在眉睫。

（五）未能适应林业可持续发展对林权管理体系提出的更高要求

集体林权改革前，由于缺乏有效的集体林权管理体系，山林权属或流转纠纷不断，集体林业发展受到严重影响。而且，林业碳汇项目的开展，须确立明晰的产权制度，否则将影响林业碳汇项目在国家间或区域间的正常交易。集体林权制度改革的目标之一是建立“产权归属清晰、经营主体落实、责权划分明确、利益保障严格、流转顺畅规范、监管服务到位”的现代林业产权制度。林权管理体系建设须为广大林权主体提供长期、稳定、安全、可靠的产权保护，防止林地、林木过频过快流转以及非法集资炒山现象的发生。

二、集体林权管理体系的响应策略

一是督促国家、省、市、县建立和完善各级林权管理机构，推动各地林权管理服务平台建设。二是在国家层面理顺管理机构，明确成立林权登记、林权抵押、林权流转、林地承包经营、林权保护救济职责的具体承担机构，管理机构切实承担起相应职责，充实工作人员，加强管理，必要时成立专门的林权保护管理局，坚决杜绝部门之间职能交叉、相互扯皮、长

---

① 缪光平、秦军：《集体林权保护管理体系研究》，《林业经济》2011 年第 4 期。

期放任自流现象的发生。三是在全国范围内尽快开展相应的管理队伍建设和能力建设，切实改变林权保护管理薄弱的现状。

对资产评估的监管包括对林地、林木资产评估方法、适用技术的行业管理和对专业评估机构及其评估人员资格审查的监督管理，确保资产评估的真实性和公正性。首先，应当设立专门的森林资源资产评估机构（目前南平市主要是在林业服务中心设立资产评估机构），在严格考试的基础上核发森林资源资产评估从业人员上岗证。其次，要制定森林资源资产评估管理细则，规定评估程序，明确立项、审核、确认等环节的操作规范和具体要求。最后，要开展与森林资源资产评估有关的理论研究，并结合生产实践尽快编制各地的主要树种的收获预测表、商品材出材率表、林地区位级及地利等级表等有关的森林资源资产评估中急需的数表，制订各主要林种的评估细则，完善森林资产评估的方法与技术。具体做法如下。

（一）管理制度建设

第一，规范业务流程。创新工作方式，设立考核、监督、检查机制，保证各项工作健康有序进行。

第二，开展职业道德和执业纪律教育，加强党风廉政建设，杜绝违法乱纪现象。

第三，完善财务管理制度。对单位的资金、账务实行统一管理，推行规范的预算和集中收付制度，制定财务报销细则，加强资金使用管理。

第四，加快管理信息化进程。提高办公自动化水平，提高对内管理与对外服务效率。

第五，完善统计分析制度。严格执行相关统计报表制度要求，准确并及时地填报相关统计报表。

第六，加强档案管理制度。根据工作职责、文件类别等实际情况，制定集体林权改革文件材料的归档范围、保管期限和分类方法。

第七，完善对外服务制度。制订规范的服务标准，实行首问责任制，保证服务承诺，倡导一次性告知、限时办理，进行跟踪服务，加强工作督办。

（二）业务规范建设

第一，完善各项业务管理制度。积极配合上级林业主管部门开发、升级现有林权管理信息系统。

第二，对林权管理实施全过程监管服务，保证服务质量。

第三，逐步建立 GIS（地理信息系统）林权管理信息系统。实现四至界线矢量化、宗地山场影像化、权属信息系统化功能。

第四，建立错件责任追究机制。制定对相关责任人追究、处罚的方案。

（三）机构队伍建设

集体林权制度改革是继农村实行土地家庭联产承包责任制之后我国农村的又一个重大改革，涉及农民切身利益范围之广，解放和发展林业生产力力度之大，均属罕见。而且，在明晰产权后，如何真正实现落实处置权、放活经营权、保障收益权，建立现代林业产权制度，需要持续进行探索、思考和研究。随着林业市场化程度的不断提高，林业人才将成为最匮乏的资源，建设并培养一支高素质、专业化的林业人才队伍，将是对我国林业发展的重要贡献。[①] 因此，第一，必须在全国各地建立健全林权管理机构特别是林业碳汇计量和监测机构、森林生态服务资产管理部门及相关机构建设，如基层林业工作站、林业行政执法机构等机构队伍建设。第二，各地可根据当地实际情况，编制人才引进与培养规划，引进高素质、专业化人才创新林权管理体系，积极拓展与国内外林业机构的人才交流合作。第三，与林业高校和林业科研单位合作，着力培养中层管理人员，输送林业干部进行强化教育培训，提高林权管理队伍的素质和能力。

（四）服务窗口建设

第一，健全考勤制度。采取计算机 OA（办公自动化）系统、指纹打卡等方式，加强窗口考勤管理，完善请销假制度，确保窗口工作人员按时到岗服务。

---

① 蔡为茂：《福建永安林权制度配套改革探索》，《林业经济》2006 年第 5 期。

第二，规范服务行为。认真完善窗口服务标准，规范服务言行，倡导微笑服务、亲情服务、文明服务。

第三，提高服务窗口硬件建设水平。提高办公自动化、信息化、现代化水平，改善办公条件，逐步建立GIS林权管理信息系统，实现林权登记查询网络化和数据库与图形的双向查询，以提供直观、便捷的服务。设立网上“业务受理处”，提供“事项查询”“审批查询”“便民服务”以及“网上咨询”等多个信息服务专栏，设置信息查询机方便群众咨询，建立电子排队叫号系统，提升服务能力。

第四，加快服务窗口规范化建设。把规范化建设与林权管理制度建设结合起来，不断健全林权管理工作流程，建立健全审务公开、“挂牌”上岗、举报投诉等制度，各类标识清楚，在醒目位置公布收费标准、承诺时限、办事程序、业务流程等服务内容，促进规范化建设的深入推进。

（五）基础设施建设

第一，办公场所设置。办公场所按照林权登记区、林权交易服务区、森林资产评估区、档案管理区、纠纷调解区、政策和科技咨询区、森林保险办理区、合同指导和鉴证区、林权抵押贷款区、农民林业专业合作社建设指导区、林业科技和优质产品示范区、其他社会化服务区、行政审批区和控制机房等不同业务分区规划。

第二，对外服务窗口区设备配置。对外服务窗口区如档案管理区、林权登记区、林权抵押贷款区、纠纷调解区、林权交易服务区、合同指导和鉴证区、森林资产评估区、森林保险办理区等，要设置对外发布信息的大型电子显示屏及方便群众咨询的信息查询机。

第三，档案管理区设置。档案管理区应含办公用房、档案库房、计算机房、查阅室等，档案库房配置移动档案密集架装备，配备防潮、防虫、防鼠、防火、防光、防污染、防盗等设施。

第四节　福建省集体林权制度改革的林农意愿响应研究

目前，在众多研究中对集体林权改革后林农经营意愿的研究较少，而对林农的经营意愿进行调查有利于集体林权改革的推进，有利于后续政策措施的完善。[①] 农户作为农地生产的直接主体，其行为在农地流转决策中起着极其重要的作用。[②] 20 世纪 80 年代以来，中国农村土地流转受到了学术界的广泛关注，结合调查研究，众多国内外学者做了大量实证分析，但专门针对转出行为的研究还比较少。[③] 目前，李谦等以云南省玉龙县为例，调查分析了天保区集体林权改革后林农管护方式、长期经营、林地林木抵押、联合经营、资金投入等六方面的意愿。[④] 沈文星等针对江苏平原地区对林农集体林权制度改革的意愿进行了对比分析。[⑤] 谢屹等以江西省为例运用二分类 Logistic 模型，定量分析了农户林地林木转出行为的主要影响因素及其影响程度。[⑥] 冉陆荣等以辽宁省为例运用二分类 Logistic 回归模型，定量分析农户林地流转行为选择的主要影响因素及其影响程度。[⑦] 目前，关于林农集体林地分配意愿的研究未见报道；对林地流转行为的选择只有定量分析，而无定性分析。林农对于集体林地分配意愿，不同地区、不同年龄、不同文化程度必然存在差异；因此，本书分不同地区、不

---

① 李谦、支玲、齐新民等：《天保区集体林改后林农经营意愿调查分析——以玉龙县为例》，《林业经济问题》2011 年第 4 期。

② 谭淑豪、曲福田、黄贤金：《市场经济环境下不同类型农户土地利用行为差异及土地保护政策分析》，《南京农业大学学报》2001 年第 2 期。

③ 张建平、赵俊臣、支玲：《农户农地转出行为影响因素的实证分析——基于云南省晋宁县的调查》，《北京林业大学学报（社会科学版）》2012 年第 1 期。

④ 李谦、支玲、齐新民等：《天保区集体林改后林农经营意愿调查分析——以玉龙县为例》，《林业经济问题》2011 年第 4 期。

⑤ 沈文星、谢加封、徐宏强：《影响江苏平原地区林农集体林权制度改革意愿的因素分析》，《南京林业大学学报（自然科学版）》2010 年第 5 期。

⑥ 谢屹、温亚利：《农户林地林木转出行为影响因素的实证分析》，《北京林业大学学报（社会科学版）》2009 年第 4 期。

⑦ 冉陆荣、吕杰：《集体林权制度改革背景下农户林地流转行为选择——以辽宁省 409 户农户为例》，《林业经济问题》2011 年第 2 期。

同年龄、不同文化程度，根据问卷调查表，采用卡方检验、单因素分析进行林农意愿响应分析。关于林农林地转出意愿响应研究，运用二分类 Logistic 回归模型，定量和定性分析影响林农林户林地转出意愿的主要因素，弥补了以往研究上的不足，有助于全面、客观地掌握林农林木林地流转的意愿。

一、林农集体林地分配意愿响应研究

（一）不同地区林农集体林地分配意愿

在问到“村里还有未分配的集体林地，您认为怎样管护合适”时，被调查的 199 户林农中，参与此项调查的有 150 户林农，占参与调查人数的 75.38%，有效问卷 150 份。其中，山区县林农选择个人承包的占 52.44%，选择平均分配的占 28.05%，选择集体经营的占 19.51%；非山区县林农选择集体经营的占 44.12%，选择平均分配的占 33.82%，选择个人承包的占 22.06%（表 6）。调查结果表明，林农对于集体林地的分配形式选择多样，山区县林农偏向个人承包，非山区县林农偏向集体经营。这是由于福建省集体林地大部分集中于山区，山区县林农个人承包得到的林地多，受益大，而非山区县林农由于能够分配到个人手中的林地少，获利少。因此，山区县林农更愿意个人承包，非山区县林农更愿意集体经营。

对“村里还有未分配的集体林地，您认为怎样管护合适”这一问题的调查数据进行卡方检验，得$\chi^2=16.9438$，$df=2$，$P=0.0002<0.05$。因此，山区县和非山区县对集体林地分配意愿上存在显著差异。

表 6　问卷调查表二基本情况汇总（林农）

县别	村里还有未分配的集体林地，您认为怎样管护合适？			总计
	个人承包	平均分配	集体经营	
山区县	43	23	16	82
非山区县	15	23	30	68
总计	58	46	46	150

数据来源：根据笔者问卷调查整理而得。

（二）不同年龄阶段林农集体林地分配意愿

在问到“村里还有未分配的集体林地，您认为怎样管护合适”时，被调查的199户林农中，参与此项调查的有163户林农，占参与调查人数的81.91%，有效问卷163份。其中，65.90%的青年（<40岁）选择个人承包，22.73%的青年（<40岁）选择平均分配，11.36%的青年（<40岁）选择集体经营；38.61%的中年人（40—65岁）选择集体经营，36.63%的中年人（40—65岁）选择个人承包，24.75%的中年人（40—65岁）选择平均分配；50%的老年人（>65岁）选择平均分配，33.33%的老年人（>65岁）选择集体经营，16.67%的老年人（>65岁）选择个人承包。调查结果表明，青年（<40岁）更偏向于个人承包，中年人在个人承包和集体经营上差别不大，老年人（>65岁）更偏向于平均分配（表7）。造成这种差异的原因可能是，青年人经营林地时态度更为积极、开放，而且精力充沛，因此，青年偏向于个人承包林地；中年人在经营林地时趋于保守，而且精力有限，因此，中年人在个人承包和集体经营上差别不大；老年人年老多病，经营林地已力不从心，而且观念传统，因此，老年人偏向于平均分配。

对“村里还有未分配的集体林地，您认为怎样管护合适”这一问题的调查数据进行单因素分析，得出$F_{0.05}(2,6)=5.14<8.03$，$P=0.0227<0.05$。因此，不同年龄阶段对林农集体林地分配意愿存在显著差异。

表7　不同年龄阶段林农集体林地分配意愿统计

年龄阶段	村里还有未分配的集体林地，您认为怎样管护合适？			总计
	个人承包	平均分配	集体经营	
青年（<40岁）	29	10	5	44
中年（40—65岁）	37	25	39	101
老年（>65岁）	3	9	6	18
总计	69	44	50	163

数据来源：根据笔者问卷调查整理而得。

（三）不同文化程度林农集体林地分配意愿

在问到“村里还有未分配的集体林地，您认为怎样管护合适”时，被调查的199户林农中，参与此项调查的有160户林农，占参与调查人数的81.41%。其中，44.44%的小学文化程度林农选择个人承包，33.33%的小学文化程度林农选择集体经营，22.21%的小学文化程度林农选择平均分配；48.48%的初中文化程度林农选择个人承包，31.31%的初中文化程度林农选择集体经营，20.20%的初中文化程度林农选择平均分配；38.89%的高中及以上文化程度林农选择平均分配，33.33%的高中及以上文化程度林农选择个人承包，选择集体经营的占27.78%。调查结果表明，小学、初中文化程度林农偏向于个人承包，高中及以上文化程度林农偏向于平均分配（表8）。造成这种差异的原因可能是，小学、初中文化程度林农由于文化程度不高，收入单一，对土地的依赖程度高，因此偏向于个人承包，以便获取更大的经济利益；而高中及以上文化程度林农由于文化程度更高，经济收益趋向多元化，无心经营需长期投入的林地，因此偏向于平均分配。

对“村里还有未分配的集体林地，您认为怎样管护合适”的调查数据进行单因素分析，得出 $F_{0.05}(2, 6)=5.14<8.8825$，$P=0.0172<0.05$。因此，不同文化程度对林农集体林地分配意愿存在显著差异。

表8　不同文化程度林农集体林地分配意愿统计

年龄阶段	村里还有未分配的集体林地，您认为怎样管护合适？			总计
	个人承包	平均分配	集体经营	
小学文化程度	12	6	9	27
初中文化程度	48	20	31	99
高中文化及以上	12	14	10	36
总计	72	40	50	162

数据来源：根据笔者问卷调查整理而得。

总之，通过卡方检验、单因素分析得出，不同地区、不同文化程度、不同年龄阶段林农进行集体林地分配意愿均存在显著差异。政府若忽视林农在集体林地分配意愿上存在的显著差异性，将阻碍福建省集体林地制度改革。因此，政府在制定相关政策，进行配套体系改革时，要注重林农的地区差异性、文化程度差异性、年龄差异性，这样才能真正得到广大林农的忠心拥护，继续推进集体林权制度改革。

二、林农转出林地林木意愿响应研究

（一）样本村基本情况

本节从实地考察的10县（市）11村中选择9个样本村进行林木林地转出研究，样本村林地资源及其流转情况见表9。就交通状况而言，在所有9个样本村中，闽侯县廷坪乡曹地村距县城90千米，由于道路为盘山道，交通最为不便。以劳动力就业情况而言，德化县大铭乡大铭村劳动力外出务工率高达83.65%，居首位；建宁县溪源乡东溪村外出务工率为9.68%，比例最低。就年人均纯收入而言，武平县武平镇帽林村年人均纯收入最高，达到9800元/年；将乐县万安镇万安村年人均纯收入最低，仅有2700元/年。就人均耕地面积而言，顺昌县埔上镇土丰村和建宁县溪源乡东溪村人均耕地面积最多，达到0.11公顷/人；光泽县华侨乡增坊村人均耕地面积最少，仅有0.03公顷/人。就人均林地面积而言，建宁县溪源乡东溪村人均林地面积最多，达到1.44公顷/人；漳浦县盘陀镇和美村人均林地面积最少，仅有0.17公顷/人。

表9 2010年样本村基本情况

样本村	距县城距离（千米）	户数（户）	人数（人）	劳动力（人）	外出打工人数（人）	年人均纯收入（元）	人均耕地面积（公顷/人）	人均林地面积（公顷/人）	行政隶属
顺昌县埔上镇土丰村	32	788	3026	2500	370	4800	0.11	0.51	南平市
延平区巨口镇上埔村	78	225	858	460	300	6121	0.10	1.22	南平市
漳浦县盘陀镇和美村	17	522	2722	650	450	4500	0.05	0.17	漳州市

续表

样本村	距县城距离（千米）	户数（户）	人数（人）	劳动力（人）	外出打工人数（人）	年人均纯收入（元）	人均耕地面积（公顷/人）	人均林地面积（公顷/人）	行政隶属
将乐县万安镇万安村	27	730	3120	2105	550	2700	0.07	0.21	三明市
建宁县溪源乡东溪村	36	220	660	310	30	4000	0.11	1.44	三明市
闽侯县廷坪乡曹地村	90	275	1120	635	170	3500	0.06	0.34	福州市
光泽县华侨乡增坊村	60	626	2840	1600	750	5600	0.03	1.09	南平市
武平县武平镇帽林村	26	983	2137	600	340	9800	0.10	1.09	龙岩市
德化县大铭乡大铭村	41	474	1757	1211	1013	6850	0.06	0.88	漳州市

（二）样本村农户基本情况

本节建立在农户问卷调查表上，在9个样本村中，发放林农问卷调查表220份，收回183份。有效问卷183份。变量的描述性统计分析，分为定量分析与定性分析两种方法（表10）。定性分析的统计结果表明：仅有17%的林农认为采伐指标容易获得，83%的林农认为采伐指标难以获得；63%的林农不熟悉林权交易市场，只有37%的林农熟悉林权交易市场；林农接触过林权交易市场的比例仅为37%；林农家中有村干部的占调查户数的17%。定量分析的统计结果表明：作为家庭户主，林农最小岁数为19，最大岁数为77，平均岁数为47；林农最低学历为小学以下，最高学历为高中及以上，平均学历介于小学和初中之间；林农家中平均求学子女最少为0个，最多为4个，平均为1个；林农家中农动力最少有1个，最多有7个，平均劳动力有3个。林农林地面积最少拥有0.07公顷，最多拥有80.67公顷，平均拥有7.22公顷；林农林地地块数最少1块，最多8块，平均3块；林农林业劳动时间占总劳动时间的比例，最少为0%，最多为60%，平均为22.50%。

表10　农户林地林木转出意愿定性和定量统计分析 N=183

分析方法	影响因素变量	最小值	最大值	均值	标准差
定性分析	采伐指标申请难易（难=1；易=0）	0	1	0.17	0.373927
	林权交易市场熟悉否（熟悉=1；不熟悉=0）	0	1	0.63	0.483672
	有无接触林权市场（有=1；无=0）	0	1	0.37	0.339331
	家庭有否村干部（有=1；否=0）	0	1	0.17	0.373927
	林农学历（1=小学以下；2=小学；3=初中；4=高中及以上）	1	4	2.19	0.849238
定量分析	林农年龄（岁数）	19	77	47	9.938912
	求学子女个数	0	4	1	0.838286
	家庭劳动力人数	1	7	3	0.989664
	林地面积（公顷）	0.07	80.67	7.22	0.836219
	林地地块数	1	8	3	1.279368
	林业劳动时间比值（林业劳动天数/总劳动天数）	0	0.60	0.225	0.139897

数据来源：根据问卷调查数据统计分析而得。

（三）样本村林地林木流转特征

在9个样本村中，仅有南平延平区巨口镇上埔村和闽侯县廷坪乡曹地村将绝大多数集体林地林木分配给农户，为“确权到户”的典范。确权到户比例别为90%和88.63%，而将乐县万安镇万安村确权到户比例为15%，确权比例最低。就林农转出林地而言，2010年仅有漳浦县盘陀镇和美村农户有转出林地，转出林地面积为106.67公顷，转出形式为出租、转让。对集体转出林地而言，武平县武平镇帽林村集体转出林地面积最多，达466.67公顷；建宁县溪源乡东溪村和漳浦县盘陀镇和美村村集体转出林地面积居其次，分别为210公顷和200公顷（表11）。

表11　2010年样本村林地资源及其流转情况

样本村	林地面积（公顷）	确权到户林地面积（公顷）	确权到户林地比重（%）	集体转出林地面积（公顷）	涉及村集体农户量（户）	农户转出林地面积（公顷）	转出林地农户数量	农户转出林地形式
顺昌县埔上镇土丰村	1533.33	766.67	50.00	0	0	0	0	公开拍卖
延平区巨口镇上埔村	1046.67	942.00	90.00	0	0	0	0	公开拍卖
漳浦县盘陀镇和美村	470.13	180.00	38.29	200.00	200	106.67	80	出租、转让
将乐县万安镇万安村	666.67	100.00	15.00	66.67	730	0	0	出租、转让
建宁县溪源乡东溪村	948.00	632.00	66.67	210.00	60	0	0	出租、转让
闽侯县廷坪乡曹地村	428.73	380.00	88.63	0	0	0	0	公开拍卖
光泽县华侨乡增坊村	3084.33	1399.00	45.40	0	0	0	0	公开拍卖
武平县武平镇帽林村	2333.33	1000.00	42.86	466.67	966	0	0	出租、转让
德化县大铭乡大铭村	1539.07	650.67	42.28	2.67	474	0	0	公开拍卖

（四）变量选择及其假设

本书将林农林地林木流转与否作为因变量，把影响林农林地林木流转行为的因素作为自变量，根据对林农基本情况的定性和定量描述方法，将自变量归纳为定性和定量两类，共11个变量。11个自变量对林农林地林木流转行为的影响分为“+、−”两种情况，“+”表示自变量对因变量的作用为正相关，“−”表示自变量对因变量的作用为负相关，具体如表12所示。

表12 农户转出林地林木影响因素对转出意愿的假设

自变量分类法	影响因素变量及测量方法	对是否转出林地林木的影响	假设理由
定性	采伐指标申请难易（x_1）（难=1；易=0）	+	采伐指标不易获得的农户，林业生产积极性低，转出的意愿较高
	林权交易市场熟悉否（x_2）（熟悉=1；不熟悉=0）	+	熟悉该市场对林地林木流转的作用，有转出意愿情况下，转出发生可能性较高
	有无接触过林权市场（x_3）（有=1；无=0）	+	有接触过该市场，有转出意愿情况下，转出发生可能性较高
	家庭有否村干部（x_4）（有=1；否=0）	+	家里有村干部，更易获得森林采伐限额指标，转出的意愿较高
	林农学历（x_5）（1=小学以下；2=小学；3=初中；4=高中及以上）	−	林农学历越高，经营能力越强，自行经营的可能性越高，转出的意愿越低
定量	林农年龄（x_6）（岁数）	−	年龄越长，越拥有丰富的林业生产实践，自行经营的可能性越高，转出的意愿越低
	求学子女个数（x_7）	+	子女越多，上学费用越高，家庭经济越紧张，转出的意愿越高
	家庭劳动力人数（x_8）	−	家庭劳动力人数，无须雇佣人手或少雇佣人手，减少了林业生产的成本支出，自行经营的可能性越高，转出的意愿较低
	林地面积（x_9）（公顷）	−	林地面积越大，林业规模效益越高，自行经营的可能性越高，转出的意愿越低
	林地块数（x_{10}）	+	若林地地块多，那么收益相对较少，自行经营的可能性也较小，转出的意愿较高
	林业劳动时间比值（x_{11}）（林业劳动天数/总劳动天数）	−	林业劳动时间长，林业效益高，自行经营的可能性也较高，转出的意愿较低

资料来源：笔者整理。

（五）二分类 Logistic 回归模型

鉴于林农林地林木流转与否为二分类因变量，本书采用 Logistic 回归模型来确定林农林地林木转出行为的影响因素。[①②]

二分类 Logistic 模型采用的是逻辑概率分布函数（cumulative logistic probability function），其一般形式为：

$$P_i = F\left[a + \sum_{j=1}^{m}\beta_j x_{ij}\right] = \frac{1}{1+\exp\left[-\left(a+\sum_{i=1}^{m}\beta_j x_{ij}\right)\right]} \tag{2-1}$$

基于公式（2-1），以林农林地林木流转与否作为因变量，影响林农林地林木流转的行为作为自变量，没有流转行为发生定义为 0，有流转行为发生定义为 1，构建如下 Logistic 回归模型：

$$P_i = a + \beta_1 X_{i1} + \cdots + \beta_{10} X_{i10} + \varepsilon_i \tag{2-2}$$

上式（2-1）、(2-2）中，P_i 表示一个选择概率；a 为常数估计项，β_j 表示参数系数估计项，X_{ij} 为影响因素变量，表示第 i 个样本农户的第 j 项自变量数值；F 服从一个标准的 Logistic 分布。Logistic 模型采用向后逐步法（Wald）进行估计，用 SPSS 软件进行分析。

（六）检验结果及讨论

计量模型结果表明：第一，在 0.05 显著性水平下，自变量林农年龄（岁数）、家庭劳动力人数、求学子女个数、林地面积（公顷）有统计学意义。第二，林农年龄与林农林木林地流转与否有显著关系，即林农年龄越大，林农林地林木流转的意愿越低，这与本书假设一致。即林农年龄越大，林业生产实践越丰富，林农自行经营林地的可能性便越高，林地林木转出的可能性便越低。第三，家庭劳动力人数与林农林木林地流转与否有显著关系，即家庭劳动力人数越多，林地林木流转的意愿越高，这与本书假设不一致。导致这种现象的原因可能与家庭劳动力外出打工，经营林业

---

① 张冬平、丁鹭、夏海龙：《基于 Logit 模型下农民加入专业合作社的意愿分析》，《河南农业大学学报》2007 年第 3 期。

② 陈树根、詹学齐：《新型林业合作经济的调查》，《林业经济问题》1985 年第 3 期。

积极性低有关。第四，求学子女个数与林农林木林地流转与否有显著关系，即家庭求学子女数越多，林农林地林木流转的意愿越低，这与本书假设不一致。导致这种现象的原因可能与大多数林农外出打工挣钱，补贴家用甚至子女就学费用有关。第五，林地面积（公顷）与林农林木林地流转与否有显著关系，即林地面积越大，林农林地林木流转的意愿越高，这与本书假设不一致。导致这种现象的原因可能与林地面积大，受让方更愿意承包，同时卖方收益更大有关（表13）。

表13　影响农户林地林木转出意愿的各因素作用（二分类Logistic模型）

Xij	B	S. E	Wald	df	Sig.	Exp(B)	95.0%C. I. for EXP(B)	
							下限	上限
林农年龄（岁数）	−1.200	0.051	5.526	1	0.019	0.887	0.802	0.980
家庭劳动力人数	1.126	0.569	3.918	1	0.048	3.082	1.001	9.395
求学子女个数	−1.847	0.883	4.376	1	0.036	0.158	0.028	0.890
林地面积（公顷）	0.003	0.002	5.247	1	0.022	1.003	1.001	1.006
常数（*a*）	−1.500	1.751	0.007	1	0.932	0.861	—	—

注：1. B为检验统计量的值，S. E为参数的渐近标准误差，Wald为卡方检验统计量，df为自由度，Sig. 为检验ρ值，Exp（B）为B的指数值，C. I. for EXP（B）为置信区间。

2. 数据来源：笔者统计分析而得。

由此可见，林农年龄越小，进行林地林木流转的意愿就越大，反之越弱；林农家庭劳动力人数越多，进行林地林木流转的意愿就越大，反之越弱；林农家庭求学子女数越多，进行林地林木流转的意愿就越大，反之越弱；林农林地面积越多，进行林地林木流转的意愿就越大，反之越弱。政府若忽视林农在林地林木流转上的差异性，将阻碍福建省集体林权制度改革。因此，政府应当充分重视林农进行林地林木流转意愿上的差异性，有的放矢地制定相应的林业政策，满足林农的不同流转意愿。

第三章 福建省集体林权制度改革的评价研究

2003年4月，自《福建省人民政府关于推进集体林权制度改革的意见》（闽政〔2003〕8号）发布后，福建省开展了新一轮集体林权制度改革。截至2010年，福建省已基本完成承包到户、产权明晰的集体林权制度改革任务。近年来，福建省深入贯彻落实习近平总书记关于集体林权制度改革的重要指示批示精神，从生态保护建设、林业生产经营、投融资支持等方面入手，注重体制机制创新，着力畅通“绿水青山”转换为“金山银山”通道途径。“十三五”期间，福建林业又有长足发展。全省森林覆盖率达66.80%，超国土面积三分之二，继续保持全国首位；活立木蓄积量达7.29亿立方米，居全国第7位；林业总产值达6660亿元，居全国前列；植被生态质量居全国第1位，生态文明指数居全国第1位。

建立符合广大林农利益的集体林权制度，对促进福建省集体林区乃至全国林业发展都具有深刻的实践和理论意义。长期以来，我国学者对林业政策的制定、其他部门与林业部门政策上的相互关系研究更为重视，如何通过林业政策制度绩效评价进行林业政策制定的相关研究却很少。①② 政策实践者对政策的评价情况和认同程度是进行公共政策绩效评价的最重要标准。与此同时，只有真正了解林业政策实践者即广大林农的所思所想，才能对集体林权改革政策做出更加科学的绩效评价，才能进一步推进福建省集体林权制度改革，从而推动林业可持续发展。③④

福建省集体林权制度改革后，如何评价林业政策绩效，是深化集体林权制度改革必须面临与解决的问题。笔者正是依据这样的思路，调查研究

① 陈静：《关于改革我国林业税费制度的思考》，《北方经贸》2005年第5期。

② 李世友、袁俊杰、王文元等：《集体林权制度改革后森林消防面临的新形势及对策》，《林业调查规划》2008年第3期。

③ 何得桂、刘逸泠：《农民眼中的集体林权制度改革——基于西北地区的调查》，《福建行政学院学报》2009年第6期。

④ 冯洁.《中国林业政策评价研究》，福建农林大学2007年硕士论文。

集体林权制度改革的林业政策绩效评价情况，获取了有关福建省集体林权制度改革在生态效益、经济效益以及社会效益的第一手资料，对集体林权制度改革进行林业政策绩效评价，继而提出相应的集体林权制度改革建议。

第一节　林业政策绩效评价理论

一、林业政策绩效评价的含义

林业政策是一系列为实现一定的环境改善目标和林业发展而由政府部门设计并推行的方案、行动准则等，主要包括地区性的林业政策和国家林业政策。① 林业政策绩效则是指特定的林业政策实施以后，在经济运行体系中所产生的作用和结果，可以分为直接绩效和间接绩效。林业政策绩效评价是衡量其目标社会效果和实现程度，判断林业政策是否合理的关键工作，是林业政策评价的一项重要内容，对调整与优化林业政策有重要意义。②

二、林业政策绩效评价的原则

林业政策绩效评价应遵循系统性、发展性、可操作性等原则，能够全面保障我国林业发展与进步，使其作用与功能得到最大呈现，实现应有的经济效益与社会价值。

（1）系统性原则。

林业政策的影响非常复杂，所设计的评价指标必须涵盖所有的考评要点，全面而系统地反映林业政策的评价要求。这就要求对评价对象的全过程（即投入、运作、产出、结果）都进行考察，设立指标。

（2）发展性原则。

确立发展性原则，有利于我国林业发展与进步。政策、市场、科技、

① 胡爱敏：《当前影响政策绩效的原因及其对策》，《福建行政学院福建经济管理干部学院学报》2002 年第 1 期。

② 程云行：《集体林区林地产权制度改革途径研究》，《林业资源管理》2005 年第 3 期。

社会等各方面因素都处在一个不断变化的环境中，使得林业政策的影响随着时间而有所变化。绩效评价工作本身就是一个不断发展完善的过程，这些都要求评价指标体系是可发展的，必须随着绩效评价工作水平的提高以及公众对政府政策信息的认知需求而不断更新。[①]

（3）可操作性原则。

确立可操作原则，即提出的林业发展方式与林业政策的绩效方式具有可操作性，使得我国林业产业在良好、有效、实用方式下获得较大的进步与发展。因此，具体构建指标体系时要考虑实现条件及可操作性，在成本合理的基础上，对某些指标进行取舍，对于那些难以获得甚至无法获得，或是数据精确度难以保证的指标，在考评体系中尽量少用或暂时不用，保证数据的可采集性。[②] 评价指标和方法必须含义明确，具有可比性和较强的现实意义。

（4）目标一致性原则。

每一项林业政策的实施都有一定的目的，绩效评价的指标和体系必须能够反映出该项林业政策目标的实现程度。因此，评价指标的选择应从林业政策的绩效目标出发，以构建相应的评价体系。

三、林业政策绩效评价的特点

（1）时效性。

林业政策的时效性是指任何一项林业政策总是在特定的时期内发挥作用，这就决定了林业政策绩效总是受到时间维度的约束。林业政策绩效的时效性可分为 3 种情况：一是超前绩效（相对于林业政策正式发布实施而言），指的是由于某种原因，使政策在正式实施以前，制定之后，其意图已经被某些政策作用对象所了解。二是滞后绩效，是指一项林业政策由开始实施至产生实施结果，一般会经过一个周期，也就是说林业政策绩效的产生滞后于政策发布实施之日一个时期。三是同步绩效。同步绩效是指某项林业政策一经实施立即产生实施结果，能够马上获知，于是根据实施结果进

① 景彦勤：《解析与构建林业支出项目绩效评价指标体系》，《绿色财会》2006 年第 8 期。

② 樊喜斌、刘红梅、王克强等：《林业财政支出绩效评价指标体系研究》，《林业经济》2006 年第 9 期。

一步调整政策措施与手段。只有少量的林业政策能够马上看到其绩效。[①] 林业政策的制定与绩效评价只在一定时期有效，不具有不变性。

（2）关联性和复杂性。

林业政策绩效的关联性，包括林业政策绩效的协同关联性和互逆关联性。政策绩效的协同关联性，是指林业政策受多方面因素的制约，一项政策绩效的实现往往是多元经济目标的综合。绩效的互逆关联性，是指林业政策实施过程中，不同政策绩效之间相互抵消而削弱效果的特性。[②] 同时，林业政策效益是复杂的，包括有形的、无形的、货币化的、非货币化的、直接的、间接的、短期的、长期的效益。[③] 综合分析这些效益，时常需要多种绩效评价方法并用。[④]

（3）针对性（独立性）。

绩效评价具有独立性特征，评价指标应界定出各自独立的内涵。[⑤] 由于目的、理念、关注点、学术背景、研究地点等不同，不同学者对政策绩效的评价可以从不同的角度和方法出发，得到绩效评价的某一项或多项特征，具有较强的针对性。一般而言，生态学家较注重生态效益方面的绩效，而经济学家更重视经济统计方面的成果等。我国依据不同林业地区特点，采用了不同的林业政策绩效评价方式。

（4）层次性。

根据林业政策绩效的特点对评价目标进行分解，可以使得林业政策绩效评价具有层次性。如某一项林业政策绩效往往可先分为一级指标，包括社会、经济和生态效益；在社会、经济和生态效益之下又可再各自划分层次，形成二级指标，将其细化便于计算和操作。采用层次性评价方法可以增加评价工作的准确性和可操作性。[⑥]

---

① 程云行：《集体林区林地产权制度改革途径研究》，《林业资源管理》2005年第3期。

② 程云行：《集体林区林地产权制度改革途径研究》，《林业资源管理》2005年第3期。

③ 曹正汉：《信念、效率与制度变迁——广东崖口村公社制度研究》，中国经济出版社2002年版，第20—60页。

④ 程云行：《集体林区林地产权制度改革途径研究》，《林业资源管理》2005年第3期。

⑤ 肖泽忱、布仁仓、胡远满：《对我国林业政策绩效评价体系的思考》，《西北林学院学报》2009年第3期。

⑥ 肖泽忱、布仁仓、胡远满：《对我国林业政策绩效评价体系的思考》，《西北林学院学报》2009年第3期。

四、林业政策绩效评价的方法

林业政策绩效评价方法可以从多种角度进行划分。从事物的量和质的角度，可划分为定量和定性分析；从方法论角度，可以划分为演绎推理方法和经验分析方法；从评价所涉及的工具角度，可以划分为现代方法和传统方法；从表现形式上来讲，可以划分为指标法和评议法；从时间因素角度考虑，可以划分为动态评价法和静态评价法；从评价指标上来看，可以分为单因素评价法和多因素评价法。[①②] 目前，林业政策绩效评价主要采用五种方法：

（1）问卷调查法：构建出完整的林业政策评价系统，以问卷形式为基础，进行评价的调查工作，最终完成林业政策的绩效评价。

（2）对比分析法：对一定的评价指标进行科学选择，再对实施前后情况进行对比，明确其中变化，最终得到科学的评价结果。

（3）费用（成本）—效益分析法：通过林业政策费用（成本），应用现代方式进行科学核算，再充分结合最终收益情况，对林业政策绩效进行有效分析与评价工作。

（4）层次分析法：主要是对林业政策的评价指标进行细化，有层次地进行科学划分，对于其中具体的部分一一进行评价，最终通过有效的整合，完成评价工作。

（5）时间模拟法：主要应用于不同年份的绩效对比，有利于我们通过时间上的变化趋势更好地进行林业政策的分析评价工作，有利于对林业资源的生态保护与林业经济的可持续发展。除此之外，还有其他方法，如生产函数法、公众评议法、因素分析法、加权评价法、分级评价法、模糊综合评价法等。[③]

---

① 曹正汉：《信念、效率与制度变迁——广东崖口村公社制度研究》，中国经济出版社2002年版，第20—60页。

② 李兴旺：《论经济政策的绩效、特征和影响因素》，《南开经济研究》1997年第6期。

③ 肖泽忱、布仁仓、胡远满：《对我国林业政策绩效评价体系的思考》，《西北林学院学报》2009年第3期。

五、林业政策绩效内容体系

目前，对我国林业政策的绩效评价体系包括成本—效益评价指标、经济效益评价指标、生态效益评价指标和社会效益评价指标四个方面（表 14）。

表 14　我国林业政策绩效评价体系的主要内容

成本—效益评价指标	①投入资金的总额和结构； ②财政支出绩效评价，即投资回收期、投资缺失或收益率等； ③林业政策的不同成本评价（包括机会成本、决策成本、实施成本等）、成本的结构与总和、在政策运行各个阶段效益和成本的比例； ④预算执行率、实际支出率、资金到位率、资源的配置效率等。
经济效益评价指标	①区域产业结构以及林业内部产业结构的发展； ②各种林产品和林业产值变化； ③政策带动的其他产业的发展； ④企业、家庭、个人以及各级政府的收入和收入结构； ⑤企业数量和质量的变化； ⑥病虫害、森林管护防治成本。
生态效益评价指标	①造林绩效，包括森林或林地面积和蓄积变化，林草覆盖率，湿地、耕地、保护区等面积； ②森林涵养水源能力，或水土流失面积； ③生物多样性； ④森林质量等级（包括土壤、树木、水质等）； ⑤净化空气效益，包括释放氧气量，对温室气体或其他有毒有害物质的吸收量； ⑥公众对生态环境改善的认可和满意度。
社会效益评价指标	①林业就业人数、结构； ②社会公益事业（退休工资、养老保险、教育培养、基础建设等）的发展； ③受益人群和贫困人口数量变化； ④公众的生态意识水平、对于林业部门和人员的满意度、政策的落实程度、消费结构变化； ⑤自然灾害（病虫害、森林火灾、沙尘暴等）发生次数、受害面积等； ⑥林业生产方式的变化； ⑦社会资金吸收率。

资料来源：笔者根据相关文献整理而得。

第二节　福建省集体林权制度改革的评价研究

本书主要对福建省集体林权制度改革的林业政策绩效评价进行分析，即分别通过林业政策绩效评价的成本—效益评价、经济效益评价、生态效益评价以及社会效益评价进行分析。福建省集体林权制度改革前后对林业科技进步贡献率的影响评价，关系到林业的效益和成本比例、森林资源的配置效率等问题，因此对于成本—效益评价，本书从林业科技进步贡献率角度进行绩效评价。福建省集体林权制度改革前后的林业状况评价，关系到企业、家庭、人均以及企业数量和质量的变化，因此对于经济效益评价，本书从林业状况角度进行绩效评价。集体林权制度改革前后对森林生态系统服务价值的影响评价，关系到森林净化空气、涵养水源、保持水土等多种生态功能，因此本书从森林生态系统服务价值角度进行绩效评价。林农、林业干部和林业技术人员的政策需求评价以及林业社会化服务评价，关系到政策落实程度以及需求结构变化等问题，因此本书采用问卷调查法与对比分析法，从林农、林业干部和林业技术人员以及林业社会化服务角度进行绩效评价。

一、福建省集体林权制度改革对林业科技进步贡献率的影响评价

对于科技进步的研究源于熊彼特提出的“创新”概念。熊彼特把“创新”定义为企业家对生产要素的重新组合，包含新产品、新生产方法、新市场、新供应来源、新工业组织五个方面。熊彼特的“创新”比科技进步概念更加宽泛，包括了科技在内的各种创新，但科技进步无疑是主要内容。经济增长的影响因素有许多，科技进步也是重要因素之一。其中，科技进步贡献率是衡量一个国家或部门经济和科技发展的通用指标。[①] 林业科技进步贡献率的测定不仅可以反映出林业经济发展水平构成，还可以科学判断出林业科技进步的发挥程度及发展空间，为今后的工作提供科学的决策依据，使科技的支撑作用得到有力的释放。目前，主要测算方法的理论基础都建立于 Cobb-Douglas 生产函数（即 C-D 模型）或索洛（Solow）增长速度方程（即 C-D 生产函数的微分表达式）。[②] 不少省份在林业科技进步对林业经济增长方面也进行了不同方法的测算。查贵生等选择索洛增

① 郑四渭、唐志、姬亚岚等：《浙江林业现代化建设目标研究》，《浙江林学院学报》2005 年第 1 期。

② 吕勇斌、刘汉成、凌远云：《湖北省农业技术进步的地区差异分析》，《农业现代化研究》2002 年第 4 期。

长速度方程对云南省林业科技进步贡献率进行测算与分析。[①] 连坡等选择Cobb-Douglas生产函数模型对陕西“八五”期间林业科技贡献份额进行测算。[②] 许玉粉等采用索洛余值法对吉林省延边林业科技进步与经济增长进行分析。[③] 关于福建省林业科技进步贡献率的文章虽已见发表，但数量较少。本书旨在对福建省林业科技进步贡献率进行测算，为福建省发展现代林业、推进生态文明建设提供决策理论依据。

（一）模型的建立

对林业科技进步贡献率的测算可以采用索洛余值法、Cobb-Douglas生产函数法、连续替代弹性函数（CES函数）、超越对数生产函数、新剑桥模型、全要素生产率法、增长因素分析法、数据包络分析法等方法。[④] 其中，由于索洛余值法更加简单明了，计算比较简便，资料容易获得，实用性强，具有很强的现实操作意义。此外，它不但可用于测算，也可用于决策和预测。因此，索洛余值法广泛应用于农业等各行各业。本书科技进步贡献率的测算采用索洛余值法。

由于林业的生产周期长，土地对林业发展的作用非常复杂，而且土地在多年作用中蕴含了林业科技的作用，故在模型中舍去，因此林业的发展只受到林业资产投入、林业劳动力投入和林业科技水平的影响。由此得到模型：[⑤]

$$Y = A_t f(K, L) \tag{3-1}$$

其中 A_t 表示某一时期的林业科技水平，Y 为林业总产值，K 为林业资产投入，L 为林业劳动力投入。

对公式（3-1）求导数，通过求微分，用差分近似替代微分即可得：

---

① 查贵生、李业荣、陆斌：《云南省林业科技进步贡献率的测算与分析》，《广西林业科学》2012年第1期。

② 连坡、邹年根：《陕西“八五”期间林业科技贡献份额的测算》，《西北林学院学报》1999年第1期。

③ 许玉粉、耿玉德：《吉林省延边林业科技进步与经济增长分析》，《东北林业大学学报》2011年第4期。

④ 吴成亮、高岚、袁功英等：《林业科技进步贡献率测算方法的比较研究》，《北京林业大学学报（社会科学版）》2007年第4期。

⑤ 张雪玲：《论技术进步贡献率及其应用》，《浙江统计》1997第11期。

$$\frac{\Delta A_t}{A_t}=\frac{\Delta Y}{Y}-\alpha\frac{\Delta K}{K}-\beta\frac{\Delta L}{L} \tag{3-2}$$

用更简洁的形式表示为：

$$Y=a+\alpha K+\beta L \tag{3-3}$$

式中：a 为林业科技进步平均增长速度；

Y 为林业生产总值的年环比增长速度；

K 为林业资产投入的年环比增长速度；

L 为林业劳动力投入的年平均增长速度；

α 为林业资产投入的产出弹性系数；

β 为林业劳动力投入的产出弹性系数。

得出如下表达式：

$$E_A=\frac{\alpha}{Y}\times 100\% \tag{3-4}$$

式中：E_A 为林业科技进步对林业生产总值增长速度的贡献，即在林业生产总值增长速度中林业科技进步因素所占比重，它是反映林业科技进步对经济增长作用大小的一项综合指标。

（二）数据的选取和处理

1. 年份的选择

用每一年的增长变化计算的各年林业科技进步贡献率，容易受一些偶然的非科技进步范畴因素的影响，造成年际测算结果的波动较大，不能真实有效地反映一般的发展趋势，而年均林业科技进步贡献率却能相对有效地消除偶然因素的影响，以每个五年计划为时间段的年均科技进步贡献率基本上能反映该时期林业科技进步的一般水平和总体趋势。因此，为了比较福建省林权制度改革前后林业科技贡献率的大小，本书以福建省2001—2020年林业生产为对象进行分析，跨度20年，时间序列涵盖“十五”“十一五”“十二五”“十三五”时期，测算的林业科技进步贡献率反映的是五年计划期间内的一般水平，将其分为2001—2005年（“十五”期间），2006—2010年（“十一五”期间），2011—2015年（“十二五”期间），2016—2020年（“十三五”期间）5个阶段。

2. 模型参数的选择

如何估计模型中的投入要素的弹性，是衡量科技进步对经济增长作用的关键问题之一，目前参数估计方法大致分为 4 类：分配法、比例法、回归法以及经验法。其中，回归法是采用计量经济学的回归分析方法，根据产出和投入要素的时间序列或利用横截面数据，使用一定的模型，用最小二乘法得到最佳拟合，以确定模型的具体关系式，能够从数量的角度更为准确地描述出变量之间的关系，并且还可以通过显著性检验和相关系数等方法来进行检验。因此，优先采用回归法确定投入要素，用于测算福建省林业科技进步贡献率。主要测算指标见表 15，数据来源于 2000—2020 年的《中国林业统计年鉴》。

3. 投入要素指标的度量

（1）林业生产总值。

林业生产总值采用年鉴中的“林业（营林）产值”，数据来自于《中国林业统计年鉴》，数据来源可靠，真实准确。为了排除通货膨胀的影响，以 2000 年为基年计算林业生产总值可比值，采用林业总产值指数进行价格指数计算。

（2）林业资产投入。

林业资产投入，主要统计林业固定资产投入。需特别说明的是，林业固定资产投入分为营林固定资产投资和森工固定资产投资两部分，包括基本建设、更新改造和其他投资。数据来源于 2000—2020 年的《中国林业统计年鉴》，数据来源可靠，真实准确。为了排除通货膨胀的影响，以 2000 年为基年计算林业资产投入可比值，采用林业总产值指数进行价格指数计算。

（3）林业劳动力投入。

在用宏观方法研究生产过程时，可以采用劳动者人数来说明劳动的消耗。采用林业系统从业人员说明林业劳动力投入，但不包括造林劳动投入量，数据来源于 2000—2020 年的《中国林业统计年鉴》，数据来源可靠，真实准确。以 2000 年为基准，计算林业劳动力投入的环比增长速度。

（4）弹性系数。

如何估计模型中的投入要素的弹性，是衡量科技进步对经济增长作用的关键问题之一。目前，弹性系数的确定方法主要有回归法、经验法和比值法。[①] 回归法能够准确地描述出变量之间的关系，并可通过相关系数和显著性检验判断拟合效果。因此，本书首选回归法计算弹性系数。

根据 2000—2020 年的《中国林业统计年鉴》等资料以及实地调研的数据，得到各个时期林业生产总值、林业资产投入的环比增长速度，以及林业劳动力投入平均增长速度（表 15）。

表 15　2001—2020 年福建林业环比增长速度　　单位：%

时期	年份	林业生产总值（Y）	林业资本投入（K）	林业劳动力投入（L）
“十五”期间	2001	6.70	19.70	−15.40
	2002	10.60	16.30	−13.90
	2003	50.90	13.50	−8.30
	2004	17.20	1.50	−10.70
	2005	84.30	126.00	−4.00
“十一五”期间	2006	15.10	−45.20	−7.50
	2007	18.40	23.60	−7.70
	2008	32.30	14.90	−3.70
	2009	18.70	−12.60	−10.90
	2010	17.60	41.30	8.60
“十二五”期间	2011	64.50	65.50	−0.60
	2012	28.40	13.50	−6.40
	2013	25.90	−39.30	2.00
	2014	17.10	−29.40	−4.70
	2015	14.30	6.70	−3.70
“十三五”期间	2016	16.60	−53.80	−5.70
	2017	16.00	124.10	−5.20
	2018	26.10	−54.00	0.60
	2019	14.60	21.70	−10.30
	2020	7.70	140.90	−9.20

数据来源：基于 2000—2020 年《中国林业统计年鉴》、实地调研数据测算而得。

① 宋卫国，李军：《“十五”规划我国科技进步贡献率目标选择分析》，《中国科技论坛》2000 年第 6 期。

（三）计算结果和分析

1. 计算结果

根据采用的模型公式，利用EXCEL的LINEST函数，对2001—2019年福建省“十五”期间、“十一五”期间、“十二五”期间、“十三五”期间的林业（营林）生产要素数据进行最小二乘法的线性回归分析。由于样本数量较少，通过计算发现林业生产总值、林业资产投入、林业劳动力投入之间拟合程度低，拟合效果不理想，因此本书参照朱希刚《我国农业科技进步贡献率测算方法的意见》，改用经验法将林业资产投入、林业劳动力投入的弹性系数分别设定为0.55、0.20，将数值代入公式得回归方程为$Y=R+0.55K+0.20L$，求得福建省集体林权制度改革不同时期各林业投入要素增长率和贡献率（表16）。[①]

表16　不同时期福建省林业科技进步贡献率

单位：%

时期	林业生产总值平均增长率	林业资产投入平均增长率	林业劳动力投入平均增长率	林业科技进步平均增长率	林业资产投入贡献率	林业劳动力投入贡献率	林业科技进步贡献率
“十五”期间	33.90	35.40	−10.50	16.60	69.50	−17.80	48.30
“十一五”期间	20.40	4.40	−4.20	18.80	4.70	−4.50	99.80
“十二五”期间	30.00	3.40	−2.70	22.80	9.70	−0.70	90.90
“十三五”期间	16.20	35.80	−6.00	−2.30	244.70	−10.20	−134.50
均值	25.10	19.80	−5.80	15.40	82.10	−8.30	26.20

数据来源：基于2001—2020年《中国林业统计年鉴》数据测算而得。

2. 投入要素分析

（1）投入要素的增长率分析。

第一，福建省林业生产总值平均增长率变化趋势为：“十五”期间至

① 朱希刚、刘延风：《我国农业科技进步贡献率测算方法的意见》，《农业技术经济》1997年第1期。

“十一五”期间、“十二五”期间至“十三五”期间呈下降趋势，“十一五”期间至“十二五”期间呈上升趋势，各时期林业生产总值平均增长率在17.7%内上下浮动。

第二，福建省林业资产投入平均增长率变化趋势为：“十五”期间至“十一五”期间呈下降趋势，向下浮动达31个百分点，降幅明显；“十一五”期间至“十三五”期间呈上升趋势，林业资产投入在31.4%内向上浮动，起伏较大。

第三，福建省林业劳动力投入平均增长率变化趋势为：“十五”期间至“十三五”期间均为负增长，均值为－5.80%；“十五”期间至“十二五”期间呈上升趋势，“十二五”期间至“十三五”期间呈下降趋势，林业劳动力投入在7%内上下浮动，呈平稳态势。

第四，福建省林业科技进步平均增长率变化趋势为：“十五”期间至“十二五”期间呈上升趋势，“十二五”期间至“十三五”期间呈下降趋势，林业科技进步在7%内上下浮动，呈平稳态势（表15、表16、图6）。

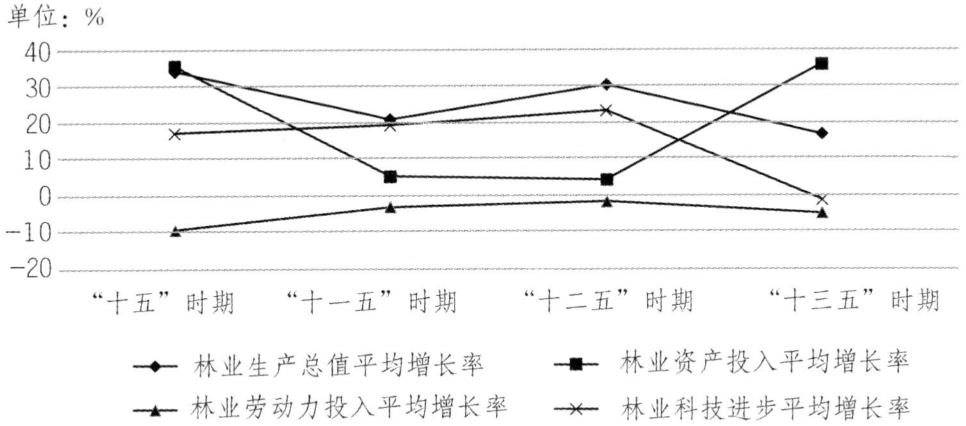

图6　福建省林业投入要素增长率

（2）投入要素的贡献率分析。

第一，福建省林业资产投入贡献率变化趋势为：“十五”期间至“十一五”期间呈下降趋势，向下浮动达64.80个百分点，降幅明显；“十一五”期间至“十三五”期间呈上升趋势，林业资产投入贡献率在240%内向上浮动，升幅明显。

第二，福建省林业劳动力投入贡献率变化趋势为："十五"期间至"十三五"期间均为负增长，均值为−8.30%；"十五"期间至"十一五"期间呈上升趋势，"十一五"期间至"十三五"期间呈下降趋势，林业劳动力投入贡献率浮动区间小，呈平稳态势。

第三，福建省林业科技进步贡献率变化趋势为："十五"期间至"十一五"期间呈上升趋势，增加51.50个百分点，增幅明显；"十一五"期间至"十三五"期间呈下降趋势，林业科技进步贡献率在40%内向下浮动，降幅明显（表15、表16、图7）。

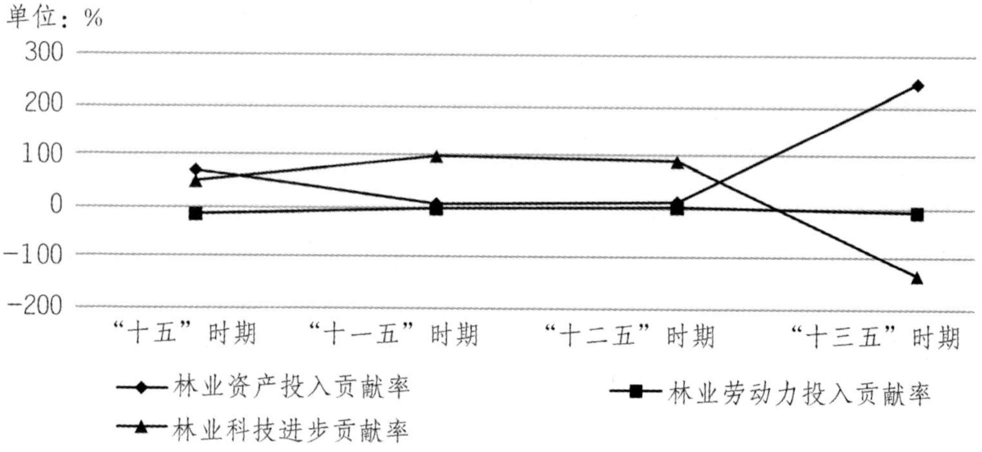

图7　福建省林业投入要素贡献率

（四）政策建议

1. 加强林业从业人员队伍建设

完善林业从业人员社会保障和扶持力度，提升林业从业人员劳动待遇，提高林业从业人员劳动就业率。创新林业培训方式，打造林业职业技能培训品牌，推行林业高端培训项目，培养林业专业技术人才。推广职业技能电子培训券，扩大培训覆盖面，支持相关县域开展林业种植、加工、销售全产业链培训，探索跨县域开展林业从业人员培训。建立林业高层次人才引进机制，加强林业全产业链人才引进，并列入《紧缺急需人才引进指导目录》，对符合条件的林业科技领军人物、林业科技创新团队、林业重点县域就业人才予以一次性资金补助，并使其享受医疗保障、子女就学、住房等相应待遇。

2. 加强林业科技支撑体系建设

建设一批在林业科技领域具有创新能力的林业工程技术服务中心、重点实验室、生态定位站和长期林业试验基地等科技创新平台，设立林业科技重大专项，争取国家级科技创新平台，开展林业关键技术联合攻关，解决生态林绿色防控、林业机械化、自动化、林产品质量安全等科技难题，全面提升林业自主创新能力和核心竞争力。邀请国内外林业专家对“十四五”期间林业发展出谋划策，以全产业链思维，坚持规划引领、品牌塑造、产业驱动，构建全产业链现代林业体系。推动校地和林业企业三方开展产学研用合作，加强林业科技先进实用技术的推广和应用、生态旅游、林业经济主要种养模式等合作。

3. 加强林业金融体系建设

继续推进集体林地“三权分置”改革，推进林权登记发证、明确林权价值，加强林业金融创新、林业碳汇等重点改革，保证林权、林业碳汇在金融机构的质押效力。完善生态产品价值实现机制，创新林业金融机制，推进林业资产和权益证券化改革，根据林业特点开发林业碳汇金融产品等金融衍生品，鼓励社会资本投资林业，降低林业投资门槛。优化林业金融服务，为林农、林业企业提供资金、金融工具和融资渠道。政府建立林业融中介平台，为林农、林业企业搭建和金融机构对接渠道，积极探索融资新模式。政府联合林业行业组织和保险机构，建立林业预警机制，拓宽林业保险产品、拓展林业保险相关技术支持。

二、福建省集体林权制度改革前后林业状况评价——以三明市为例

福建省集体林权制度改革初期的总体目标是用3年的时间（2003年至2006年），基本完成全省集体林权制度改革任务，实现“山有其主、主有其权、权有其责、责有其利”，建立经营主体多元化，权、责、利相统一的集体林经营管理新机制。

福建省于2001年在武平县进行了集体林权制度改革试点，2003年在全省开展集体林权制度改革；从2004年起，永安市、邵武市等地开展了

配套改革试点；2006 年集体林权制度改革主体改革任务基本完成，出台政策全面推进配套改革。下面以三明市集体林权制度改革为例，对集体林权制度改革前后的林业状况进行评价。

（一）三明市概况

三明市位于福建省中部连接西北隅，地处北纬 25°30′～27°07′、东经 116°22′～118°39′之间，东依福州市，西毗江西省，南邻泉州市，北傍南平市，西南接龙岩市。三明市境域以中低山及丘陵为主，北西部为武夷山脉，中部为玳瑁山脉，东南角依傍戴云山脉。全境总面积 2.30 万平方千米；辖 1 个县级市（永安市）、2 个市辖区（三元区、沙县区）、8 个县（明溪县、清流县、宁化县、建宁县、泰宁县、将乐县、尤溪县、大田县），截至 2021 年年底总人口 286.70 万人。改革开放以来，三明市经济持续较快增长，2021 年全市实现地区生产总值 2953.47 亿元，人均地区生产总值 118852 元。截至 2020 年年底，全市耕地面积 19.59 万公顷，林地面积 189.93 万公顷、占土地总面积的 82.70%，森林面积 180.80 万公顷，森林覆盖率 78.73%，森林蓄积量 1.86 亿立方米，林分平均亩蓄积量 8.50 立方米、位居全省各设区市第一。全市用材林 100.40 万公顷；重点生态区位林 61.67 万公顷，其中生态公益林 48.60 万公顷（国家级 41.57 万公顷，省级 7.10 万公顷）、重点生态区位内商品林 13 万公顷。三明市是全省乃至全国的重点林区，素有“中国绿都”美称，成为全省首批获得“国家生态文明建设示范区”称号的地级市，将乐县成为首个获得“绿水青山就是金山银山”实践创新基地称号的地区。全市共有泰宁县、明溪县、将乐县、建宁县、宁化县等 5 个国家生态文明建设示范县，创建“绿盈乡村”1432 个，占全市的 82.50%。

（二）三明市林权制度改革背景分析

改革开放初期，随着农村家庭联产承包责任制的开展，全国开展林业“三定”工作，即稳定“山权林权、划定自留山、确定林业生产责任制”，南方大部分集体林区参照农村家庭联产承包责任制方法实行分山到户。福建三明市通过试点和调查研究，对集体山林采取“分股不分山、分利不分林，折股联营、经营承包”的办法，重构集体林区基层林业经营主体，组建村林业股东会，对于发展林业生产、保护森林资源、增加林农收入起到了重要的作用，在全国产生了很大的影响，曾被中共中央政策研究室编辑出版的《中国农民的伟大实践》一书列为典型之一。在此基础上，三明市进一步提出了建设 66.70 万公顷商品用材林基地的思路，并认真规划加以组织实施，探索工程造林、集约经营的途径，对集体林区传统林业经营模式进行变革，取得了积极成效。2019 年年末，三明市出台了《三明市林票管理办法（试行）》，成功推动全国首个林票制度改革试点。林票是指国有林业企事业单位与村集体经济组织及其成员共同出资造林或合作经营现有林，依照“合作经营、量化权益、自由流转、保底分红”的方式，由合作双方按投资份额制发的股权（股金）凭证，具有交易、质押、兑现等权能，可在林权流转平台上流通交易。国有企事业单位负责收储林票（兜底回购），合作经营双方（国有企事业单位和村集体经济组织及成员）共同担保。村集体经济组织成员可凭个人持有林票向金融机构申请质押贷款，由合作经营双方共同提供担保。截至 2020 年年末，全市建立试点村 152 个，面积 7073.33 公顷，制发林票总额 1.05 亿元，惠及村民 1.40 万户、5.90 万人。

（三）三明市林权制度改革成效

早在 20 世纪 80 年代初，三明采取“分股不分山、分利不分林”的办法，组建村林业股东会，全面推行林业股份合作制改革，被中共中央政策研究室列为“中国农民的伟大实践”典型之一。1999 年至 2001 年，开展以“明晰产权、分类经营、落实承包、保障权益”为主要内容的集体林经营体制改革，为集体林权制度改革提供了经验借鉴，成为全国林改的策源地。长期以来，三明市围绕着集体林业产权制度改革和深化，在实践中和理论上大胆创新突破，走出了一条具有特色的林改之路，率先开展集体林经营改革，成为全国林改的策源地和全国集体林区林业产权制度改革试点；率先完成明晰产权和确权发证任务，率先成立林业服务中心，率先开展林权抵押贷款，率先推进林业合作经济组织建设，率先建立县级生态公益林补偿制度，率先开展林木采伐管理制度改革探索，率先推动林票制度改革试点，成立了全国第一家林业大宗商品交易中心，2005 年至今连续成功举办 16 届海峡两岸（三明）林业博览会。集体林权改革成为三明工作的一大品牌，一直保持着全国领先地位。

2004 年，永安市在全国率先成立林业要素市场，其他 11 个县（区）相继成立林业服务中心，并实现全市联网。率先开展林权抵押贷款。2004 年，全国第一笔林权抵押贷款在永安发放，被国家六部委调研组评价为“实现了农村信贷史和林业发展史上的两大突破”。2007 年，沙县建立县级森林生态效益补偿机制，在创新县级生态公益林补偿制度上实现了突破。率先开展林木采伐管理制度改革探索。2007 年，三明市制定实施林木采伐计划分配和使用管理新措施，受到肯定和推广。2014 年，三明市成立政府主导的混合所有制林权收储公司，建立集资产评估、银行、人保财险公司、资产管理公司、林权收储公司“五位一体”的林权抵押贷款风险防控模式，在全国首次推出个人最长期限 30 年、企业最长期限 15 年的林权按揭贷款新品种。2013 年至 2014 年，三明市先后成立全国首家林业大宗商品交易中心和林业金融服务中心，开通林权流转与金融服务网，形成统一、规范的林权流转、林业金融、信息服务平台。[①] 2019 年年末，三明市出台了《三明市林票管理办法（试行）》，成功推动全国首个林票制度改革试点。2021 年 5 月 18 日，三明市发行全国首批林业碳票。随后，三明沙县创新推出“碳票开发贷”“碳票质押贷”等林业金融碳汇产品。三明“林票制”改革成为全国林业综合改革典型案例。

（四）三明市集体林权制度改革经验

1. 三明市集体林权制度改革的经验分析

一是狠抓林改问题核心。集体林权制度改革的核心问题，就是明晰产权，还利于民。从分股不分山的林业改革，到今天明晰产权制度改革的变迁，三明都能够准确把握问题的实质，始终坚持沿着产权明晰化改革方向，让老百姓落实处置权，可以真正说了算，一切工作以群众满意为主，

① 李维明、程会强、谷树忠：《生态文明背景下的集体林权改革：三明的探索与实践》，《中国经济时报》2015 年 7 月 24 日。

不断增强林业的发展动力。二是尊重群众首创精神。三明在改革探索过程上，十分注重挖掘和引导群众创新的经验和办法，尊重群众的首创精神。政府除必要的法规宣传和自始至终抓好督察及相关政策落实外，一直坚持自下而上推进林改和推广林改经验，充分释放了群众的创新活力。三是凝聚形成强大合力。坚持以党政为核心的领导作用，充分调动各级组织和群众团体的参与，包括村委会、老年协会、妇联、共青团、民兵等，以及林业支持、农业支持、土地协管等多方面作用，凝聚巨大合力，为推进集体林权制度改革贡献力量。同时，注重舆论宣传，努力营造有利于集体林权制度改革的社会氛围。四是坚持群众利益优先。在利益调整上，以人民群众直接利益为重心，在阳光下操作，规范运作，保障权利，维护公平。特别是在林改过程中，充分考虑林农生活水平及承受能力，合理确定林地使用标准，依法依规收取适当的林业使用费，取之于民，用之于公共事业，确保农村基层组织运转和公益事业发展。五是注重步骤循序渐进。第一步，开展林业股份合作制改革，改变人民公社“一大二公”的集体所有制，实行“分股不分山，分利不分林”，做到股权到户。第二步，推行集体林权制度改革，实行“耕者有其山”，做到农民看得见、摸得到、用得上、得其利，实实在在领到了林权证。第三步，推进林业配套改革，建立林业服务中心、发展林业合作经济组织、规范森林资源流转、推行林权抵押贷款等，为林农提供各种服务，不断增加林农收入。第四步，深化集体林权制度改革，进一步围绕林地规模化、林权资本化、林业现代化，创新经营组织、金融产品、政府服务。六是出台配套制度保障。三明在林改过程中注重配套制度改革。如针对生态公益林补偿不足的问题，出台生态公益林管理办法，尝试从饮用水、水电、生态公园、国家森林公园等产业中收取一部分费用，以弥补生态公益林补偿不足。①

2. 三明市集体林权制度改革初期的经验做法——以宁化县为例

宁化县位于北纬 25°58′～26°40′、东经 116°22′～117°02′，地处福建西部，武夷山东麓，全境南北长 76.70 千米，东西宽 66.20 千米，面积

① 李维明、程会强、谷树忠：《生态文明背景下的集体林权改革：三明的探索与实践》，《中国经济时报》2015 年 7 月 24 日。

2407.46 平方千米，是南方重点林区县和农业大县，全县辖 11 镇、5 乡（其中一个是民族乡）、210 个建制村，2070 个村民小组，截至 2021 年全县总户籍人口 36.89 万人，农业人口近 30 万人。宁化县是南方重点林区县和闽江、赣江、汀江源头，是马尾松中心产区、杉木一般产区、竹子生长最适宜区，国家油茶产业发展重点县，全省竹业发展重点县。全县林地面积 18.65 万公顷，有生态公益林面积 5.92 公顷，森林蓄积 1382 万立方米，森林覆盖率达 75.06%。2021 年，宁化县林长制、林票制、林业普惠金融“福林贷”稳步推进，完成重点生态区位商品林赎买 933.33 公顷，“林农点单专家送餐”林业科技精准服务模式在全省推广，林业有害生物中心测报点获评全国先进。

宁化县集体林权制度改革成效显著，源于改革初期成功经验，归结起来有以下五点经验：

第一，广泛宣传发动，营造集体林权改革氛围，统一干群认识，是开展集体林权制度改革的重要前提。集体林权改革工作启动后，宁化县先后多次召开集体林权改革领导小组成员会议和全县集体林权制度改革工作动员部署会议，通过广泛深入的宣传发动，统一乡村干部和林农群众的思想认识，营造集体林权改革氛围。县、乡、村各级充分利用广播、专栏、发放宣传单等方式，广泛、深入地宣传集体林权改革工作，让干部群众充分认识集体林权改革的重要意义和政策规定。县集体林权改革领导小组印发《集体林权制度改革材料汇编》小册子 3500 本，发至村组，印发《致林农朋友的公开信》等宣传单 68000 份发至每个农户，收到良好的宣传效果，为全面开展集体林权改革工作营造了良好的氛围。

第二，加强组织领导，健全工作机制，是推进集体林权制度改革的重要保证。集体林权改革工作全面展开以来，宁化县委、县政府高度重视集体林权改革工作，多次召开专题会议，部署安排集体林权改革工作。按照“县直接领导、乡（镇）组织、村具体操作、部门搞好服务”的工作机制，县里多次调整充实县集体林权制度改革领导小组，县林业局抽调 13 名干部充实到集体林权改革办工作，并指定一名局领导负责集体林权改革办的日常业务工作。各乡（镇）、村也相继成立集体林权改革领导小组和工作机构，做到主要领导亲自抓、分管领导全力抓、包村领导具体抓。抽调精干得力干部，配强集体林权改革骨干力量。全县派出挂乡（镇）集体林权改革工作队16个，分别由16个部门领导任队长；34名县处级领导分别挂乡（镇）指导集体林权改革工作；各乡（镇）派出驻村集体林权改革工作组，每个工作组由一名乡（镇）领导或科级干部任组长，全县共派出驻村工作组210个，工作组成员786人；县林业局抽调182名技术人员组成16个驻乡（镇）技术服务组，分别负责16个乡（镇）的集体林权改革技术服务工作，为集体林权改革工作的顺利推进提供了强有力的组织保证和技术力量保证。

第三，坚持依法依规，规范村级操作，是确保集体林权制度改革取得成效的重要基础。集体林权制度改革是继农村土地联产承包责任制后的第二次农村产权制度重大改革，涉及面广，政策性强，必须坚持依法依规、规范操作。县委、县政府多次下发文件，每月召开一次全县性（有乡镇领导参加）的集体林权改革会议，对集体林权改革的程序、方法和进度、质量提出严格要求。首先是明确目标任务，完善实施方案。县政府发布了《宁化县人民政府关于印发深化集体林权制度改革实施方案的通知》，明确集体林权改革目标任务和序时安排，并将全县集体林权制度改革和林权登记发证任务分解落实到各乡（镇），使全县集体林权改革目标明确，易于操作。二是明确工作职责，落实工作责任。县集体林权改革领导小组制定下发了《关于明确集体林权制度改革工作职责的通知》，以文件形式明确乡村、工作队、技术服务组的工作职责和考核奖惩办法，切实把集体林权改革工作机制落到实处。三是坚持依法依规，严格村级操作。在集体林权制度改革村级操作过程中，全县各乡（镇）、村严格按照村级操作基本流程图规定的八个步骤组织实施，规范操作，并重点把握好宣传发动、调查摸底、制定通过集体林权改革方案及方案实施中签订完善合同等几个重要环节。在制定方案中坚持村民代表会议讨论和三分之二以上村民代表同意的程序，并形成决议，代表签字，较好地体现村民自治、民主决策，体现了林农意愿。在具体操作中，村两委、驻村工作组、林业技术人员做到分工负责，相互配合，较好地完成了村级集体林权改革任务。四是规范操作程序，完善集体林权改革资料。在集体林权改革工作中，各村坚持“三公示”“三反馈”，即集体林权改革方案、集体林权改革结果和林权登记申请受理情况分别向群众公示，并将公示结果及时反馈，做好记录，实施阳光作业。各乡、村高度重视集体林权改革资料归档，并建立集体林权改革资料审核责任制，每个村的集体林权改革资料按规范目录装订成册。根据林权档案管理的需要，宁化县在林权办建立林权档案室一个，购置铁质档案柜 150 套，各乡镇在林业站设置集体林权改革档案专柜（存放乡、村级集体林权改革档案）。对集体林权改革和发证资料、各类台账、文件等所有材料按要求分类整理归档，实行专人管理，专柜存放，并建立集体林权改革档案管理使用制度。整个集体林权改革工作做到依法操作、依法确权，资料完备、权证准确。

第四，统一质量标准，严格检查验收，是保证集体林权制度改革质量的有效手段和重要关口。集体林权改革检查验收关系到集体林权改革质量及成效，也是准确发放林权证的必备程序。宁化县自 2004 年底完成明晰产权和林权登记工作任务后，乡村立即组织村级自查自纠和乡级检查验收，2005 年 2 月，全县 16 个乡镇先后完成乡级检查验收并向县政府提交受检申请。在此基础上，县委、县政府认真组织了县级检查验收。一是统一验收标准。宁化县林业局及时印发了《宁化县林业项目评审检查验收办法（试行）》（宁林〔2018〕56 号）和《三明市集体林业综合改革试验区宁化县实施方案（2018—2020 年）》（宁林〔2019〕50 号），明确检查验收的内容、对象、方法、人员组成及时间要求；二是抽调精干力量组成 16 个县级检查验收组（抽调 96 名干部，其中县处级领导 16 人，科级干部 16 人，林业技术人员 64 人；直接参与和配合检查验收工作的乡村干部 1600 多人），逐村组织验收；三是规范操作程序。县级检查验收采取听、查、访、看方式，对村级集体林权改革内、外业质量进行逐项检查验收，验收工作组进村听取村级汇报后，具体分为内业、外业、访谈三个小组开展工作，全面评定村级集体林权改革质量。全县召开乡、村汇报会225场次，查看集体林权改革资料428册（套）、外业抽查1145个宗地（占宗地总数的5.60%），召开座谈会170场次，走访农户2150户，形成验收成果表格2672份、走访记录和测评材料2300份，编写村级验收报告书627份、乡级检查验收报告16份，全县209个有改革任务的村，质量合格的村197个，基本合格村11个，不合格村1个，合格率为99.50%。验收结束后，各乡村针对存在问题，按整改建议逐条整改完善，经整改复查，村级集体林权改革质量合格率达100%。

第五，创新发展机制，完善配套改革，是巩固提升集体林权制度改革成果、推进林业发展的重要措施。基本完成明晰产权改革任务后，宁化县即着手探索和推进有关配套改革，推进集体林权制度改革向纵深发展，促进林农增收、林业增效、事业发展。一是健全林权管理工作机构，完善林业社会化服务体系。县领导高度重视林权管理服务机构建设，经县编委批准，先后增设县林权登记管理办公室、县林业服务中心，扩充林权纠纷调处办，共新增财拨事业编制17名。二是创新森林资源保护体系，健全和完善林农自治、群防群治的“三防”机制，推进合作经济组织建设。先后组建村级协会209个、各类合作经济组织75个，聘请农民林业技术员218人。三是建立县级林权交易市场，成立林权交易中心，推进森林资源的规范流转，促进林业资源的合理配置。两年来，全县办理和完善流转林地16万公顷。四是推进林业投融资改革，推行林权抵押贷款，盘活森林资产，提升集体林权改革成果。五是探索林地承包合同管理，完善林地使用费的收取、使用管理，促进集体经济和林业事业发展。

集体林权制度改革通过明晰所有权，放活经营权，完善配套改革，实现了“山有其主，主有其权，权有其责，责有其利”的目标，逐渐建立起经营主体多元化，权、责、利相统一的集体林经营管理新机制。农民实现了“耕山有责，务林有利，致富有门”愿望，调动了农民和社会耕山育林积极性，增强了看好自家山，护好自家林的意识，增加了林业投入，拓宽了农民致富门路，促进了农民增收和村集体增收，促进了林区社会安定稳定。集体林权制度改革成效逐渐显现，为林业快速发展铺好道路，林业发展高潮将随配套改革的深入很快到来。

3. 三明市集体林权制度改革的主要成效

（1）集体林权制度改革成效逐步显现。

第一，推进了生产发展。集体林权制度改革前年造林更新面积 1.20 万公顷，改革后年造林更新面积 2.20 万公顷，其中集体林权制度改革前非公有制造林比重 30.50%，改革后非公有制造林比重 63.60%；集体林权制度改革前林业加工企业数 1105 家，改革后林业加工企业数 1347 家；集体林权制度改革前企业年加工产值 9.13 亿元，改革后企业年加工产值 22.52 亿元；集体林权制度改革前企业原料林基地面积 13.10 万公顷，改革后企业原料林基地面积 15.90 万公顷，在现有原料林基地中，企业拥有控股权的面积 13.70 万公顷。

第二，推进、改善了林农生活。三明市集体林权制度改革期间财政拨款总计 8539.80 万元，村级集体林权制度改革到位率达到 99.60%，其中三元区、明溪县、永安市、清流县、宁化县、将乐县、泰宁县以及建宁县村级集体林权制度改革到位率达到 100%，林农受益面达到 95.10%。集体林权制度改革前林农人均林业年收入 812.20 元，集体林权制度改革后人均林业年收入 1131 元，人均年收入增加 319 元；集体林权制度改革前村集体林业平均年收入 41983 元，集体林权制度改革后村集体林业平均年收入 73695 元，村集体林业平均年收入增加 31712 元；集体林权制度改革前木材平均税费比重 44.10%，集体林权制度改革后木材平均税费比重 22.30%，集体林权制度改革前后木材平均税费比重下降 21.80%。有些地方通过集体林权制度改革收益的二次分配，建立村民养老保险、医疗合作、学生奖学助学、扶贫济困等制度，解决了“老有所养、病有所医、幼有所教、困有所帮”的社会难题。

第三，推动了乡风文明。集体林权制度改革前森林火灾 117 起/年，集体林权制度改革后森林火灾 35 起/年，集体林权制度改革前后森林火灾下降 70.10%；集体林权制度改革前盗砍滥伐林木案件 1111 起，集体林权制度改革后盗砍滥伐林木案件 1006 起，集体林权制度改革前后盗砍滥伐林木案件下降 9.50%。大量的农村富余劳动力上山劳作，游手好闲的人明显少了，搞封建迷信的明显少了，聚赌参赌的明显少了，取而代之的是“把山当田耕、把竹（林）当菜种”的经营理念逐步深入人心，争效益、学科技、求致富、讲发展成为农村的新时尚。

第四，促进了民主管理。集体林权制度改革期间山林纠纷调处面积 1.80 万公顷，其中沙县纠纷调处面积占争议面积的 92%，建宁县纠纷调处面积占争议面积的 89.20%，明溪县纠纷调处面积占争议面积的 88.10%。集体林权制度改革始终坚持民主决策，做到公平、公正、公开操作，改革方式的确定、林地使用费的缴交和支配、林地林木的转让等均提交村民代表大会或村民会议讨论决定，进一步完善了村务重大事项民主决策机制，林农民主意识、法律意识和参政议政能力得到了提高，农民和乡村干部的干群关系更加融洽，农村社会更加和谐安定。①

(2) 配套改革率先取得突破。

一是率先成立林业服务中心（要素市场）。2004 年 12 月，永安市在全省全国率先成立林业要素市场，三明市其他 11 个县（市、区）也先后成立林业服务中心，有些地方还在乡镇设立分中心。2006 年全市各县（市、区）林业服务中心（要素市场）实现对接联网，成为全国第一个区域性林业产权交易、市场信息网络平台。二是率先开展林权抵押贷款。推进林业投融资体制改革，开辟林业乃至农村融资的新渠道，这项工作被中农办、国家发改委、财政部等国家六部委调研组评价为“实现了农村信贷史和林业发展史上的两大突破”。三是率先规范林木林地产权流转。

（五）三明市集体林权制度改革前后林业状况评价

1. 集体林权制度前后差异的显著性检验

(1) 两样本均值差异 t 检验。

两个样本的各个变量是从各自总体中抽取的，两个样本之间的变量没

① 三明试验区办公室：《集体林区改革试验 20 年》，中国林业出版社 2008 年版，第 11—20 页。

有任何关联，即两个抽样样本彼此独立。这样，两组数据以组平均数进行相互比较，来检验其差异的显著性。当总体方差未知，进行两组平均数差异显著性检验可用 t 检验。

对两组数据平均数的比较，其原假设是两组数据所随机抽取的总体的平均数μ_1和μ_2间的差数为 0，即 H_0：$\mu_1-\mu_2=0$，根据 t 的定义 $t=\frac{\overline{x}-\mu}{S_{\overline{x}}}$。因为$\mu_1-\mu_2=0$，$\overline{x}$ 等于两平均数 x_1 和 x_2 的差数，$S_{\overline{x}}$ 为两个平均差数的标准误差 $S_{(\overline{x}_1-\overline{x}_2)}$。于是计算两组数据平均值比较的 t 值计算公式：

$$t=\frac{(\overline{x}_1-\overline{x}_2)}{S_{(\overline{x}_1-\overline{x}_2)}} \tag{3-5}$$

（2）样本选择。

根据科学性、可行性原则，经筛选确定集体林权制度改革变化显著性的样本，为三明市 12 个县市的集体林权改革前（2002 年）、改革后（2008 年）的人均林业年收入（元）、林地使用费（元/公顷）、林木平均转让价格（元/公顷）、村集体林业平均年收入（元/年）、木材平均税费比重（%）、森林火灾起数（起/年）、滥坎滥伐林木案件（起/年）、其中刑事案件（起/年）、非公有制造林比重（%）、企业年加工产值（万元/年）（表 17、表 18）。

（3）集体林权制度前后差异分析。

通过集体林权制度改革的 t 检验得出，木材平均税费比重（%），$P=0.000<0.01$，即集体林权制度改革后（2008 年），木材平均税费比重（%）极显著降低；森林火灾起数（起/年），$P=0.0319<0.05$，即集体林权制度改革后（2008 年），森林火灾起数（起/年）显著降低；非公有制造林比重（%），$P=0.0092<0.01$，即集体林权制度改革后（2008 年），非公有制造林比重（%）极显著提高；企业年加工产值（万元/年），$P=0.0451<0.05$，即集体林权制度改革后，企业年加工产值（万元/年）显著提高（表 19）。

表 17　集体林权制度改革成效统计表（改革前 2002 年）

县（市、区）名称	改革前（Xp）									
	人均林业年收入（元/年）	林地使用费（元/公顷）	林木平均转让价格（元/公顷）	村集体林业平均年收入（元/年）	木材平均税费比重（%）	森林火灾起数（起/年）	盗砍滥伐林木案件（起/年）	其中：刑事案件（起/年）	非公有制造林比重（%）	企业年加工产值（万元/年）
三元	1385	225	49500	74360	50.00	0	15	2	35.00	2710
梅列	1200	90	24000	115400	43.00	0	12	10	76.20	5187
明溪	167	30	1875	35203	49.00	4	24	10	67.50	5500
大田	167	30	9000	28900	46.00	16	373	24	48.00	5667
永安	1913	15	36900	50000	46.00	6	98	56	7.60	15
沙县	442	30	12000	88346	37.80	1	95	13	74.00	9937
尤溪	1600	0	7500	20000	38.00	7	115	76	17.40	15238
清流	226	0	750	37649	40.00	13	38	19	34.00	5784
宁化	96	8	1800	10000	47.40	23	128	1	29.00	7140
将乐	2157	45	4500	42863	47.50	4	84	19	13.46	18800
泰宁	268	38	1500	45000	40.00	27	21	5	20.00	6300
建宁	580	0	1920	81000	44.70	16	108	13	20.00	9000

表 18 集体林权制度改革成效统计表（改革后 2008 年）

县（市、区）名称	改革后（Yq）									
	人均林业年收入（元/年）	林地使用费（元/公顷）	林木平均转让价格（元/公顷）	村集体林业平均年收入（元/年）	木材平均税费比重（%）	森林火灾起数（起/年）	盗砍滥伐林木案件（起/年）	其中：刑事案件（起）	非公有制造林比重（%）	企业年加工产值（万元）
三元	2308	315	84000	88664	20.00	0	5	0	90.00	6230
梅列	1800	225	52500	46100	20.00	0	11	8	82.40	5425
明溪	338	57	4755	56040	24.00	0	19	4	42.60	7500
大田	225	75	19500	84500	23.00	3	505	18	75.00	15092
永安	2500	105	55350	121680	26.00	7	65	26	40.50	23
沙县	562	150	19500	108462	24.60	0	50	12	89.00	17016
尤溪	2200	45	22500	30000	16.00	1	82	71	80.70	62017
清流	300	45	4500	68577	24.00	1	28	15	59.00	8584
宁化	260	30	6000	30000	24.10	13	110	18	52.00	30377
将乐	2684	90	15000	66962	20.00	3	68	11	62.93	33900
泰宁	516	90	7500	68000	20.00	7	8	1	60.00	14000
建宁	902	1227	7620	114000	26.40	0	55	7	60.00	25000

表 19 集体林权制度改革成效显著性检验

显著性检验	人均林业年收入（元/年）	林地使用费（元/公顷）	林木平均转让价格（元/公顷）	村集体林业平均年收入（元/年）	木材平均税费比重（%）	森林火灾起数（起/年）	盗砍滥伐林木案件（起/年）	其中：刑事案件（起/年）	非公有制造林比重（%）	企业年加工产值（万元/年）
t	1.0089	25	22	1.8075	13.1522	2.3568	0.1768	0.5632	2.8818	2.2120
df	22	177	330	22	22	15.594	22	22	20	13.252
P	0.3240	2	2	0.0844	0.0000	0.0319	0.8613	0.5790	0.0092	0.0451

数据来源：笔者检验分析而得。

2. 集体林权制度改革前后林产业发展因素分析

（1）典型相关分析法。

典型相关分析揭示的是两组多元随机变量之间的关系。首先，在两组变量中分别找出变量的线性组合，使其具有最大相关性。然后，再在两组变量中分别找出第二对线性组合，使其分别与第一对线性组合不相关，而第二对线性组合本身具有最大的相关性。如此继续下去，直到两组变量之间的相关性被提取完为止。有了这些线性组合的最大相关，那么讨论两组变量之间的关系就转化为只研究这些线性组合的最大相关，从而减少了研究变量的个数。本文将典型相关分析法运用于研究集体林权制度改革的影响因素：假设有两组变量，一组变量为 X_1、$X_2 \cdots X_p$，代表集体林权制度改革前的影响因素；另一组变量为 Y_1、$Y_2 \cdots Y_q$（此研究中 $p=q$），代表集体林权制度改革后的影响因素，研究 X_p 变量组和 Y_q 变量组之间的线性相关关系，可根据它们的 n 组观测 X_{ij} 和 Y_{ij}（$i=1, 2, \cdots, n$；$j=1, 2, \cdots, p$ 或 q），求出系数 L_{kj} 和 M_{kj}（$k=1, 2, \cdots, p$ 或 q），得到用变量 X_{ij} 和 Y_{ij} 的线性组合所表示的新变量 U_k 和 V_k，表达式为：

$$\begin{cases} U_k = \sum_j L_{kj} X_j = L_{k1} X_1 + L_{k2} X_2 + \cdots + L_{kj} X_j \\ V_k = \sum_j M_{kj} X_j = M_{k1} X_1 + M_{k2} X_2 + \cdots + M_{kj} X_j \end{cases} \tag{3-6}$$

对 U_k 和 V_k 的要求是：

①使各个 U_k 和 V_k 的均值为 0，标准差为 1。

②使任意两个 U_k 彼此不相关或独立，使任意两个 V_k 彼此不相关或独

立，使 U_k 和 V_k 当 $k_1 \neq k_2$ 时彼此独立或不相关。

③使 U_k 和 V_k 的相关系数 r_k（$k=1, 2, \cdots, q$）满足关系式 $1 \geqslant r_l \geqslant r_2 \geqslant \cdots \geqslant r_q \geqslant 0$。由此求出 L_{kj} 和 M_{kj} 后，可得到相关变量 U_k 和 V_k 相关系数 r_k。

（2）自变量选择。

三明市 12 县市集体林权制度改革前后林业产业相关分析：根据科学性、可行性原则，经筛选确定集体林权制度改革前（2002 年）及改革后（2008 年）林业产业发展的影响因素 X 分别为人均林业年收入（元/年）（X_1）、林地使用费（元/公顷）（X_2）、林木平均转让价格（元/公顷）（X_3）、村集体林业平均年收入（元/年）（X_4）、木材平均税费比重（%）（X_5）、非公有制造林比重（%）（X_6）；改革前（2002 年）及改革后（2008 年）林业产业发展的影响因素 Y 分别为林业加工企业个数（个）（Y_1）、企业年加工产值（万元/年）（Y_2）（表 20、表 21）。

（3）结果与分析。

三明市 12 县市集体林权制度改革前后林业产业发展分析。第一，改革前（2002 年）林业产业发展分析。从表 22 可知，典型相关系数 1 有统计学意义（$P=0.0178<0.05$）。从表 23 可知，典型变量 U_1 与 X_1 密切相关（相关系数为 0.6822），而典型变量 Y_1 与 V_1 密切相关（相关系数为 0.7895）。因此，第一对典型变量 U_1 与 V_1 之间主要表现为人均林业年收入（元/年）与改革前（2002 年）林业加工企业个数（个）的正相关。典型变量 U_2 与 X_3 最不密切相关（相关系数为 -0.8337），而典型变量 Y_1 与 V_2 关系密切（相关系数为 0.9099）。因此，第二对典型变量 U_2 与 V_2 之间主要表现为林木平均转让价格（元/公顷）与改革前（2002 年）林业加工企业个数（个）的负相关。第二，改革后（2008 年）林业产业发展分析。从表 24 可知，典型相关系数 1 有统计学意义（$P=0.0093<0.01$）。从表 25 可知，典型变量 U_1 与 X_3 关系最不密切相关、呈负相关（相关系数为 -0.7445），而典型变量 Y_2 与 V_1 密切相关（相关系数为 0.9394）。因此，第一对典型变量 U_1 与 V_1 之间主要表现为林木平均转让价格（元/公顷）与改革后（2008 年）企业年加工产值（万元）之间的负相关。典型变量 U_2 与 X_1 关系最密切（相关系数为 0.7121），而典型变量 Y_2 与 V_2 密切相关

表 20　集体林权制度改革前林产业发展分析表（2002 年）

县（市、区）名称	X_p						Y_q	
	人均林业年收入（元）	林地使用费（元/公顷）	林木平均转让价格（元/公顷）	村集体林业平均年收入（元/年）	木材平均税费比重（%）	非公有制造林比重（%）	林业加工企业个数（个）	企业年加工产值（万元）
三元	1385	225	49500	74360	50.00	35.00	114	2710
梅列	1200	90	24000	115400	43.00	76.20	50	5187
明溪	167	30	1875	35203	49.00	67.50	89	5500
大田	167	30	9000	28900	46.00	48.00	46	5667
永安	1913	15	36900	50000	46.00	7.60	169	15
沙县	442	30	12000	88346	37.80	74.00	80	9937
尤溪	1600	0	7500	20000	38.00	17.40	162	15238
清流	226	0	750	37649	40.00	34.00	42	5784
宁化	96	8	1800	10000	47.40	29.00	71	7140
将乐	2157	45	4500	42863	47.50	13.46	147	18800
泰宁	268	38	1500	45000	40.00	20.00	90	6300
建宁	580	0	1920	81000	44.70	20.00	45	9000

表21 集体林权制度改革后林产业发展分析表（2008年）

县（市、区）名称	X_p						Y_q	
	人均林业年收入（元/年）	林地使用费（元/公顷）	林木平均转让价格（元/公顷）	村集体林业平均年收入（元/年）	木材平均税费比重（%）	非公有制造林比重（%）	林业加工企业个数（个）	企业年加工产值（万元）
三元	2308	315	84000	88664	20.00	90.00	142	6230
梅列	1800	225	52500	46100	20.00	82.40	44	5425
明溪	338	57	4755	56040	24.00	42.60	56	7500
大田	225	75	19500	84500	23.00	75.00	89	15092
永安	2500	105	55350	121680	26.00	40.50	214	23
沙县	562	150	19500	108462	24.60	89.00	137	17016
尤溪	2200	45	22500	30000	16.00	80.70	282	62017
清流	300	45	4500	68577	24.00	59.00	26	8584
宁化	260	30	6000	30000	24.10	52.00	31	30377
将乐	2684	90	15000	66962	20.00	62.93	186	33900
泰宁	516	90	7500	68000	20.00	60.00	71	14000
建宁	902	1227	7620	114000	26.40	60.00	69	25000

（相关系数为 0.8858）。因此，第二对典型变量 U_2 与 V_2 之间主要表现为人均林业年收入（元）与企业年加工产值（万元）的正相关。

表 22 林业产业发展的典型相关系数及检验结果（改革前 2002 年）

典型变量	相关系数	Wilk's	卡方值	df	p 值
典型变量 1	0.9855	0.0249	25.2995	13	0.0178
典型变量 2	0.9221	0.2112	10.8953	5	0.0664

表 23 典型变量与其原变量的相关系数（改革前 2002 年）

X_p	U_1	U_2	Y_q	V_1	V_2
X_1	0.6822	−0.5736	Y_1	0.7895	0.9099
X_2	−0.1866	−0.3525	Y_2	−0.6893	0.5559
X_3	−0.1873	−0.8337			
X_4	−0.3529	0.1148			
X_5	−0.1628	−0.2964			
X_6	−0.4579	0.4056			

表 24 林业产业发展的典型相关系数及检验结果（改革后 2008 年）

典型变量	相关系数	Wilk's	卡方值	df	p 值
典型变量 1	1.0000	0.0166	28.7409	12	0.0093
典型变量 2	0.8936	0.3361	7.7870	5	0.1945

表 25 典型变量与其原变量的相关系数（改革后 2008 年）

X_p	U_1	U_2	Y_q	V_1	V_2
X_1	−0.6203	0.7127	Y_1	−0.4714	0.5737
X_2	0.1727	−0.1165	Y_2	0.9394	0.8858
X_3	−0.7445	0.0268			
X_4	−0.6656	−0.2428			
X_5	−0.1302	−0.6970			
X_6	0.0204	0.3256			

3. 林农人均增收因素分析

（1）逐步回归分析法。

逐步回归分析法是检验各个指标的偏回归平方和，该方法是从一个自变量开始，视自变量 X 对因变量 Y 作用的显著程度，从大到小，逐个引入方程，同时每引入一个新的指标回归方程后，还要对已选入回归方程的指标做显著性检验，若有某一指标在选入新的指标后变得对 Y 影响不显著了，就将它从回归方程中剔除。当计算到没有指标选入，也不须剔除时，这个回归方程就是“最优”回归方程。逐步回归分析的目的就是建立预测林农人均增收因素的回归方程，精选出几项具有代表性的指标，使回归方程能更合理地反映自变量与因变量之间的关系。下文分析无特别标注均采用此方法。

（2）自变量选择。

根据科学性、可行性原则，经筛选确定三明市 12 县（市、区）的集体林权制度改革林农人均增收的影响因素 X 分别为改革前（2002 年）林地使用费（元/公顷）（X_1）、改革后（2008 年）林地使用费（元/公顷）（X_2）、改革前（2002 年）林木平均转让价格（元/公顷）（X_3）、改革后（2008 年）林木平均转让价格（元/公顷）（X_4）、改革期间各级财政拨付的集体林权制度改革经费（万元）（X_5）、改革期间各级财政拨付的森林生态效益补偿费（万元）（X_6）、改革前（2002 年）木材平均税费比重（%）（X_7）、改革后（2008 年）木材平均税费比重（%）（X_8）、改革前（2002 年）非公有制造林比重（%）（X_9）、改革后（2008 年）非公有制造林比重（%）（X_{10}）（表 26）。

（3）结果与分析。

通过逐步回归分析得出预测林农人均增收的回归方程：

$$Y=682.0431+0.0084X_4-17.7269X_8-3.1296X_9 \tag{3-7}$$

式（3-7）中 $R=0.9180^{*}$，方程的复相关系数达显著水平，F 值显著水平 $P=0.0014<0.01$，检验达到极显著水平，说明该回归方程是有效的。Durbin-Watson 统计量 $d=2.3685$，接近于 2，表明林农人均增收的回归方程能够很好地反映各影响因子对林农人均增收的影响大小（表 27）。进入回归方程的影响因子有改革后（2008 年）林木平均转让价格（元/公顷）（X_4）、改革后（2008 年）木材平均税费比重（%）（X_8）、改革前（2002 年）非公有制造林比重（%）（X_9）。它们与 Y 的偏相关系数分别为 $r_{(y,X_4)}=0.9084^{**}$，$r_{(y,X_8)}=-0.5129$，$r_{(y,X_9)}=-0.6205$，表明改革

表 26　集体林权制度改革林农人均增收分析表

县（市、区）名称	X（自变量）										Y（因变量）
	X_1	X_2	X_3	X_4	X_5	X_6	X_7	X_8	X_9	X_{10}	
	改革前林地使用费（元/公顷）	改革后林地使用费（元/公顷）	改革前林木平均转让价格（元/公顷）	改革后林木平均转让价格（元/公顷）	改革期间各级财政拨付的集体林权制度改革经费（万元）	改革期间各级财政拨付的森林生态效益补偿费（万元）	改革前木材平均税费比重（%）	改革后木材平均税费比重（%）	改革前非公有制造林比重（%）	改革后非公有制造林比重（%）	林农人均收入增加值（元）
三元	225	315	49500	84000	10.00	45.20	50.00	20.00	35.00	90.00	923
梅列	90	225	24000	52500	14.50	128.20	43.00	20.00	76.20	82.40	600
明溪	30	57	1875	4755	33.70	412.50	49.00	24.00	67.50	42.60	171
大田	30	75	9000	19500	226.90	820.80	46.00	23.00	48.00	75.00	58
永安	15	105	36900	55350	235.50	824.90	46.00	26.00	7.60	40.50	587
沙县	30	150	12000	19500	303.30	439.40	37.80	24.60	74.00	89.00	120
尤溪	0	45	7500	22500	92.90	694.40	38.00	16.00	17.40	80.70	600
清流	0	45	750	4500	51.50	430.90	40.00	24.00	34.00	59.00	74
宁化	8	30	1800	6000	55.20	883.40	47.40	24.10	29.00	52.00	164
将乐	45	90	4500	15000	150.40	767.30	47.50	20.00	13.46	62.93	527
泰宁	38	90	1500	7500	87.10	315.00	40.00	20.00	20.00	60.00	248
建宁	0	54	1920	7620	54.50	514.00	44.70	26.40	20.00	60.00	322

后（2008 年）林木平均转让价格（元/公顷）（X_4）对林农人均增收产生正面影响；改革后（2008 年）木材平均税费比重（%）（X_8）、改革前（2002 年）非公有制造林比重（%）对林农人均增收产生负面影响，而且改革前（2002 年）非公有制造林比重（%）对林农人均增收产生的负面影响更大（表 28）。

表 27　回归方程及统计检验结果

回归方程	R	Sy	d	F	P
$Y=682.043112+0.008377677580X_4-17.726941091X_8-3.1295859455X_9$	0.9180	127.9934	2.3685	14.2812	0.0014

表 28　自变量与因变量的偏相关系数

	偏相关	t 值	p 值
$r(Y,X_4)=$	0.9084	5.5092	0.0007
$r(Y,X_8)=$	−0.5129	1.7863	0.1429
$r(Y,X_9)=$	−0.6205	2.0605	0.0853

4. 山林纠纷因素分析

（1）自变量选择。

根据科学性、可行性原则，经筛选确定三明市 12 县市的集体林权制度改革村集体林业增收的影响因素 X 分别为家庭承包经营中单户经营（公顷）（X_1）、家庭承包经营中联户经营（公顷）（X_2）、林地租赁或林木转让（公顷）（X_3）、自留山经营（公顷）（X_4）、村集体统一经营（公顷）（X_5）、已明晰产权面积（公顷）（X_6）、产权明晰率（%）（X_7）、林权申请登记率（%）（X_8）、已发证到户面积（公顷）（X_9）、林权证发放率（%）（X_{10}）（表 29）。

（2）结果与分析。

通过逐步回归分析得出预测山林纠纷因素的回归方程：

$$Y=1200.3124-0.011X_1-0.0150X_2-0.0060X_3-0.0036X_4+0.0036X_6-12.2769X_7+2.8704X_8+0.0028X_9-0.6218X_{10} \quad (3\text{-}8)$$

式（3-8）中 $R=0.9989^*$，方程的复相关系数达极显著水平，F 值显著水平 $P=0.0095<0.01$，检验达到极显著水平，说明该回归方程是有效的。Durbin-Watson 统计量 $d=1.8628$，接近于 2，表明山林纠纷的回归

表 29　集体林权制度改革山林纠纷分析表

县（市、区）名称	X（自变量）										Y（因变量）
	X_1	X_2	X_3	X_4	X_5	X_6	X_7	X_8	X_9	X_{10}	
	家庭承包经营中单户经营（公顷）	家庭承包经营中联户经营（公顷）	林地租赁或林木转让（公顷）	自留山经营（公顷）	村集体统一经营（公顷）	已明晰产权面积（公顷）	产权明晰率（%）	林权申请登记率（%）	已发证到户面积（公顷）	林权证发放率（%）	改革期间山林纠纷调处起数（起）
三元	17933	8400	6667	4867	1467	37867	96.30	99.60	46400	98.90	88
梅列	3867	5533	67	1067	733	10533	93.60	93.80	15667	85.10	7
明溪	0	28267	28600	12533	3133	69400	95.70	94.70	99333	93.60	32
大田	67867	6600	24733	2200	4200	101400	96.00	95.70	47667	34.30	26
永安	75600	6067	35067	6933	7733	123667	94.10	97.10	156733	99.80	112
沙县	22467	7533	39333	13467	7800	82800	91.40	89.60	75600	71.00	461
尤溪	20333	32133	96867	20000	10067	169333	94.40	95.80	231933	98.70	40
清流	29133	4733	40333	13867	1000	88067	98.90	99.90	119600	99.80	30
宁化	23867	35733	43467	7267	7467	110333	93.60	97.80	158800	97.80	10
将乐	20600	26933	62200	4200	9000	113933	92.70	94.40	111467	73.30	36
泰宁	9200	14467	33867	13800	5667	71333	92.60	97.30	82467	80.00	139
建宁	23267	17467	28067	11200	5800	80000	93.30	93.40	91267	79.30	17

方程能够很好地反映各影响因子对造成山林纠纷的影响大小（表 30）。进入回归方程的影响因子有家庭承包经营中单户经营（公顷）（X_1）、家庭承包经营中联户经营（公顷）（X_2）、林地租赁或林木转让（公顷）（X_3）、自留山经营（公顷）（X_4）、已明晰产权面积（公顷）（X_6）、产权明晰率（%）（X_7）、林权申请登记率（%）（X_8）、已发证到户面积（公顷）（X_9）、林权证发放率（%）（X_{10}）。它们与 Y 的偏相关系数分别为 $r_{(Y,X_1)}=-1.0766^{**}$，$r_{(Y,X_2)}=-1.0180^{**}$，$r_{(Y,X_3)}=-0.9764^{*}$，$r_{(Y,X_4)}=-0.9339$，$r_{(Y,X_6)}=0.9887^{*}$，$r_{(Y,X_7)}=-1.0032^{**}$，$r_{(Y,X_8)}=0.9375$，$r_{(Y,X_9)}=0.9859^{*}$，$r_{(Y,X_{10})}=-0.6725$。表明改革期间家庭承包经营中单户经营（公顷）（X_1）、家庭承包经营中联户经营（公顷）（X_2）、林地租赁或林木转让（公顷）（X_3）、自留山经营（公顷）（X_4）、产权明晰率（%）（X_7）、林权证发放率（%）（X_{10}）削弱山权纠纷；已明晰产权面积（公顷）（X_6）、林权申请登记率（%）（X_8）、已发证到户面积（公顷）（X_9）会导致山权纠纷的产生（表 31）。

表 30　回归方程及统计检验结果

回归方程	R	Sy	d	F	P
$Y=1200.3124-0.011X_1-0.0150X_2-0.0060X_3-0.0036X_4+0.0036X_6-12.2769X_7+2.8704X_8+0.0028X_9-0.6218X_{10}$	0.9989	11.6413	1.8628	104.5591	0.0095

表 31　自变量与因变量的偏相关系数

	偏相关	t 值	p 值
r（Y，X_1）	−1.0766	14.3330	0.0051
r（Y，X_2）	−1.0180	18.4781	0.0030
r（Y，X_3）	−0.9764	5.6155	0.0386
r（Y，X_4）	−0.9339	3.4684	0.0827
r（Y，X_6）	0.9887	6.5344	0.0250
r（Y，X_7）	−1.0032	23.5578	0.0018
r（Y，X_8）	0.9375	3.6789	0.0778
r（Y，X_9）	0.9859	6.9800	0.0241
r（Y，X_{10}）	−0.6725	1.2889	0.3348

5. 村集体林业增收因素分析

（1）变量选择。根据科学性、可行性原则，经筛选确定集体林权制度改革村集体林业增收的影响因素 X 分别为家庭承包经营中单户经营（公顷）(X_1)、家庭承包经营中联户经营（公顷）(X_2)、林地租赁或林木转让（公顷）(X_3)、自留山经营（公顷）(X_4)、村集体统一经营（公顷）(X_5)、已明晰产权面积（公顷）(X_6)、产权明晰率（%）(X_7)、林权申请登记率（%）(X_8)、已发证到户面积（公顷）(X_9)、林权证发放率（%）(X_{10})（表 32）。

（2）结果与分析。通过逐步回归分析得出，预测村集体林业增收因素的回归方程：

$$Y=-331562.9461+1.9067X_1+3.1653X_2+7.0396X_4-3.1146X_5+3.1302X_6-3.0900X_9+2912.0794X_{10} \quad (3\text{-}9)$$

式（3-9）中 $R=0.9954^{*}$，方程的复相关系数达极显著水平，F 值显著水平 $P=0.0007<0.01$，检验达到极显著水平，说明该回归方程是有效的。Durbin-Watson 统计量 $d=2.5818$，接近于 2，表明村集体林业增收回归方程能够很好地反映各影响因子对村集体林业增收的影响大小（表 33）。进入回归方程的影响因子有家庭承包经营中单户经营（公顷）(X_1)、家庭承包经营中联户经营（公顷）(X_2)、自留山经营（公顷）(X_4)、村集体统一经营(X_5)、已明晰产权面积（公顷）(X_6)、已发证到户面积（公顷）(X_9)、林权证发放率（%）(X_{10})。它们与 Y 的偏相关系数分别为 $r_{(Y,X_1)}=1.0724^{**}$，$r_{(Y,X_2)}=0.9946^{**}$，$r_{(Y,X_4)}=1.0176^{**}$，$r_{(Y,X_5)}=-0.8613^{*}$，$r_{(Y,X_6)}=1.0036^{**}$，$r_{(Y,X_9)}=-1.0077^{**}$，$r_{(Y,X_{10})}=0.9872^{**}$。表明改革期间家庭承包经营中单户经营（公顷）($X_1$)、家庭承包经营中联户经营（公顷）($X_2$)、自留山经营（公顷）($X_4$)、已明晰产权面积（公顷）($X_6$)、林权证发放率（%）($X_{10}$) 促进村集体林业增收；村集体统一经营（公顷）($X_5$)、已发证到户面积（公顷）($X_9$) 阻碍进村集体林业增收（表 34）。

表 32　集体林权制度改革村集体林业增收分析表

县（市、区）名称	X（自变量）										Y（因变量）
	X_1	X_2	X_3	X_4	X_5	X_6	X_7	X_8	X_9	X_{10}	
	家庭承包经营中单户经营（公顷）	家庭承包经营中联户经营（公顷）	林地租赁或林木转让（公顷）	自留山经营（公顷）	村集体统一经营（公顷）	已明晰产权面积（公顷）	产权明晰率（%）	林权申请登记率（%）	已发证到户面积（公顷）	林权证发放率（%）	村集体林业增收（万元/年）
三元	17933	8400	6667	4867	1467	37867	96.30	99.60	46400	98.90	14304
梅列	3867	5533	67	1067	733	10533	93.60	93.80	15667	85.10	−69300
明溪	0	28267	28600	12533	3133	69400	95.70	94.70	99333	93.60	20837
大田	67867	6600	24733	2200	4200	101400	96.00	95.70	47667	34.30	55600
永安	75600	6067	35067	6933	7733	123667	94.10	97.10	156733	99.80	71680
沙县	22467	7533	39333	13467	7800	82800	91.40	89.60	75600	71.00	20116
尤溪	20333	32133	96867	20000	10067	169333	94.40	95.80	231933	98.70	10000
清流	29133	4733	40333	13867	1000	88067	98.90	99.90	119600	99.80	30928
宁化	23867	35733	43467	7267	7467	110333	93.60	97.80	158800	97.80	20000
将乐	20600	26933	62200	4200	9000	113933	92.70	94.40	111467	73.30	24099
泰宁	9200	14467	33867	13800	5667	71333	92.60	97.30	82467	80.00	23000
建宁	23267	17467	28067	11200	5800	80000	93.30	93.40	91267	79.30	33000

表 33　回归方程及统计检验结果

回归方程	R	Sy	d	F	P
$Y=-331562.9461+1.9067X_1+3.1653X_2+7.0396X_4-3.1146X_5+3.1302X_6-3.0900X_9+2912.0794X_{10}$	0.9954	5329.6139	2.5818	61.5603	0.0007

表 34　自变量与因变量的偏相关系数

	偏相关	t 值	p 值
$r(Y, X_1)$	1.0724	9.6856	0.0008
$r(Y, X_2)$	0.9946	8.5604	0.0012
$r(Y, X_4)$	1.0176	11.8168	0.0004
$r(Y, X_5)$	−0.8613	3.4008	0.0374
$r(Y, X_6)$	1.0036	8.4008	0.0012
$r(Y, X_9)$	−1.0077	11.0160	0.0004
$r(Y, X_{10})$	0.9872	9.9372	0.0007

三、福建省集体林权制度改革对森林生态系统服务价值的影响评价

森林生态系统服务功能是指生态系统与生态系统过程所形成及维持的人类赖以生存的自然环境条件与效用。[①] 科学估算福建省森林生态系统的服务价值，可为生态福建的建设提供重要的理论价值。

作为南方重点集体林区，森林创造着巨大的生态效益、经济效益和社会效益。我国自 20 世纪 80 年代开始对森林生态系统服务价值进行评价工作。王兵等对中国杉木林的生态系统服务价值进行评估。[②] 宋萍等对福建省森林生态系统服务价值及其空间分布进行测算。[③] 王景升等对西藏森林生态系统服务价值进行评价。[④] 福建省于 2003 年开展集体林权制度改革，

① Constaza R D，Arge R，De Groot R，et al. "The value of the world's ecosystem services and natural capital ." *Nature*：*International Weekly Journal of Science*，*387*. 6630 (1997).

② 王兵、马向前、郭浩等：《中国杉木林的生态系统服务价值评估》，《林业科学》2009 年第 4 期。

③ 宋萍、洪伟、吴承祯等：《福建省森林生态系统服务价值及其空间分布》，《福建林学院学报》2003 年第 3 期。

④ 王景升、李文华、任青山等：《西藏森林生态系统服务价值》，《自然资源学报》2007 年第 5 期。

为的是增强林业活力，加快林业可持续发展步伐。但是，福建省集体林权制度改革初期及改革后，森林生态系统服务价值变化如何，尤其是集体林生态系统服务价值变化如何，尚未有相关研究。① 因此，本书对福建省集体林权制度改革初期及改革后，森林生态系统服务价值变化、集体林生态系统服务价值变化进行探讨，为福建省集体林权制度改革提供本底资料和依据，为将来的深入研究提供框架。②③

（一）评价方法

本书采用 Constaza 等的生态服务功能和功能分类法，将福建省森林服务功能划分为 14 种类型。由于可将亚热带与热带森林类型归入热带森林类型，④ 故本书以 Costanza 等提出的热带森林各服务类型对应的单价作为参考基准单价。

本书按照林种划分福建森林类型为用材林、防护林、特用林、薪炭林以及经济林。福建省于 2003 年开展集体林权制度改革，由于在改革初期（2003 年），福建省已完成森林资源连续清查工作（1999—2003 年），故选择福建省森林面积数据，分别来源于福建省 2003 年和 2008 年森林资源连续清查数据，旨在评价福建省集体林权制度改革初期及改革后森林生态系统服务价值、集体林生态系统服务价值变化情况。按照新规定，2008 年福建省集体林中的经济林在统计中基本被并入特用林，2008 年福建省集体林面积数据按照林种划分为用材林、防护林、特用林以及薪炭林。

（二）结果与分析

1. 福建省集体林权制度改革初期及改革后森林生态服务价值的比较

（1）不同效益类型森林生态服务价值的比较。

按照森林的三大效益归类，生态效益包括气候调节、干扰调节、水分调节、水分供给、侵蚀控制、土壤形成、营养循环、废物处理和生物控制，

① 王兵、任晓旭、胡文：《中国森林生态系统服务功能及其价值评估》，《林业科学》2011 年第 2 期。

② 陶宝先、张金池、俞元春：《苏南丘陵区典型森林生态系统服务价值估算》，《生态环境学报》2010 年第 9 期。

③ 陈仁利、余雪标、黄金城等：《森林生态系统服务功能及其价值评估》，《热带森林》2006 年第 2 期。

④ 蒋延玲、周广胜：《中国主要森林生态系统公益的评估》，《植物生态学报》1999 年第 5 期。

经济效益包括食物生产、原材料和基因源，社会效益包括娱乐和文化。本书对福建省不同公益类型的森林生态服务价值进行总体评估（表 35、表 36）。

表 35　福建省集体林权制度改革初期（2003 年）森林生态系统服务价值的总体评估表

单位：10^6 \$ · a^{-1}

	用材林	防护林	特用林	薪炭林	经济林	总计	价值构成（%）
面积（万公顷）	461.38	158.53	27.41	4.57	113.05	764.94	—
气候调节	1028.88	353.52	61.12	10.19	252.10	1705.82	11.11
干扰调节	23.07	7.93	1.37	0.23	5.65	38.25	0.25
水分调节	27.68	9.51	1.64	0.27	6.78	45.90	0.30
水分供给	36.91	12.68	2.19	0.37	9.04	61.20	0.40
侵蚀控制	1130.38	388.40	67.15	11.20	276.97	1874.10	12.20
土壤形成	46.14	15.85	2.74	0.46	11.31	76.49	0.50
营养循环	4253.92	1461.65	252.72	42.14	1042.32	7052.75	45.92
废物处理	401.40	137.92	23.85	3.98	98.35	665.50	4.33
生物控制	0.00	0.00	0.00	0.00	0.00	0.00	0.00
食物生产	147.64	50.73	8.77	1.46	36.18	244.78	1.59
原材料	1453.35	499.37	86.34	14.40	356.11	2409.56	15.69
基因源	189.17	65.00	11.24	1.87	46.35	313.63	2.04
娱乐	516.75	177.55	30.70	5.12	126.62	856.73	5.58
文化	9.23	3.17	0.55	0.09	2.26	15.30	0.10
价值总计	9264.51	3183.28	550.39	91.77	2270.04	15360.00	—
价值构成	60.32	20.72	3.58	0.60	14.78	—	100.00

数据来源：福建省 2003 年森林资源连续清查数据。

表 36　福建省集体林权制度改革后（2008 年）森林生态系统服务价值的总体评估表

单位：10^6 \$ · a^{-1}

	用材林	防护林	特用林	薪炭林	经济林	总计	价值构成（%）
面积（万公顷）	460.43	162.88	38.45	3.6	101.29	766.65	—

续表

	用材林	防护林	特用林	薪炭林	经济林	总计	价值构成(%)
气候调节	1026.76	363.22	85.74	8.03	225.88	1709.63	11.11
干扰调节	23.02	8.14	1.92	0.18	5.06	38.33	0.25
水分调节	27.63	9.77	2.31	0.22	6.08	46.00	0.30
水分供给	36.83	13.03	3.08	0.29	8.10	61.33	0.40
侵蚀控制	1128.05	399.06	94.20	8.82	248.16	1878.29	12.20
土壤形成	46.04	16.29	3.85	0.36	10.13	76.67	0.50
营养循环	4245.16	1501.75	354.51	33.19	933.89	7068.51	45.92
废物处理	400.57	141.71	33.45	3.13	88.12	666.99	4.33
生物控制	0.00	0.00	0.00	0.00	0.00	0.00	0.00
食物生产	147.34	52.12	12.30	1.15	32.41	245.33	1.59
原材料	1450.35	513.07	121.12	11.34	319.06	2414.95	15.69
基因源	188.78	66.78	15.76	1.48	41.53	314.33	2.04
娱乐	515.68	182.43	43.06	4.03	113.44	858.65	5.58
文化	9.21	3.26	0.77	0.07	2.03	15.33	0.10
价值总计	9245.43	3270.63	772.08	72.29	2033.90	15394.33	—
价值构成	60.06	21.25	5.02	0.47	13.21	—	100.00

数据来源：福建省2008年森林资源连续清查数据。

福建省集体林权制度改革初期（2003年），森林生态系统的生态效益服务价值为11520.00×10^6＄、经济效益服务价值为2967.97×10^6＄、社会效益服务价值为872.03×10^6＄，分别占总价值的75%、19.32%、5.68%。福建省集体林权制度改革后（2008年），森林生态系统的生态效益服务价值为11545.75×10^6＄、经济效益服务价值为2974.60×10^6＄、社会效益服务价值为873.98×10^6＄，分别占总价值的75%、19.32%、5.68%。可见，福建省森林生态系统的最大价值反映在生态效益价值上。福建省集体林权制度改革后（2008年），生态效益服务价值比改革初期（2003年）增长0.22%，经济效益服务价值比改革初期（2003年）增长0.22%，社会效益服务价值比改革前增长0.22%；福建省集体林权制度改革的 5 年间，森林生态系统的生态效益、经济效益以及社会效益服务价值均有微弱的增长。

福建省集体林权制度改革初期（2003 年），森林生态系统服务总价值为 15360.00×10^6 $，营养循环服务总价值对森林生态系统服务价值的贡献最大，达到 7052.75×10^6 $，占全省森林生态系统服务总价值的 45.92%；原材料服务价值居森林生态系统服务价值的第 2 位，占 15.69%，总价值为 2409.56×10^6 $；侵蚀控制服务价值居森林生态系统服务价值的第 3 位，占 12.20%，为 1874.10×10^6 $。福建省集体林权制度改革后（2008 年），森林生态系统服务总价值为 15394.33×10^6 $，营养循环服务价值对森林生态系统服务价值的贡献最大，达到 7068.51×10^6 $，占全省森林生态系统服务总价值的 45.92%；原材料服务价值居森林生态系统服务价值的第 2 位，占 15.69%，总价值为 2414.95×10^6 $；侵蚀控制服务价值居森林生态系统服务价值的第 3 位，占 12.20%，为 1878.29×10^6 $。福建省集体林权制度改革后（2008 年），森林生态系统服务总价值比改革初期（2003 年）增长 34.33×10^6 $，增幅为 0.22%。

（2）不同林种森林生态系统服务价值的比较。

福建省集体林权制度改革初期（2003 年），用材林服务价值居生态系统服务价值第 1 位，占福建省森林生态系统服务总价值的 60.32%，为 9264.51×10^6 $；防护林服务价值居森林生态系统服务价值的第 2 位，占森林生态系统服务总价值的 20.72%，为 3183.28×10^6 $；经济林服务价值居森林生态系统服务价值的第 3 位，占森林生态系统服务总价值的 14.78%，为 2270.04×10^6 $。福建省集体林权制度改革后（2008 年），用材林服务价值居森林生态系统服务价值的第 1 位，占森林生态系统服务总价值的 60.06%，为 9245.43×10^6 $；防护林服务价值居森林生态系统服务价值的第 2 位，占森林生态系统服务总价值的 21.25%，为 3270.63×10^6 $；经济林服务价值居森林生态系统服务价值的第 3 位，占森林生态系统服务总价值的 13.21%，为 2033.90×10^6 $。福建省集体林权制度改革初期及改革后，用材林服务价值减少 19.08×10^6 $，降幅为 0.21%；经济林服务价值减少 236.14×10^6 $，降幅为 10.40%；薪炭林服务价值

减少 19.48×10^6 \$，降幅为 21.23%；防护林服务价值增加 87.35×10^6 \$，增幅为 2.74%；特用林服务价值增加 221.69×10^6 \$，增幅为 40.28%。总之，在福建省森林所有林种中，特用林服务价值增幅最大（增幅为 40.28%），防护林服务价值增幅最少（增幅为 2.74%）；薪炭林服务价值降幅最大（降幅为 21.23%），经济林服务价值降幅居第 2 位（降幅为 10.40%），用材林服务价值降幅最少（降幅为 0.21%）（表 35、表 36）。

由此可见，用材林服务价值在福建省森林生态系统服务价值中仍居主导地位，但特用林、防护林服务价值在集体林权制度改革后均有增长，特用林服务价值增幅高达 40.28%，这与福建省在集体林权改革中重视生态环境建设是分不开的，福建省应该继续推进生态公益集体林权制度改革，为森林福建建设打下良好的基础。

2. 福建省集体林权制度改革初期及改革后集体林生态系统服务价值的比较

（1）不同效益类型集体林生态系统服务价值的比较。

按照森林的三大效益归类，笔者对不同效益类型的福建省集体林生态系统服务价值进行总体评估（表 37、表 38）。福建省集体林权制度改革初期（2003 年），集体林生态系统的生态效益服务价值为 7274.43×10^6 \$、经济效益服务价值为 1874.16×10^6 \$、社会效益服务价值为 550.65×10^6 \$，分别占总价值的 75%、19.32%、5.68%；福建省集体林权制度改革后（2008 年），集体林生态系统的生态效益服务价值为 7271.27×10^6 \$、经济效益服务价值为 1873.34×10^6 \$、社会效益服务价值为 550.41×10^6 \$，分别占总价值的 75%、19.32%、5.68%。可见，福建省集体林生态系统的最大价值反映在生态效益服务价值上。福建省集体林权制度改革后（2008 年）集体林生态系统的生态效益服务价值、经济效益服务价值以及社会效益服务价值比改革初期（2003 年）分别下降 0.04%、0.04%、0.04%。福建省集体林权制度改革的 5 年间，集体林生态系统的生态效益、经济效益以及社会效益服务价值均有微弱的下降。

表 37　福建省集体林权制度改革初期（2003 年）集体林生态系统服务价值的总体评估

单位：10^6 \$ · a^{-1}

	用材林	防护林	特用林	薪炭林	总计	价值构成（%）
面积（万公顷）	322.34	140.00	16.60	4.09	483.03	—
气候调节	718.82	312.20	37.02	9.12	1077.16	11.11
干扰调节	16.12	7.00	0.83	0.20	24.15	0.25
水分调节	19.34	8.40	1.00	0.25	28.98	0.30
水分供给	25.79	11.20	1.33	0.33	38.64	0.40
侵蚀控制	789.73	343.00	40.67	10.02	1183.42	12.20
土壤形成	32.23	14.00	1.66	0.41	48.30	0.50
营养循环	2971.97	1290.80	153.05	37.71	4453.54	45.92
废物处理	280.44	121.80	14.44	3.56	420.24	4.33
生物控制	0.00	0.00	0.00	0.00	0.00	0.00
食物生产	103.15	44.80	5.31	1.31	154.57	1.59
原材料	1015.37	441.00	52.29	12.88	1521.54	15.69
基因源	132.16	57.40	6.81	1.68	198.04	2.04
娱乐	361.02	156.80	18.59	4.58	540.99	5.58
文化	6.45	2.80	0.33	0.08	9.66	0.10
价值总计	6472.59	2811.20	333.33	82.13	9699.24	—
价值构成	66.73	28.98	3.44	0.85	—	100.00

数据来源：福建省 2003 年森林资源连续清查数据。

表 38　福建省集体林权制度改革后（2008 年）集体林生态系统服务价值的总体评估

单位：10^6 \$ · a^{-1}

	用材林	防护林	特用林	薪炭林	总计	价值构成（%）
面积（万公顷）	313.00	140.25	25.97	3.60	482.82	—
气候调节	697.99	312.76	57.91	8.03	1076.69	11.11
干扰调节	15.65	7.01	1.30	0.18	24.14	0.25
水分调节	18.78	8.42	1.56	0.22	28.97	0.30

续表

	用材林	防护林	特用林	薪炭林	总计	价值构成（%）
水分供给	25.04	11.22	2.08	0.29	38.63	0.40
侵蚀控制	766.85	343.61	63.63	8.82	1182.91	12.20
土壤形成	31.30	14.03	2.60	0.36	48.28	0.50
营养循环	2885.86	1293.11	239.44	33.19	4451.60	45.92
废物处理	272.31	122.02	22.59	3.13	420.05	4.33
生物控制	0.00	0.00	0.00	0.00	0.00	0.00
食物生产	100.16	44.88	8.31	1.15	154.50	1.59
原材料	985.95	441.79	81.81	11.34	1520.88	15.69
基因源	128.33	57.50	10.65	1.48	197.96	2.04
娱乐	350.56	157.08	29.09	4.03	540.76	5.58
文化	6.26	2.81	0.52	0.07	9.66	0.10
价值总计	6285.04	2816.22	521.48	72.29	9695.03	—
价值构成	64.83	29.05	5.38	0.75	—	100.00

数据来源：福建省2008年森林资源连续清查数据。

福建省集体林权制度改革初期（2003年），集体林生态系统服务总价值约为9699.24×10^6＄，其中营养循环服务价值对集体林生态系统服务价值的贡献最大，达到4453.54×10^6＄，占全省集体林生态系统服务总价值的45.92%；集体林生态系统服务价值在价值构成上居第2位的是原材料价值，占15.69%，为1521.54×10^6＄；集体林生态系统在服务价值构成上居第3位的是侵蚀控制服务价值，占12.20%，为1183.42×10^6＄。福建省集体林权制度改革后（2008年），集体林生态系统服务总价值约为9695.03×10^6＄，其中营养循环服务价值对集体林生态系统服务价值的贡献最大，达到4451.60×10^6＄，占全省集体林生态系统服务总价值的45.92%；集体林生态系统在服务价值构成上居第2位的是原材料服务价值，占15.69%，为1520.88×10^6＄；集体林生态系统在服务价值构成上居于第3位的是侵蚀控制服务价值，占12.20%，为1182.91×10^6＄。

福建省集体林权制度改革后（2008年），集体林生态系统服务总价值比改革初期（2003 年）减少 4.21×10^6 \$，降幅为 0.04%；营养循环服务价值比改革初期（2003 年）减少 1.94×10^6 \$，降幅为 0.04%；原材料服务价值比改革初期（2003 年）减少 0.66×10^6 \$，降幅为 0.04%；侵蚀控制服务价值比改革初期（2003 年）减少 0.51×10^6 \$，降幅为 0.04%。福建省集体林权制度改革后营养循环、原材料以及侵蚀控制服务价值降幅不明显。

（2）不同林种集体林生态系统服务价值的比较。

福建省集体林权制度改革初期（2003 年），集体林生态系统服务价值中，用材林服务价值居第 1 位，占福建省森林生态系统服务总价值的 66.73%，为 6472.59×10^6 \$；森林生态系统服务价值中，居第 2 位的为防护林服务价值，占集体林生态系统服务总价值的 28.98%，为 2811.20×10^6 \$；集体林生态系统服务价值中，居第 3 位的为特用林服务价值，占集体林生态系统服务总价值的 3.44%，为 333.33×10^6 \$。福建省集体林权制度改革后（2008 年），集体林生态系统服务价值中，用材林服务价值居第 1 位，占集体林生态系统服务总价值的 64.83%，为 6285.04×10^6 \$；集体林生态系统服务价值中，居第 2 位的为防护林服务价值，占集体林生态系统服务总价值的 29.05%，为 2816.22×10^6 \$；集体林生态系统服务价值中，居第 3 位的为特用林服务价值，占集体林生态系统服务总价值的 5.38%，为 521.48×10^6 \$。福建省集体林权制度改革初期及改革后，集体林中的用材林服务价值减少 187.55×10^6 \$，降幅为 2.90%；集体林中的薪炭林服务价值减少 9.84×10^6 \$，降幅为 11.98%；集体林中的防护林服务价值增加 5.02×10^6 \$，增幅为 0.18%；集体林中的特用林服务价值增加 188.15×10^6 \$，增幅为 56.45%（表 37、表 38）。

总之，在集体林所有林种中用材林服务价值、薪炭林服务价值下降，其中薪炭林服务价值降幅最大（降幅为 11.98%）；防护林服务价值、特用林服务价值上升，特用林服务价值增幅最大（增幅为 56.45%）。

四、福建省集体林权制度改革的政策落实度和需求评价

福建省集体林权制度改革目前处于深化时期，福建省集体林权制度改革的政策落实度和需求评价对于林业决策者具有重大的实践意义。因此，本节着手构建福建省集体林权制度改革的政策落实度和需求评价体系，提

出分不同主体、不同区域的绩效评价体系，从而为林业决策者正确制定并实施林业政策提供坚实的保障（图 8）。

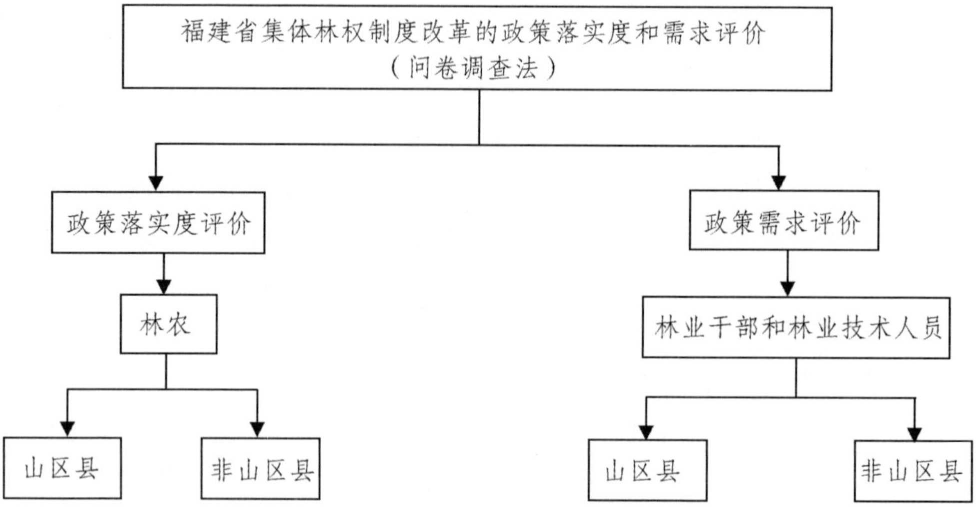

图 8　福建省集体林权制度改革的需求评价

笔者认为林农作为集体林权制度改革的主体，林业政策落实度直接关系到林农林业生产的积极性以及林农的经济利益，因此政策落实度评价应以林农为对象。林业干部和林业技术人员，作为集体林权制度改革的执行者，由于具有一定的知识水平和专业技术，相对林农而言，更能把握政策的需求动向，因此政策需求评价应以林业干部和林业技术人员为对象。

（一）基于林农的政策落实度评价

1. 集体林权制度改革赞成度评价

用符号检验法来研究林农对集体林权制度改革的赞成度。在被调查的 199 户林农中，参与该项调查的有 197 户林农，占参与调查人数的 98.99%。设赞成集体林权制度改革为 Y_1，不赞成集体林权制度改革为 Y_2，当 $Y_1>Y_2$ 时，符号为“+”，当 $Y_1<Y_2$ 时，符号为“-”，当 $Y_1=Y_2$ 时，符号为“0”。记 n_+ 为 $Y_1>Y_2$ 时的符号个数；n_- 为 $Y_1<Y_2$ 时的符号个数；n_0 为 $Y_1=Y_2$ 时的符号个数（表 39）；$n=n_++n_-$，将 n_+ 和 n_- 中数值较小的一个记为 r。

表 39　不同县林农对林权制度改革赞成情况调查

	Y_1	Y_2	符号
光泽县	20	0	+
顺昌县	14	2	+
建宁县	21	0	+
将乐县	11	0	+
漳浦县	12	0	+
德化县	29	0	+
上杭县	16	0	+
武平县	16	2	+
闽侯县	28	0	+
延平区	22	4	+

数据来源：根据问卷调查统计而得。

提出假设 H_0：$P(Y_1>Y_2)=P(Y_1<Y_2)=0.5$，即 10 县（区）林农赞成与反对集体林权改革的数量持平；

提出假设 H_1：$P(Y_1>Y_2)\neq P(Y_1<Y_2)\neq 0.5$，即 10 县（区）林农赞成集体林权改革。

通过计算得出，$n_+=10$，$n_-=0$，$n_0=0$，$r=0$，$n=10$。查符号检验表，$r_{0.05}=1$，$r<r_{0.05}$，所以二者差异显著，即 10 县（区）林农赞成林权制度改革的假设成立。

2. 集体林权制度改革知情度评价

在问到"您知道集体林权制度改革这件事吗"时，在被调查的 199 户林农中，参与该项调查的有 198 户林农，占参与调查人数的 99.50%；其中知道集体林权制度改革的占 53.54%，听说过的占 44.44%，不知道的占 2%。

在问到"您是怎样知道集体林权制度改革政策的"时，被调查的 199 户林农中，参与该项调查的有 183 户林农，占参与调查人数的 91.96%；其中看报纸了解集体林权制度改革的占 8.74%，看电视了解的占 7.10%，政府宣传了解的占 48.63%，别人告诉的占 16.94%，开会传达的占 18.58%（表 40）。调查结果表明，政府在集体林权制度改革宣传中的比重明显，但效果不显著，农民的知情权并未得到全面落实，政府有必要加强宣传工作，巩固现有的宣传多样化形式，让集体林权制度改革辐射面更加广泛。

对“您知道集体林权制度改革这件事吗”进行卡方检验，提出假设。

H_0：山区县和非山区县在是否知道集体林权制度改革这件事上无差异；

H_1：山区县和非山区县在是否知道集体林权制度改革这件事上有差异。

经分析，得$\chi^2=1.0825$，$df=2$，$P=0.5820>0.05$。因此，山区县和非山区县在是否知道集体林权制度改革这件事上无差异。

对“您是怎样知道集体林权制度改革政策的”这一问题的统计数据进行卡方检验，得$\chi^2=6.1069$，$df=4$，$P=0.1913>0.05$。因此，山区县和非山区县林农在集体林权制度改革政策了解渠道上无差异。

表 40　林权制度改革林农知情度调查统计

县别	您知道集体林权制度改革这件事吗？			总计	您是怎样知道集体林权制度改革政策的？					总计
	知道	听说过	不知道		看报纸	看电视	政府宣传	别人告诉我	开会传达	
山区县	66	60	2	128	14	6	57	21	24	122
非山区县	40	28	2	70	2	7	32	10	10	61
总计	106	88	4	198	16	13	89	31	34	183

数据来源：根据问卷调查统计而得。

3. 林农政策了解度评价

在问到“您对集体林权制度改革政策了解怎样”时，在被调查的199户农户中，参与此项调查的有198户林农，占参与调查人数的99.50%；其中完全了解集体林权制度改革政策的占19.19%，基本了解的占43.94%，部分了解的占30.81%，不了解的占6.06%（表41）。调查结果表明，大部分林农部分或基本了解集体林权制度改革政策，这有利于林农对集体林权制度改革绩效作出准确评价。

对“您对集体林权制度改革政策了解怎样”这一问题的统计数据进行卡方检验，得$\chi^2=11.7977$，$df=3$，$P=0.0081<0.05$。因此，山区县和非山区县林农对集体林权制度改革政策了解度上存在差异。

表 41　林农对集体林权制度改革政策了解度调查统计

县别	您对集体林权制度改革政策了解怎样？				总计
	完全了解	基本了解	部分了解	不了解	
山区县	16	57	47	8	128
非山区县	22	30	14	4	70
总计	38	87	61	12	198

数据来源：根据问卷调查统计而得。

4. 林农集体林权制度改革参与度评价

用交叉列联表方法对林农集体林权制度改革参与度调查进行分析，用SPSS软件进行统计分析。在问到“您直接参与集体林权制度改革哪些活动（可多选）”时，在被调查的199户林农中，参与该项调查的有195户林农，占参与调查人数的97.99%。其中山区县林农参与度较高，占山区县与非山区县林农人数的75%。山区县林农各选项均有参与，包括订方案（100%）、会议表决（100%）、订协议（100%），上山指界（50%）以及其他（66.70%），参与人数均达到山区县林农的半数以上。非山区县林农参与度低，仅占山区县与非山区县林农人数的25%，包括订方案（0%）、会议表决（0%）、订协议（0%）、上山指界（50%）以及其他（33.30%），参与人数均不超过林农半数（表42）。调查结果表明，山区县林农的参与度与积极性得到广泛调动，但非山区县林农的参与度不高。同时，大部分林农并没有很好地保护好自己的权益，法律意识普遍薄弱，由此引发了大量的山林纠纷矛盾。因此，相关林业部门应该加大林农法律意识的普及力度，以减少林农在林业当中产生的大量山林纠纷问题。

表 42　集体林权制度改革中林农参与度调查统计

县别		订方案	会议表决	上山指界	订协议	其他	汇总
山区县	参与度（%）	100.00	100.00	50.00	100.00	66.70	—
	总计	12.50	12.50	12.50	12.50	25.00	75.00
非山区县	参与度（%）	0	0	50.00	0	33.30	—
	总计	0	0	12.50	0	12.50	25.00
汇总		12.50	12.50	25.00	12.50	37.50	100.00

数据来源：根据问卷调查统计而得。

5. 税费减免对林农收益影响评价

在问到“林业税费减免给您带来实惠吗”时，在被调查的 199 户林农中，参与此项调查的有 195 户林农，占参与调查人数的 97.99%；其中认为林业税费减免实惠很大的占 15.90%，实惠大的占 53.85%，实惠不大的占 21.54%，没什么实惠的占 8.21%（表 43）。调查结果表明，70.26% 的林农认为税费减免实惠大或者很大，税费减免政策达到了预期的目标，基本上达到了惠民的目的。

对“林业税费减免给您带来实惠吗”这一问题的统计数据进行卡方检验，得$\chi^2=1.9608$，$df=3$，$P=0.5806>0.05$。因此，山区县和非山区县在税费减免对林农收益影响上不存在显著差异。

表 43　税费减免对林农收益影响调查统计

县别	林业税费减免给您带来实惠吗？				总计
	实惠很大	实惠大	实惠不大	没什么实惠	
山区县	19	71	24	12	126
非山区县	12	35	18	4	69
总计	31	106	42	16	195

数据来源：根据问卷调查统计而得。

6. 集体林权制度改革过程评价

用交叉列联表方法对林农集体林权制度改革参与度调查进行分析，用 SPSS 软件进行统计分析。在问到“您了解到集体林权制度改革中哪些环节存在问题（可多选）”时，被调查的 199 户林农中，参与此项调查的有 171 户林农，占参与调查人数的 85.93%（表 44）。调查结果表明，在集体林权制度改革中山区县与非山区县存在问题相当，其中山区县存在的问题主要集中在表决公示环节（75%），合同签订环节（25%）也存在一定问题；非山区县存在问题集中在组织领导（100%）和发证环节（100%），表决公示（25%）环节也存在一定问题。同时，无论山区县还是非山区县，表决公示环节均存在问题。

表 44　集体林权制度改革过程中存在问题调查统计　　单位：%

县别		组织领导	表决公示	合同签订	发证	汇总
山区县	集体林权制度改革存在问题	0	75.00	25.00	0	—
	总计	0	37.50	12.50	0	50.00
非山区县	集体林权制度改革存在问题	100.00	25.00	0	100.00	—
	总计	12.50	12.50	0	25.00	50.00
汇总		12.50	50.00	12.50	25.00	100.00

数据来源：根据问卷调查统计而得。

7. 林农对集体林权制度改革赞成率和满意度评价

在问到“您赞不赞成林权制度改革”时，在被调查的 199 户林农中，参与调查的有 197 户林农，占参与调查人数的 98.99%；其中 93.90%的林农赞成林权制度改革，仅有 6.10%的林农反对林权制度改革。在问到“您对集体林权制度改革实施各阶段工作满意吗”时，在被调查的 199 户林农中，参与调查的有 198 户林农，占参与调查人数的 99.50%，其中对集体林权制度改革实施各阶段非常满意的占 21.21%，满意的占 38.38%，基本满意的占 39.90%，不满意的占 0.51%（表 45）。调查结果表明，绝大部分林农对集体林权制度改革政策持赞成态度，对集体林权制度改革政策实施效果持基本满意甚至是非常满意态度。

对“您对集体林权制度改革实施各阶段工作满意吗”的统计数据进行卡方检验，得$\chi^2=6.8305$，$df=3$，$P=0.0775>0.05$。因此，山区县和非山区县对集体林权制度改革实施各阶段工作满意度上无差异。

表 45　林农对集体林权制度改革满意度调查统计

县别	您对集体林权制度改革实施各阶段工作满意吗？				总计
	非常满意	满意	基本满意	不满意	
山区县	22	46	59	1	128
非山区县	20	30	20	0	70
总计	42	76	79	1	198

数据来源：根据问卷调查统计而得。

（二）基于林业干部的政策需求评价

1. 福建省集体林权制度改革的必要性评价

在问到“您认为集体林权制度改革是否有必要”时，在被调查的235名市、县林业部门干部和技术人员中，参与此项调查的有232名，占参与调查人数的98.72%；其中38.36%的人认为林权制度改革十分必要，39.66%的人认为必要，4.74%的人认为有必要但形式要多样，15.52%的人认为无所谓，1.72%的人认为没有必要（表46）。调查结果表明，绝大部分林业干部和技术人员认为林权制度改革是必要的。认为必要的原因主要集中在以下几点：认为林权制度改革后可提高林地使用率，促进林业发展；可缓解生态压力；分山到户，让村民自主管理林地，可调动村民的生产积极性。

对“您认为集体林权制度改革是否有必要”这一问题的统计数据进行卡方检验，得$\chi^2=4.9922$，$df=4$，$P=0.2881>0.05$。因此，山区县和非山区县干部和技术人员对林权制度改革必要性认知上无差异。

表46　集体林权制度改革必要性调查统计

县别	您认为林权制度改革是否有必要？					总计
	十分必要	必要	有必要但形式要多样	无所谓	没有必要	
山区县	66	58	10	27	3	164
非山区县	23	34	1	9	1	68
总计	89	92	11	36	4	232

数据来源：根据问卷调查统计而得。

2. 福建省集体林权制度改革的政策影响评价

用频数分布方法对集体林权制度改革后有利影响因素进行分析，用SPSS软件进行统计分析。在问到“您预计集体林权制度改革后可能带来哪些有利的影响（可多选）”时，在被调查的235名市、县林业部门干部和技术人员中，参与此项调查的有232名，占比为98.72%。调查结果表明，在“1促进林业发展、2促进林农增收、3促进经济发展、4有利资金聚集、5缓解生态压力”5个选项中，林业干部和技术人员选择最多的是促进经济发展（50%）和有利资金聚集（50%）（表47）。

表 47　集体林权制度改革后可能的有利影响频数统计

集体林权制度改革有利影响	响应		个案百分比（%）
	频数	百分比（%）	
促进经济发展	1	50	50
有利资金聚集	1	50	50
总计	2	100	100

数据来源：根据问卷调查统计分析而得。

用频数分布方法对集体林权制度改革后不利影响因素进行分析，用SPSS 软件进行统计分析。在问到“您预计集体林权制度改革后可能带来哪些不利的影响（可多选）”时，在被调查的 235 名市、县林业部门干部和技术人员中，参与此项调查的有 225 名，占参与调查人数的 95.74%。调查结果表明，市、县林业部门干部和技术人员认为集体林权制度改革后破坏生态的占 44.40%，认为“三防”难协调以及其他影响的分别占 22.20%，认为集体林权制度改革后增加管理难度的占 11.10%。集体林权制度改革后林政管理难度加大，如果林业部门管理不到位，很有可能导致森林资源遭受严重破坏、生态环境进一步恶化（表 48）。

表 48　集体林权制度改革后可能的不利影响频数统计

集体林权制度改革不利影响	响应		个案百分比（%）
	频数	百分比（%）	
增加管理难度	1	11.10	16.70
“三防”难协调	2	22.20	33.30
破坏生态	4	44.40	66.70
其他影响	2	22.20	33.30
总计	9	100.00	150.00

数据来源：根据问卷调查统计分析而得。

3. 林业发展急需解决问题评价

用频数分布方法对林业发展急需解决问题进行分析，用 SPSS 软件进行统计分析。在问到“您认为当前林业发展急需解决的问题是什么（可多选）”时，在被调查的 235 名市、县林业部门干部和技术人员中，参与此项调查的有 202 人，占参与调查人数的 85.96%。调查结果表明，大部分林业部门干部和技术人员认为当前林业发展急需解决的问题主要集中在林业产业发展（66.70%），其次是中介服务机构等方面（33.30%）（表49）。

表49　林业发展急需解决问题频数统计

林业发展急需解决问题	响应		个案百分比（%）
	频数	百分比（%）	
中介	1	33.30	50.00
产业	2	66.70	50.00
总计	3	100.00	150.00

数据来源：根据问卷调查统计而得。

4. 森林保险需求评价

在问到"您认为有必要实行森林保险吗"时，在被调查的235名市、县林业部门干部和技术人员中，参与此项调查的有228人，占参与调查人数的97.02%；其中认为有必要的占74.56%，认为没必要的占21.49%，对这不了解的占3.95%（表50）。调查结果表明，大部分林业部门干部和技术人员认为有必要推广森林保险。

对"您认为有必要实行森林保险吗"这一问题的统计数据进行卡方检验，得$\chi^2=0.8385$，$df=2$，$P=0.6576>0.05$。因此，山区县和非山区县对实行森林保险需求无差异。

表50　森林保险需求评价统计

县别	您认为有必要实行森林保险吗？			总计
	有必要	没必要	对这不了解	
山区县	119	34	5	158
非山区县	51	15	4	70
总计	170	49	9	228

数据来源：根据问卷调查统计而得。

5. 林业科技指导需求评价

在问到"您认为有必要对林农进行林业科技指导吗"时，在被调查的235名市、县林业部门干部和技术人员中，参与此项调查的有226人，占参与调查人数的96.17%；其中认为有必要对林农进行林业科技指导需求评价的占68.14%，认为无所谓的占26.11%，认为不需要的占5.75%

(表 51)。调查结果表明，大部分林业干部和林业技术人员认为有必要对林农进行林业科技指导。

对“您认为有必要对林农进行林业科技指导吗”这一问题的统计数据进行卡方检验，得$\chi^2=3.0142$，$df=2$，$P=0.2216>0.05$。因此，山区县和非山区县对进行林业科技指导需求无差异。

表 51　林业科技指导需求评价统计

县别	您认为有必要对林农进行林业科技指导吗？			总计
	需要	无所谓	不需要	
山区县	109	36	11	156
非山区县	45	23	2	70
总计	154	59	13	226

数据来源：根据问卷调查统计而得。

6. 法律咨询服务需求评价

在问到“您觉得法律对林农来说怎样”时，在被调查的 235 名市、县林业部门干部和技术人员中，参与此项调查的有 232 人，占参与调查人数的 98.72%；其中认为法律对林农很有帮助的占 44.83%，认为有一定帮助的占 52.16%，认为没有帮助的占 3.01%（表 52）。调查结果表明，大部分林业干部和林业技术人员认为法律咨询服务对林农是有帮助的。

对“您觉得法律对林农来说怎样”这一问题的统计数据进行卡方检验，得$\chi^2=0.9682$，$df=2$，$P=0.6163>0.05$。因此，山区县和非山区县对法律咨询服务需求无差异。

表 52　法律咨询服务需求评价统计

您觉得法律对林农来说怎样？	很有帮助	有一定帮助	没有帮助
有效票数	104	121	7
比例（%）	44.83	52.16	3.01

数据来源：根据问卷调查统计而得。

7. 成立林业产权交易中心评价

在问到“您认为贵县是否应成立林业产权交易中心”时，在被调查的 235 名市、县林业部门干部和技术人员中，参与此项调查的有 231 人，占参与调查人数的 98.30%；其中认为有必要成立林业产权交易中心的占

77.06%，认为没有必要的占16.88%，对此表示不清楚的占6.06%（表53）。调查结果表明，大部分林业干部和林业技术人员认为有必要成立林业产权交易中心。

对“您认为贵县是否应成立林业产权交易中心”这一问题的统计数据进行卡方检验，得$\chi^2=2.9128$，$df=2$，$P=0.2331>0.05$。因此，山区县和非山区县对是否应成立林业产权交易中心的认知无差异。

表53　成立林业产权交易中心评价统计

县别	您认为贵县是否应成立林业产权交易中心？			总计
	有必要成立	没必要成立	不清楚	
山区县	126	28	7	161
非山区县	52	11	7	70
总计	178	39	14	231

数据来源：根据问卷调查统计而得。

五、福建省集体林权制度改革的林业社会化服务评价研究

明晰产权仅是集体林权制度改革的第一步，林业要实现更大的效益，就必须走规模化、集约化经营之路。林业社会化服务是林业发展到一定程度的社会分工，是市场经济的重要特征之一，也是集体林权制度改革的重要配套措施。随着改革的不断深入，林农的主体地位得到了确立，极大地调动了林农的生产积极性。同时，林业产权结构也发生了很大变化，出现了经营主体多元化，经营形式多样化的格局，林农要求获得服务的项目更多、要求更高，对林业社会化服务需求呈现出多元化、专业化的趋势，由政府扮演主要角色的林业社会服务方式已经不能满足林农生产、生活的需要。2019年，福建省积极扶持新型林业经营主体规范化、标准化建设，新培育家庭林场、合作社等新型林业经营主体328家、全省累计建立新型林业经营主体5564家。“十四五”期间福建省将持续完善林业规模经营机制，每年从省级林业专项资金中安排2000万元扶持培育家庭林场、股份林场、林业专业合作社等新型林业经营主体。到2025年，全省将新增各类新型林业经营主体1000家，新型林业经营主体标准化建设500家。为促进适度规模经营，福建省着力推广使用《集体林地承包合同》和《集体

林权流转合同》示范文本，推动建立规范有序的林权交易市场，完善林权流转管理制度，促进林地林木有序流转。同时，鼓励和引导林权所有者采取转包、出租、合作、入股等方式流转林地经营权和林木所有权，支持林权流入方与林农建立紧密的利益联结机制。构建新型林业社会化服务体系是集体林权制度配套改革的重要内容，直接关系到主体改革成果的巩固和提高。因此，对林业社会化服务体系建设进行评价研究，建立适应集体林权制度变迁的林业社会化服务体系，对巩固福建省集体林权制度改革现有成果、促进福建省乃至全国林业发展都具有非常重要的理论和实践意义。

（一）林业社会化服务体系结构

林业社会化服务体系所提供服务的内容涉及面广，关系到林业三次产业生产的方方面面，各种服务的提供者和需求者有较大差异，需求强度也有显著不同，所以应提供多层次、多内容、多形式的林业综合服务，因此构成了一个复杂的服务体系。这个体系单靠某一个或几个提供者来提供林业综合服务的某几个方面是显然不够的，应是由多提供方、多需求方等多方共同作用的结果，所以林业社会化服务体系的结构框架应包括融资保险、科技服务、信息服务、中介服务、合作组织等服务内容（图 9）。

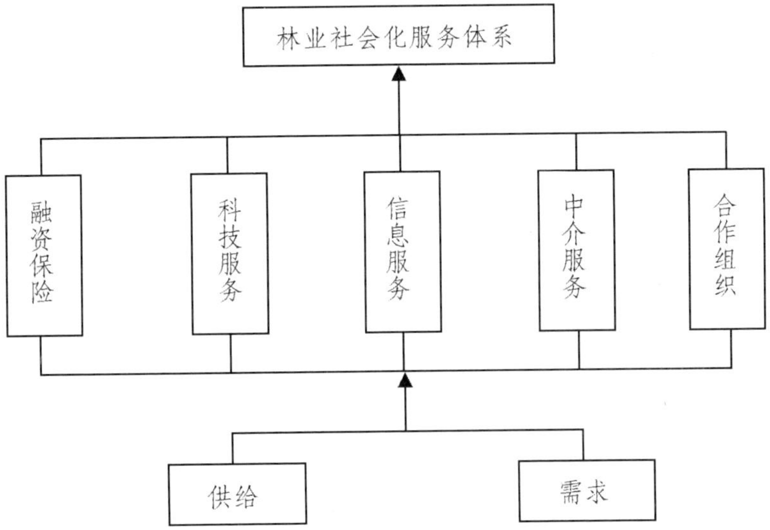

图 9　林业社会化服务体系

1. 林业社会化服务体系的概念

林业社会化服务体系的定义主要有狭义和广义两种。一种是狭义的定义，即根据1992年11月6日全国加快第三产业发展的工作会议讨论通过的《全国第三产业发展规划基本思路》（国发〔1993〕20号），定义为：为林业生产所必需的生产资料、资金、信息咨询等提供的“产前服务”，为林业正常生产作业提供的“产中服务”和为产品收购、储藏、加工、销售提供的“产后服务”。概括地讲，这种定义把林业社会化服务的对象定为林业第一、二产业的生产、运输、交换和消费提供服务，而林业综合服务体系本身是属于第三产业的范畴。另一种是广义的定义，认为林业综合服务体系的服务对象是林业三次产业，即除了林业第一产业之外，还应该包括林业第二、三产业。而林业综合服务体系本身不属于第三产业的范畴。

2. 林业社会化服务的对象

此处采用林业社会化服务体系的狭义定义。林业社会化服务的对象是指从事林业产业生产、运输、交换和消费各环节的个人或组织。其中包括林业第一、二产业。

（1）对林业第一产业的服务。

林业社会化服务体系的主要领域是林业第一产业服务，其中包含林业第一产业产前、产中和产后全过程，服务对象主要以林农为主体，服务内容为提供森林经营方面的服务。例如，产前提供的选送优良品种和市场信息等，产中提供的化肥、农药的供应和病虫害防治、伐区设计、技术指导和办证等，产后提供的林产品加工和产品销售等。从目前来看，各种服务对林业生产的产中技术指导及植保防疫投入较多，而对产前信息咨询、经营辅导、生产资料供应，以及市场营销、产后产品储运加工等相对投入较少。随着市场经济体制的建立、林业生产商品化程度的不断提高，农民对产前信息咨询、产后产品加工销售等的服务要求越来越迫切。因此，要求林业社会化服务的提供者要适应林业发展的要求，不断延伸服务领域，加强产前、产后服务，同时保证产中服务。

（2）对林业第二产业的服务。

林业第二产业的经济效益较为明显，所以介入提供林业社会化服务的企业和专业合作组织比较多，相反政府和集体经济组织较少，但是由于多数企业规模较小，很难实现较好的经济回报。

3. 林业社会化服务的提供者

林业社会化服务的提供者不仅包括政府所有的林业服务机构、集体经济组织，而且包括各种民间合作性质的个体、私营服务组织、专业技术协会以及一体化经营合作组织。对林业社会化服务的需求，随着林业的发展，呈现出专业化、多元化的趋势，原有的政府及经济合作组织已经不能满足林业发展的要求，因此须建立多成分、分层次的服务组织机构，为林业发展提供优质、高效的服务，全国每年开展林业站人员培训近 5.90 万人次，林业站人员的知识结构不断优化，队伍素质得到提升。

（1）林业局和基层林业站。

林业局是提供林业社会化服务的主体，是政府的主要代表。其中，基层工作站作为国家林业最基层机构，是林业社会化服务体系建设的骨架和中坚。基层工作站发挥作用的好坏，直接影响林业社会化服务的质量优劣。为全面提升林业站管理服务水平和能力，国家林业局于 2009 年开展标准站建设试点。2010 年，中央投资近 8000 万元加大林业站建设，各地也相继加大投入力度，辽宁、吉林、广西、新疆、福建等省（区）投入近千万元用于林业站能力建设。至 2010 年 8 月 6 日，全国共设有地市级林业站 300 个、县级林业站 2295 个、乡镇林业站 28806 个，全国 82%的乡镇设有林业站，林业站职工为 141786 人，其中享受财政全额拨款的占 66.10%，基层林业站建设步伐明显加快。2015 年，国家林业局召开了全国林业工作站工作会议，印发了《国家林业局关于进一步加强乡镇林业工作站建设的意见》，提出要改善工作条件，加快林业站标准化建设。至 2017 年，全国已累计建成 1337 个“全国标准化林业工作站”。长期以来，林业站完成了国家大量的林业公益性建设任务，在实施国家林业重点工程、推进以生态建设为主的林业发展战略，尤其是在林业改革和社会主义新农村建设中发挥了不可替代的作用。

（2）林业科研与推广机构。

林业科研与推广机构包括大学、各级林业科学院、相关的林业科技推广机构。这些机构研究林业科学并推动林业科技进步，为林业产业发展提供技术上的支持，研发林业生产、林业管理新技术，为推动林业三次产业科技进步与创新发挥了积极的作用。基层林业科技推广机构作为市、县林业主管部门的科技推广职能单位，是宣传贯彻落实《中华人民共和国科学技术进步法》《中华人民共和国农业技术推广法》等科技法律、法规和政策的主体，担负制订基层林业科技推广发展计划、普及林业科技知识、推广成熟实用技术和实施科技兴林的重任，也是服务“三农”的主力军。因此，要依法稳定基层林业科技推广机构和队伍，改善科技推广手段，提高科技推广服务质量和水平。为了适应林业快速发展大好形势的需要，福建省各级推广机构深入开展林业科技推广功能性改革，实施了科技下乡活动、创办“96355”林业服务热线、项目带动战略、农民技术员培训等新举措，在加快林业发展、服务“三农”、促进农民增收等方面发挥了重要作用。

（3）集体经济组织。

《森林法》第14条规定：“森林资源属于国家所有，由法律规定属于集体所有的除外。”因此，集体经济组织所拥有的森林资源具有较强的规模性。中华人民共和国成立以来，我国以村集体为代表的集体经济组织在森林经营和服务方面发挥着重要的作用。历史上，乡镇一级积累了一定规模的集体资产。但在撤社建乡以及历次乡镇机构改革中，由于忽视乡镇集体经济组织建设，导致了乡镇集体资产长时期的重大流失和农民集体权益的严重损失。因此，应当总结北京、上海、广东等地在乡镇集体经济组织建设以及乡镇集体产权制度改革方面的基本经验，在全国范围内加快建立健全乡镇集体经济组织，推进乡镇集体产权制度改革，从根本上改变绝大部分乡镇集体经济组织缺失的状况，维护乡镇集体经济组织成员的基本权利。农村集体经济组织是实现乡村振兴的重要力量。一方面，实现乡村组织振兴，必须实现农村集体经济组织的振兴，使农村集体经济组织振兴与农村基层党组织振兴、村民自治组织振兴相辅相成，与农民合作社发展相得益彰。另一方面，农村集体经济组织本身就是实现乡村产业振兴、人才振兴、文化振兴、生态振兴和组织振兴的重要力量和振兴主体，同时也是实现乡村善治的重要基础。村集体经济组织应当进一步建立健全符合特别法人要求的治理结构，依照《农村集体经济组织示范章程（试行）》，修改完善章程，严格规范运行。至 2019 年，全国 70.80%的村建有村集体经济组织，63.20%的村完成了村级集体产权制度改革，但仍有 29.20%的村由村委会代行村集体经济组织职能。有条件但尚未建立集体经济组织的村民小组，应加快建立健全集体经济组织；没有必要建立集体经济组织的村民小组，应坚持实事求是，不必“一刀切”地建立组级集体经济组织，但必须加强村级集体经济组织建设，维护好村民小组成员的正当权益。

（4）行业协会。

林业行业协会是由从事林产品生产、加工、流通企业、专业合作组织、专业种养和购销大户，以及相关科研、技术推广等组织和个人参加，为谋取、维护和增进全体成员共同利益，自愿组成的具有法人资格的非营利性社团组织。林业行业协会是政府与企业、农户之间的桥梁和纽带，是市场与企业、林农之间的中介服务组织，是林业社会化服务体系的重要组成部分。2003 年，中央农村工作会议明确提出要积极发展农产品行业协会和农民专业合作组织，建立健全农业社会化服务体系。国家林业局也将组建中国林业产业协会作为当年一项重要工作来抓。① 随着林业产业的发展，对林业社会化服务需求呈现出专业化、多元化的趋势，原有的政府和集体经济组织已经不能满足林业发展的需求。因此，需要建立多成分、分层次的林业服务组织机构，为林业发展提供优质、高效的服务，于是行业协会、林业合作组织应运而生。这些行业协会、林业合作组织主要是由林农自发组成，如花卉协会、林业协会、竹业协会及防火协会等。这些专业协会成为原有林业社会化服务体系的有益补充，提高了林农在市场的整体竞争能力和谈判能力。

（5）企业。

企业在市场经济规律的作用下，根据市场需求情况向林业社会化服务的需求者提供所需服务。企业追求的是利润最大化，所提供的服务也是以盈利为目的的，而且企业提供的服务相对于其他林业社会化服务提供者，具有更加灵活多变的优势。

---

① 沈国华：《发挥行业协会作用　促进林业产业发展》，《绿色中国》2004 年第 5 期。

4. 林业社会化服务的内容

林业社会化服务体系所包含的主要内容有：森林防火体系、林木种苗体系、森林病虫害防治体系、森林资源监测体系及科技服务体系等。这些服务涵盖了林业生产的全过程。经过多年的积累和发展，我国已经形成林业社会化服务网络体系，对林业发展的促进作用不断增强。

（1）林木种苗体系。

由于林木种苗在林业发展中非常重要，因此我国林木种苗服务体系建设也就成为林业社会化服务体系建设的重点。当前，林木种苗体系包括林木种苗生产供应体系、林木种苗良种选育推广和科技创新体系、质量监督管理和林木种苗行政执法体系、林木种苗社会化服务体系。林木种苗体系建设取得的成绩有：

第一，良种壮苗生产能力提高。截至2020年，我国已建立国家林木种质资源库99个，国家重点林木良种基地294个，生产林木种子1.7亿千克，苗木2800多亿株，审定认定林木良种3224个，造林树种良种使用率提高到65%。良种壮苗生产能力明显提高，为完成全国造林任务作出了重要贡献。其中，福建省第3代杉木无性系种子园材积遗传增益达76%。

第二，种质资源保存继续强化。林木种质资源是林木遗传多样性的主要载体，是生物多样性和生态系统多样性的重要基础，是林木育种的原始材料和国家的战略资源，事关林业长远发展与国家生物安全。国家对杉木、马尾松、杨树、板栗等主要造林树种种质资源的收集、保存、利用进行了规范管理和严格保护。北京、浙江、河北、河南、福建、重庆等13个省（市）开展了用材林、经济林和绿化树种种质资源清查工作。2020年福建省申报了油茶和无患子国家林木种质资源库，“十四五”期间还将确定10处珍贵或乡土阔叶树种省级重点种子基地，抚育管理国家和省重点林木良种基地作业面积2.33万公顷，新建林木种子基地666.67公顷。至2021年，福建省建成珍贵树种和乡土阔叶树种良种基地2180公顷、采种基地2180公顷，涵盖木荷、红锥、闽楠、青冈、米槠等73个树种，面积占基地总面积的44.40%，大大提升乡土阔叶树种比重，优化种子基地结构。福建柏、柳杉、枫香、木荷、油茶等树种已经建立国家重点或省重点林木良种基地，选育水平进一步提高，其中福建柏、柳杉种子园建设已率先步入第二代，现有面积 22.26 公顷。至 2022 年，建立国家级林木种质资源库 165 处，为丰富和选育林木良种奠定了坚实基础。

第三，林木种苗产业蓬勃发展。随着国土绿化工作的深入推进，林木种苗需求日益旺盛，加之种苗培育技术的不断创新，带动林木种苗产业实现了快速发展，集约化、产业化、市场化程度不断提高，产业规模持续壮大，就业容量明显增加，在促进农民就业增收中发挥着越来越重要的作用。在许多地方，林木种苗产业已成为农村经济发展的重要支柱，是农民就业增收的重要渠道。2016 年，林业产业林木育种和育苗总产值总计为 1891.22 亿元，其中林木育种 154.31 亿元，占比 8.16%，林木育苗 1736.91 亿元，占比 91.84%。

第四，坚持依法治种成效明显。2000 年《中华人民共和国种子法》（简称《种子法》）颁布施行以来，国家林业局出台了 15 个部门规章和规范性文件，各级地方林业主管部门制定了 200 多件配套规定和 200 多项地方标准，初步形成了以《种子法》为主体，地方性法规、部门规章和地方政府规章相配套的法律法规体系。依法建立了林木品种审定、林木种子质量监督检验、林木种子生产经营许可、林木种质资源保护等制度，林木种苗工作的制度化、规范化水平明显提高，林木种子和苗木合格率近年来均稳定在 90%以上。同时，积极开展行政执法检查行动，严厉打击林木种苗违法行为，全国共查处无证生产经营、无标签、假劣种苗等违法案件 2000 多起，挽回经济损失近亿元。

第五，国家扶持力度不断加大。为支持林木种苗事业发展，各有关部门从规划制定、资金支持、科学研究到质量监督、进出口免税等方面提供了全方位的支持和服务。国家组织实施了林木种苗工程项目，建立了林木良种补贴制度，形成了支持林木种苗工作的长效机制。2010 年 11 月 7 日，国家发改委、财政部、国家林业局联合印发了《全国林木种苗发展规划（2011—2020 年）》，规划提出到 2015 年全国造林基地供种率和造林良种使用率将分别由 2010 年的 63%和 51%提高到 80%和 65%，主要造林树种种子供应全部实现基地供种，商品林造林全部使用良种；到 2020 年，全国造林全部实现基地供种，造林良种使用率达到 75%，这进一步明确了

2010年至2020年10年间林木种苗事业的发展路径。各省级林业主管部门和118个地（市）、1254个县（市）建立了林木种苗管理机构，其中15个省（区、市）的林木种苗管理机构参照公务员管理。各级林木种苗管理机构充分发挥“引导、规范、监管、服务”的职能作用，公共服务水平明显提高。广大林业科研院所积极开展良种选育和新技术研发，大力推广先进实用技术，科技支撑能力全面增强。各级林业主管部门以市场需求为导向，以服务林农为宗旨，建立了国家级和省级种苗网站。河北等省成立了种苗协会，为社会了解政策法规、种苗动态和市场行情提供了及时有效的服务。国家扶持力度的不断加大，有力推动了林木种苗长效机制的建立。至2019年，全国已建成各类良种生产单位1500多处，其中国家重点林木良种基地294个；共生产林木种子1.70亿千克，苗木2800多亿株，审定认定林木良种3224个、草品种106个，主要造林树种良种使用率提高到65%；建成国家林木种质资源保存库99处、草品种中心库1处、国家种质资源圃17处，共保存林草种质资源近10万份；搭建各级各类、线上线下种苗花卉交易市场近100个，初步形成了覆盖全国的种苗交易平台体系。顶层设计方面，国家已出台《种子法》配套法规、规章和规范性文件100多个，形成了以《种子法》为核心的种苗法律法规体系。2019年8月23日，《国家林业和草原局关于推进种苗事业高质量发展的意见》发布，明确提出：到2025年，我国主要造林树种良种使用率要达到75%，商品林全部实现良种化，草种自给率明显得到提升，种质资源保护利用制度基本建立，种子生产供应体系更加健全，种苗市场监管水平全面提升，种苗供求信息发布制度基本形成，制约种苗发展的突出问题得到解决，种苗事业迈入高质量发展的新阶段。

（2）林木管护与森林防护体系。

第一，森林病虫害防治体系。目前，全国共有相关从业人员15613人，各级测报点8170个（其中国家级中心测报点1000个），检疫检查站858个。同时，全国各省、地（市）、县各级测报网络迅速发展，形成了较为完善的预测预报网络系统。为使森林病虫害防治做到有法可依，国家先后颁布了《植物检疫条例》《森林病虫害防治条例》等法律法规，制定了《森林病虫害预测预报管理办法》《森林植物检疫技术规程》《森林病虫害综合治理工程项目建设标准》《森林植物检疫对象和应施检疫的森林植物及其产品名单》等各项规章制度，并形成了以条例、法规为主体，各项规章相配套的森防法规体系。

第二，森林公安。我国森林公安机关由于其特殊的隶属和管理关系，其服务内容较为丰富。这具体表现在：一是开展了以“三情”“四网”和“两个关系”为核心的林区业务建设工作，初步形成了以森林公安为主体，以各类治保会、护林组织为纽带，以信息员、护林员为基础的多层次、全方位防范控制网络。二是加强法制宣传，积极开展基层法制建设。三是执行国家有关法律法规。

第三，森林防火体系。2006 年，国务院制定发布《国家处置重、特大森林火灾应急预案》，这进一步提高了我国森林火灾应急管理的规范性、科学性和有效性。2009 年，国家林业局和国家发展改革委员会联合印发了《全国森林防火中长期发展规划》。《全国森林防火中长期发展规划》在布局上按照地理、气候、森林资源分布等因素，将全国划分为东北、西北、东南、西南、中部和华北 6 个森林防火建设区域，并在此基础上划定 20 个重点治理片，针对重点治理片区以外有森林火险等级的区域，划分了一般治理区。在森林防火组织管理系统方面，《全国森林防火中长期发展规划》提出的总目标是：建设森林防火保障、预防、扑救三大体系，改善基础设施条件，增强监测、预警、应急处置和扑救能力，大幅提高森林防火装备水平，实现管理工作规范化、火灾防控现代化、队伍建设专业化、扑救工作科学化，使森林火灾受害率稳定控制在 1%以下。具体包括，初步建成全国森林火险预警监测体系，初步实现由语音模拟通信向数字化语音和数据传输相结合的通信模式转变，进一步提高重点林区内部的防火道路网密度，进一步构建专群结合、群防群治的防控体系，森林防火宣教培训体系，森林防火科研开发体系，火案勘查和森林火灾损失评估体系。至 2010 年，全国初步建成了森林火险预警、卫星林火监测、火场应急通信、扑火指挥系统，全国新建新建航空护林机构 3 个，森林消防队伍 5000 余支，新增武警森林部队编制 5800 名，巡护面积扩大 24 万平方千米。至 2016 年年底，全国共建立有 1.50 万多座防火瞭望台，132 万多千米防火公路，115 万千米防火隔离带，1 万余个防火物资储备库，配备

5.60万余台森林消防车辆，近1000万台（套）扑火机具，25万台（部）电台。重点区域实现全天候、立体化监测，卫星遥感、航空巡护、视频监控、高山瞭望、地面巡逻和雷电监测等技术多效合一，火情瞭望覆盖率达68.10%。至2021年年底，全国现有森林消防专业队伍3264支。共11.30万人；半专业队伍1.60万支，共47.10万人；应急森林消防队伍5430支、共19.70万人；群众森林消防队伍12.80万支，共271万人。基本形成了以地方森林消防队伍为主力军，以武警森林部队为突击队，以航空护林队伍为尖兵，以解放军、武警部队、预备役部队、民兵应急分队、林业职工、林区群众和志愿者等为后备力量的火灾扑救体系。

第四，林木管护体系。林木管护是在造林之后对林木的管理和看护。国有林、集体林等主要由村、乡镇、林业站等组成护林队伍，协助县（市）林业局做好超限采伐和防止森林盗砍工作。个私林的林木管护由其经营者自行组织。

（3）林业财政、金融服务体系。

林业企业大多以个私经营为主，规模大的企业比较少。要发展林业产业，使产业结构升级，实现农村劳动力从第一产业向第二、三产业转移以及提高林产品的附加值，必须使经营主体有足够的资金投入扩大再生产工艺，在林产品加工、运输甚至林业服务等方面进行投资。对林农、中小企业主来说，投资林业需要大量的资金，调查表明，这些主体在投资过程中，68%的资金来源于亲友，而能从银行获得资金的极少。国家已经意识到这一问题，在林业融资政策上予以扶持。2009年，中央人民银行、财政部等五部门联合出台《关于做好集体林权制度改革与林业发展金融服务工作的指导意见》（银发〔2009〕170号），指出在已实行集体林权制度改革的地区，各银行业金融机构要积极开办林农小额信用贷款、林农联保贷款和林权抵押贷款等业务。充分利用财政贴息政策，切实扩大扶贫贴息贷款、林业贴息贷款、小额担保贷款等政策的覆盖面。鼓励林区外的各类经济组织以多种形式投资基础性林业项目。凡是符合贷款条件的企业与个人，按法律和政策规定程序受让集体林权；从事规模化林业种植与加工的，资金不足时，均可申请银行信贷支持。以福建省顺昌县为例，2018年开展“森林生态银行”试点工作后，根据市委市政府的统一部署，顺昌县政府授权县国有林场，与南平市融桥担保公司合股成立“福建省顺昌县绿昌林业融资担保公司”，注册资本金 2000 万元，县财政出资 1200 万元，占 60%股份，为“林业+”产业实体企业、个体林农提供融资担保服务，实现最高 15 倍放大倍数、按基准利率放款，“生态银行”与商业银行按 8∶2承担风险，已办理担保业务 252 笔，发放贷款 2.10 亿元，有力地撬动社会资本进入林业，有效解决了林业行业资本进入难的问题。

（4）林业市场化服务体系。

林业市场化服务体系指的是为林业生产过程的原料、产品、设备等或相关资源提供规范化的交易场所及与交易有关的服务。其中主要包括森林资源评估、证件办理、林地交易、活立木交易、林产品物流、林产品加工、木材销售以及林业碳汇交易等。集体林权制度改革后，林业经营者由原来的村集体划分为更小的经营主体，交易量增大，交易的种类增加。随着改革的进一步深化，新的林业市场化服务需求也会越来越多，对林业市场化服务体系的建设提出了更高的要求。

（5）林业信息服务体系。

参与林业经营的很多林农由于本身受教育程度不高，很难从多种渠道获得林业生产所必需的信息。有调查表明，林农 80%的信息来源于亲友、邻居，几乎没有人从互联网获得相关信息。看人家生产什么自己也生产什么，产品同质化，不了解市场信息，导致林产品生产过程具有盲目性，这势必会造成经济上的损失和资源的浪费。

林农的信息需求主要有：一是市场信息，即各种资源或林产品的市场价格、需求情况、需求来源等。二是技术信息，即现有哪些可利用的新专利、新技术等，主要由大专院校、科研院所提供。三是政策与法律信息，这是当下林农迫切需要的，也是深受林农欢迎的重要信息，能够解决林农的林业经营问题。

（6）林业科技服务体系。

第一，林业科技推广体系。根据原国家林业局科技司对林业科技推广体系的划分方法，我国林业科技推广体系包括林业科技推广和林业科研机构两个方面。2003 年，全国初步建立了省、地、县三级推广机构，共有 2500 多个县级以上林业技术推广站（中心），近 5 万从业人员。各级林业科技推广机构的服务内容主要包括推广应用科技成果和先进技术、培育科技支柱产业、开展各级各类技术培训和科普宣传工作等。林业科技推广体系具有不可替代的社会公益性职能，它是国家对林业支持保护体系的重要部分，是林业社会化服务体系的主要组成部分，是实施科教兴林战略的主要载体。第二，林业科学研究。在林业科研方面，我国林业科技研究在信息技术的开发应用、林业应用技术研究、林木新品种培育方面取得了显著的进展。国家林业局重点实验室总数达 31 个。其中，依托中国林业科学院建设的有 10 个，依托高等林业院校建设的有 14 个，依托各省林业科研机构建设的有 7 个。林木种质资源保护库和相应的技术体系已逐步建立，初步建成了林业科学数据共享服务网络体系。2017 年，中央一号文件提出要加快完善农业社会化服务体系，国家林业局 2015—2017 年工作要点均明确提出要加快建立和健全林业社会化服务体系。“十四五”期间，国家林草局将全面推行林长制。建立省、市、县、乡等分级林长体系，设立林长制考核指标，强化监督管理，实行综合监测，建成林草生态网络感知系统。

（7）林业政策与法律体系。

在林业产业经营从计划经济向市场经济过渡的前提下，政策是重要的影响因素。林业政策在我国林业发展 50 年历程上起到了决定性的作用，包括林业社会化服务方面。为此，政府应提供有利于林业发展的政策，包括林业税收政策、林产品价格政策、林业投资政策、林产品贸易政策等。其次，从法律环境来看，应加强林业相关法律研究，并制定颁布新的林业相关法律、法规，使得林业经营主体的林业生产行为有法可依。最后，政府还应组织林业相关机构向林业经营者进行法律宣传，促进林业社会化服务体系的发展。总的来说，林业的政策与法律包括四大类，一是宪法中有关林业的条款。二是林业法律，包括《森林法》《野生动物保护法》《防沙治沙法》。三是林业行政法规，包括 12 项，有《野生植物保护条例》《森林法实施条例》《陆生野生动物保护实施条例》《自然保护区条例》《植物新品种保护条例》《退耕还林条例》《森林防火条例》《植物检疫条例》《森林病虫害防治条例》《森林采伐更新管理办法》《国务院关于开展全民义务植树运动的实施办法》《森林和野生动物类型自然保护区管理办法》。四是部门规章，国务院所属各部、各委员会在自己的职权范围内，有权发布规章，通常称为“部门规章”。目前，我国林业部门规章共有80多件，如《占用征用林地审核审批管理办法》《林木和林地权属登记管理办法》等。这些林业法规是林业服务体系所面临的林业政策与法律环境，也是行政管理、林业经营所必须遵守的规章制度的总和。

（二）建立林业社会化服务体系的必要性

林业社会化服务面临着一系列新情况和新问题，主要表现在以下几个方面：

第一，传统林业管理体制与千家万户林农要求获得服务的现实不相适应。在传统林业管理体制下，木材销售等环节都由林业部门具体操办，林业部门职能不明确，向社会提供服务的主动性不强。集体林权制度改革后，产权明晰到千家万户，林农成为林业生产经营的主体，在种苗、资源培育、管理、生产销售等方面要求林业部门提供高效、便捷的全方位服务。在新的形势下，传统的林业经营管理模式不能满足广大林农的需求，构建完善的林业社会化服务体系成为林业必展的要求。

第二，林农对科技服务的需求更加强烈。由于历史原因，林农受教育程度普遍较低，科技文化素质不高，对法律法规政策了解不够。集体林权制度改革后，林农获得了属于自己的森林资产，耕山育林积极性高涨，但如何科学管理经营，切实提高经营效益，是大部分林农困惑的难题。大部分林农对林业知识了解不多，缺乏技术和管理经验，种苗、整地、造林、管护、采伐利用等各个环节都迫切需要得到全方位、多层次的科技服务。

第三，林农对信息的需求更为迫切。森林资源只有进入流通市场，才能使死的资产变成活的资本。在流转过程中，由于对林地市场信息的了解和掌握不够，易出现信息不对称，致使林农利益受损。

（三）福建省林业社会化服务体系评价

基于林业社会化服务建设面临的一系列新情况和新问题，本节对福建省林业社会化服务体系评价进行研究，提出林农需求情况调查研究和林业合作组织建设实证研究相结合的评价机制（图 10）。

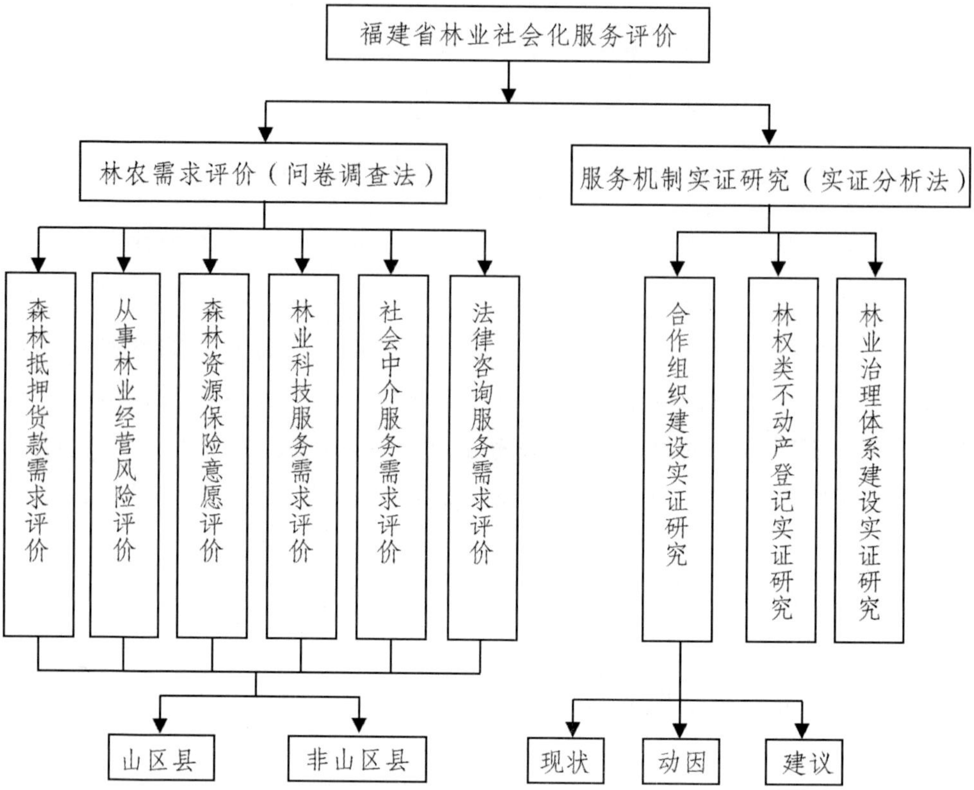

图 10 福建省林业社会化服务研究机制路线

1. 林农需求评价

（1）林农森林抵押贷款需求评价。

在问到“您是否希望能实行森林抵押贷款”时，在被调查的 199 户林农中，参与此项调查的有 196 户林农，占比为 98.49%；196 户林农中希望能够抵押贷款的占 63.78%，无所谓的占 34.18%，不希望抵押贷款的占 2.04%（表 54）。因此，大多数林农对森林抵押贷款有需求意愿。

为了检验山区县与非山区县林农的森林抵押贷款需求意愿差异，通过列联表进行卡方检验，得$\chi^2=2.2412$，$df=2$，$P=0.3261>0.05$。因此，山区县与非山区县林农对森林抵押贷款需求意愿无差异。

表 54　林农森林抵押贷款需求调查分析

县别	您是否希望能实行森林抵押贷款？			总计
	希望能抵押贷款	无所谓	不希望	
山区县	86	38	3	127
非山区县	39	29	1	69
总计	125	67	4	196

数据来源：根据问卷调查统计而得。

（2）林农从事林业经营风险评价。

在问到“您经营林业最怕的是什么”时，在被调查的199户林农中，参与此项调查的有181户林农，占参与调查人数的90.95%；其中怕政策不稳的占38.12%，怕不赚钱的占28.18%，怕火灾、病虫害的占19.89%，怕被偷盗的占11.05%，其他的占2.76%（表55）。调查结果表明，林农认为从事林业风险最大的是政策风险，其次是经济风险，再次是火灾、病虫害风险，最后才是社会风险。因此，林业要能够长期、稳定、健康地发展，政策稳定是关键，经济效益是动因，政府部门的重要职责是制定有利于林业长期发展的相关政策，并一以贯之。

为了检验山区县与非山区县林农对从事林业经营风险认知上的差异，通过列联表进行卡方检验。得$\chi^2=0.8322$，$df=4$，$P=0.9341>0.05$。因此，山区县和非山区县林农对从事林业经营风险认知无差异。

表 55　林农从事林业经营风险调查统计

县别	您经营林业最怕的是什么？					总计
	怕政策不稳	怕不赚钱	怕火灾、病虫害	被偷盗	其他	
山区县	43	32	21	13	4	113
非山区县	26	18	15	7	1	67
总计	69	51	36	20	5	181

数据来源：根据问卷调查统计而得。

（3）森林资源保险需求评价。

在问到“您是否希望实行森林资源保险”时，在被调查的199户林农中，参与此项调查的有197户林农，占参与调查人数的98.99%；其中希望能够进行森林资源保险的占75.13%，无所谓的占18.78%，不希望进行森林保险的占6.09%（表56）。为了检验山区县与非山区县林农在森林保险意愿上的差异，通过列联表进行卡方检验。计算得$\chi^2=32.2702$，$df=2$，$P=0.0000<0.05$。因此，山区县和非山区县林农对森林保险的意愿有差异。调查结果表明，山区县林农的森林保险意愿比非山区县林农更强，这是由于山区县林农对森林资源依赖更强、集体林权制度改革后承包经营的林地面积大、在森林经营管护上的风险高。

表56　森林资源保险需求调查统计

县别	您是否希望实行森林资源险？			总计
	希望	无所谓	不希望	
山区县	109	18	0	127
非山区县	39	19	12	70
总计	148	37	12	197

数据来源：根据问卷调查统计而得。

（4）林业科技服务需求评价。

在问到“您是否希望有人对您进行林业科技指导”时，被调查的199户林农中，全部参与此项调查；其中需要林业科技指导的占59.30%，无所谓的占29.15%，不需要的占11.56%（表57）。因此，林业部门应该发挥科技优势，加强科技推广力度，满足广大林农对林业科技日益增长的需求。为了检验山区县与非山区县林农在林业科技服务需求意愿上的差异，通过列联表进行卡方检验。经计算可得$\chi^2=17.1107$，$df=2$，$P=0.0002<0.05$。因此，山区县与非山区县林农在林业科技服务需求意愿上有差异。调查结果表明，山区县林农的林业科技服务需求意愿比非山区县林农更强，更希望有人对其进行林业科技指导，这与山区县林农经营森林面积大、对林业生产技术指导等林业科技服务需求大有关。

表 57　林农林业科技服务需求调查统计

县别	您是否希望有人对您进行林业科技指导?			总计
	需要	无所谓	不需要	
山区县	84	38	6	128
非山区县	34	20	17	71
总计	118	58	23	199

数据来源：根据问卷调查统计而得。

(5) 社会中介服务需求评价。

在问到"您迫切需要森林资产评估吗"时，在被调查的 199 户林农中，参与此项调查的有 197 户林农，占参与调查人数的 98.99%；197 户林农中迫切需要森林资产评估的占 25.89%，需要的占 60.91%，不需要的占 13.20%。为了检验山区县与非山区县林农对社会中介服务需求的差异，通过列联表进行卡方检验。经计算，$\chi^2=26.6503$，$df=2$，$P=0.0000<0.05$。因此，山区县与非山区县林农对社会中介服务需求有差异。

在问到"您迫切需要木竹检量服务吗"时，在被调查的 199 户林农中，参与此项调查的有 196 户林农，占参与调查人数的 98.49%；196 户林农中迫切需要木竹检量服务的占 21.94%，需要的占 57.65%，不需要的占 20.41%（表 58）。为了检验山区县与非山区县林农在木竹检量服务需求上的差异，通过列联表进行卡方检验。经计算，$\chi^2=47.2173$，$df=2$，$P=0.0000<0.05$。因此，山区县与非山区县林农对木竹检量服务需求有差异。

调查结果表明，山区县林农的社会中介服务和木竹检量服务需求都比非山区县林农更大，这是由于福建省率先在山区县如三明、南平这些森林资源丰富的县市开展集体林权制度改革，广大林农分户经营山林后，股份合作经营、联合经营等经营形式日益多样化，森林资源产权流转加快，并且森林资源抵押贷款在逐步推行，导致山区县林农对专业技术强的中介服务和木竹检量服务需求日益旺盛。

表 58　林农社会中介服务需求调查统计

县别	您迫切需要森林资产评估吗？			总计	您迫切需要木竹检量服务吗？			总计
	迫切需要	需要	不需要		迫切需要	需要	不需要	
山区县	29	92	7	128	32	87	8	127
非山区县	22	28	19	69	11	26	32	69
总计	51	120	26	197	43	113	40	196

数据来源：根据问卷调查统计而得。

（6）林农法律咨询服务需求调查分析。

在问到“您觉得法律对您经营林业有帮助吗”时，在被调查的 199 户林农中，参与此项调查的有 198 户林农，占参与调查人数的 99.50%；其中认为法律对经营林业很有帮助的占 44.44%，认为有一定帮助的占 47.98%，认为没有帮助的占 7.58%。调查结果表明，广大林农认为法律咨询服务对经营林业帮助很大，说明林农的法律意识日益增强（表 59）。

为了检验山区县与非山区县林农在法律咨询服务需求上的差异，通过列联表进行卡方检验。经计算，$\chi^2=10.2564$，$df=4$，$P=0.0363<0.05$。因此，山区县与非山区县林农在法律咨询服务需求上有差异。

表 59　林农法律咨询服务需求调查统计

县别	您觉得法律对您经营林业有帮助吗？			总计
	很有帮助	有一定帮助	没有帮助	
山区县	60	64	4	128
非山区县	28	31	11	70
总计	88	95	15	198

数据来源：根据问卷调查统计而得。

2. 福建省林业合作组织建设——以永安市为例

永安，别名“燕城”，位于闽中偏西。明景泰三年（1452 年）设县，1984 年撤县设市，辖 7 个镇、4 个乡、4 个街道，截至 2021 年年末，全市常住人口 34.45 万人。现城市建成区面积 29.75 平方千米，城镇化水平达 72%，城镇常住人口 24.85 万。2021 年，全市实现生产总值 487.99 亿元。永安地理概貌为“九山半水半分田”，林地面积 382 万公顷，其中集体林经营面积 204 万公顷，木材蓄积量 2126 万立方米，森林覆盖率达

82.83%，是中国笋竹之乡和我国南方48个重点林区县（市）之一。2003年8月以来，永安市全面启动了以“明晰所有权、放活经营权、落实处置权、确保收益权”为主要内容的集体林权制度改革。通过深化林业产权改革、促进林业产权流通和完善综合配套体系，全面落实森林资源的所有权、经营权、处置权和收益权，实现了“还山于民、还权于民、还利于民”的目标。在集体林权制度改革过程中，永安市始终注重林业社会化服务体系建设，以此巩固集体林权制度改革成果。

（1）永安市林业合作组织的现状。

随着集体林权制度改革的深入，为了适应林业改革与发展的需要，永安市打破了传统的以行政管理为主的林业管理模式，建立了完善的林业社会化服务体系，在全国率先成立了林业要素市场，并在各乡镇成立了林权登记管理分中心和社会化服务总协会，各分中心与市林业要素市场电脑联网，实现了信息同步和资源共享。各分中心与总协会在具体运作中，紧紧围绕林业行业协会和林业合作经济组织建设，继续完善和深化集体林权制度改革。截至2021年6月，全市已经组建各类林业合作经济组织340个。永安市的林业合作组织包含林业合作经济组织和林业行业协会。

首先对林业合作经济组织进行分析。林业合作经济组织包括：

第一，家庭股份林场。在集体林权制度改革后，以居住地就近为标准，林农将分林到户所获得的林地林木，以家庭为单位进行折价入股，并筹集部分股金，组成家庭股份林场等家庭式林业联合经营实体。

第二，股份合作林场。该类型是指以友情、亲情为纽带，在集体林权制度改革中通过并购所获得的林地、林木，坚持自愿互利原则，采取自愿入股、规模经营、共享利益、共担风险的形式，把分散的个体联合成整体，统一组织生产、经营和销售的运作模式，股东以其拥有的山场评估后作价出资，并按出资的比例承担责任和分配收益。

第三，“公司＋基地＋农户”型合作经济组织。是指按照规范化股份公司经营运作，并与广大林农通过互助合作的方式建立的经济利益共同体。如森发技贸有限公司，在按照规范化股份公司进行运作的同时，大胆采取了合作林农的共管经营模式，即根据出让林农的山场评估价值，提留10%—50%作为出让林农合作经营的股权，经双方签订合同、明确权益比例与合作期限，山林由公司委托原承包户进行管理，林农成为山场具体经营管理的主体，使林农“不失地不失山”，降低了企业经营成本，同时增加了林农收入，解决了农村剩余劳动力的就业问题，探索出集体林经营体制改革中新的经营管理办法。

其次是林业行业协会。

第一，竹林资源培育行业协会。根据永安市竹林丰产培育和高效经营的需要，林农自发组建了竹林经营管理方面的行业互助组织，主要负责竹业高效经营技术的传播、推广指导，生产资料的统一采购调运，产品生产标准的制定和产品加工销售的统一代理等管理工作。

第二，以桉树为主的速丰林培育行业协会。在永安市以桉树为主的百万公顷速丰林基地建设中，根据资源培育和高效经营的需要，组建了桉树速丰林经营民办互助组织，主要负责桉树新品种的选择推广和栽培技术指导，肥料与生产资料的统一采购调运等方面等管理工作，如大湖镇桉树协会、小陶镇桉树协会。

第三，林竹加工产业发展互助组织。根据林竹加工产品种类和属性的不同，遵循业主和企业自愿、互助的原则，组建了若干行业协会组织，它们的主要职责是开展产品质量标准的制定与组织实施、同类产品的市场调查、新工艺和新产品的技术培训与推广、成员企业的销售价格与生产质量的统一监督等自律活动。如永安市竹胶板专业协会、永安市竹香芯专业协会、洪田镇竹材半成品加工专业协会等。

第四，林业服务型的行业协会。针对林农或企业的生产生活实际需要，按照所需服务的供求双方的业务特点，组建了行业中介组织，该组织主要负责开展技术产品和服务项目推介、服务项目的组织、林业投融资的资格评估与协调担保、市场营销网络的建设维护、产品品牌的监督与建设等工作。如永安市笋业协会、市林业信用协会。

第五，林业保护互助组织。集体林权制度改革后，由林农或经营单位按照自愿结合的方式组建护林联防组织，主要负责成员单位防止防乱砍滥伐、森林病虫害防治、森林火灾预防等，确保森林资源安全。如安砂库区护林联防协会。

通过组建这些专业协会，永安市形成了市—乡—村三级联网的林业社会化服务体系，在为林农提供种苗、技术、营销、护林联防等服务的同时，不断促进林农素质的提高，加强林农的组织性，探索出巩固基层林业管理的新路子，进而不断推动社会主义新农村建设。

（2）发展林业合作组织动因。

第一，广大林农家庭经营势单力薄。集体林权制度改革，是各种动因下政府和林农互动的结果，而不是由低级到高级的自然发展过程。自 20 世纪 80 年代初实行以来，经过三次集体林权制度改革，广大林农的经营自主权和积极性不断增强，林农作为经营者独立参与市场竞争。在市场信息资源掌握极其有限的情况下，经营者面临势单力薄的困境，林农自身利益缺乏有效保护。

第二，广大林农如何面向市场问题亟待解决。广大林农虽然具有市场交易的自主权，但在营销素质、经营实力、信息资源掌握程度上，与林业加工企业、林业营销大户、林产品运销企业等相比，明显处于劣势地位，难以成为市场交易的真正主体。

第三，广大林农如何经营林业问题亟待解决。广大林农分散经营林业的现状，难以实现林业规模化经营的需求，阻碍了林业生产要素的合理配置，导致林业发展后劲不足。

第四，广大林农组织化程度低。一是林农缺乏自己的合作组织，导致农村资金外流，林业资金投入不足。二是广大林农得不到信用社、银行等金融机构的有力支持，信贷困难。三是林农经营林业仍处于盲从状态，政府林业科技推广未到村一级，民营的林业科技推广企业，受自身实力和利益影响，难以在短时间内发挥作用。四是人才流失。许多农村青壮年劳动力选择进城打工，导致林业生产经营后继乏人。

（3）提高林农组织化程度的建议。

从永安市的实践来看，目前出现的提高林农组织化程度的基本模式，主要有林业行业协会组织模式和林业合作经济组织模式。这两种模式都真正地提高了林农在市场中的经营地位，维护了林农的切身利益。因此，从政府如何提高林农组织化程度的角度出发，提出几点相关建议：

第一，政府应严格贯彻落实林业相关税费优惠政策，可持续优化纳税服务。政府为林业合作化组织提供办税便捷通道，保障优惠政策落实到位。

第二，政府应利用专项资金发展林业合作化组织。如政府从农业专项资金中抽出部分，用于扶持林业合作化组织。

第三，政府应促成林业合作化组织的合法性。目前，国家未颁布任何与林业合作化组织相关的法律法规，林业合作化组织法律地位不明，政府应尽快组织专家制定林业合作化组织法，对林业合作化组织的法律地位予以确立。

第四，政府应鼓励林农成立各类型林业合作化组织。政府应鼓励广大林农根据实际需求，组建多途径、多样化的林业合作化组织，帮助其制定章程，完善其运行机制。

3. 林业治理体系建设——以南平市为例①

南平市位于福建省北部，是闽江源头、“双世遗”武夷山所在之地、福建省面积最大的设区市，具有中国南方典型的“八山一水一分田”特征，森林覆盖率77.99%，森林蓄积量16819万立方米，林业用地面积217.10万公顷，竹林面积41.70万公顷，生态公益林面积55.80万公顷，素有“南方林海”“中国竹乡”之誉。从2003年起，福建省在全国率先开展集体林权制度改革，南平市委市政府高度重视，在保持林地集体所有的前提下，围绕“明晰所有权，放活经营权，落实处置权，确保收益权”，明晰林木所有权和林地使用权，落实和完善以家庭承包为主体，多种经营形式并存的集体林经营体制，从2003年起至2008年，全市共完成林权发证178.10万公顷，发证率99.01%，发放林权证68.46万本，林权证到户率97.20%，基本实现了“山有其主，主有其权，权有其责，责有其利”的目标。

（1）林权类不动产登记规范化制度建设。

2019年5月，福建省被自然资源部自然资源确权登记局确定为林权类不动产登记规范化制度建设试点省。福建省制定了《林权类不动产登记规范化制度建设试点实施方案》，将南平市建阳区、三明市沙县列为试点单

① 中央组织部：《贯彻落实习近平新时代中国特色社会主义思想在改革发展稳定中攻坚克难案例·生态文明建设》，党建读物出版社2019年版。

位。南平市取得了以下经验：

第一，建立不动产登记信息管理基础平台。试点前林权不动产登记采用“空库运行”受理登记申请，如变更登记，登记机构工作人员要先到林业部门调取林权宗地相关档案资料，再利用数据补录软件对存量登记数据进行补录、核对宗地图纸及编制不动产单元号，办公效率低下。为了解决这一问题，南平市建阳区、三明市沙县分别投入经费整合存量数据，将林权类不动产登记的图形、属性、档案数据移入不动产登记信息管理基础平台，实现不动产登记“一个平台、一套数据、一张图”，为登记机构办理林权类不动产登记业务提供可靠的数据支撑。

第二，运用先进技术，提升登记工作效率。在南平建阳区，创建电脑和移动终端一体化的林权地籍调查服务平台，按照“内查为主，外查为辅”的调查原则，创新“影像判读结合实地勘验”的调查方法，实现数据采集、宗地图调绘、内业数据处理、调查成果入库的“一条龙”服务，以技术手段切实提升和简化林权地籍调查流程，提高林权地籍调查的工作效率和成果精度。此外，林权地籍调查服务平台还能够根据权籍调查获取的信息直接形成林权类不动产权籍调查表和宗地图等权籍调查成果，并且能够直接导入登记机构使用的权籍调查成果子系统中，无须工作人员重复录入权籍调查成果信息并转绘宗地图，极大地提升了行政效能，提升群众满意度。

第三，创新服务举措，提高便民利民水平。具体而言，可分为以下七点：

一是增加权利类型种类。为适应改革发展需要，根据新修订的《土地管理法》《森林法》《农村土地承包法》等规定，增加了林地经营权权利类型，同时对已登记的权利类型按照新的规定进行梳理，对接明确，依法规范登记，维护林业经营者的合法权益。

二是简化共有林权分户登记环节。对于自留山已经以联户形式发放的林权证，自留山农户申请分户登记的，由相邻权利人或其委托人到场指界；对于真正意义上的联户承包申请拆宗分户登记的，按照“愿联则联、愿单则单”的原则，在明确各自权属界线的基础上，由林权共有人到场指界。申请人申请登记时，无须先办理林地分宗的变更登记再办理产权转移的转移登记，只需一次申请、一套材料即可办理共有林权分户登记的业务。

三是精简公告种类。对原林权登记中需要公告的情形进行梳理、精简，除政府组织的林权类不动产首次登记、依职权更正登记和注销登记外，其他登记类型一律不再使用公告形式，缩短林权类不动产登记办理时限。

四是升级系统延伸登记平台。试点期间，在升级完善不动产登记信息系统的基础上，沙县在各乡镇自然资源所设立不动产登记窗口，并赋予申请受理权限，让信息多跑路、群众少跑腿，达到方便群众办事的目的。“互联网＋金融＋林权登记”主要实现不动产抵押登记业务窗口前置，在银行开放抵押登记窗口，银行工作人员通过开放的窗口即可实现对抵押人进行业务受理。

五是探索建立林权登记代理制度。试点期间，南平建阳区探索在权利人的委托下，调查机构开展林权地籍调查，同时收集、整理林权登记申请材料，并代理权利人办理林权登记。试点期间，共受理林权登记代理业务6宗。

六是完善表簿册证填写。在现行表簿册证的基础上，对涉及林权类不动产登记的相关栏目设置、填写说明提出修改建议，形成完善不动产登记簿册的建议。完成编写林权登记操作规范，明确林地承包经营权、林地经营权、林地使用权等10类不动产权利的首次、变更、转移、注销登记的适用情形、申请主体、申请材料和审核要点。

七是“一把尺子”解答问题。针对基层反映的共性问题，结合试点收集整理林权登记过程中的疑难问题与典型案例共91个，对林权类不动产登记权利类型及情形适用、林权类不动产地籍调查、林地承包经营权与林地使用权及林地经营权登记、历史遗留问题解决等9大类问题进行剖析、解答，编成林权登记问答手册，做到统一标准，规范操作。

（2）林业治理体系建设的主要做法。

为实现“生态美、百姓富”，南平市在构建现代林业产权制度的基础上，围绕推动林业高质量发展，以问题为导向，发挥政府主导作用，从林业融资、技术突破、赎买改革和服务体系等方面创新突破，探索出了“森林生态银行”的特色创新做法，即通过搭建集森林资源管理、开发、运营于一体的平台，对碎片化、分散化的森林资源进行规模化收储、整合、优化，引入市场化资金和专业运营商，实现森林资源变资产、变资本。

第一，创新融资机制，引入金融活水，推动林业绿色发展。林业是国民经济重要组成部分，但林业融资仍是薄弱环节。长期以来，由于林业项目投资周期长、回报率偏低等原因，融资难、融资贵问题普遍存在。一直以来，全市的林业投资都是靠政府补一点、林农或合作社等业主投一点的“小而散”模式。2017 年 1 月，国家发展改革委、国家林业局、国家开发银行和中国农业发展银行联合出台《关于进一步利用开发性和政策性金融推进林业生态建设的通知》，南平市抓紧政策机遇，策划了国家储备林质量精准提升工程项目，计划投资达 215 亿元，其中政策性贷款达到 170 亿元，创下福建省单个林业项目规模的历史记录。但是项目涉及范围广、投资大、模式新，如何让项目真正落地，成为亟须解决的问题。

当时，摆在南平面前的只有三条路可以走——林权抵押直接融资模式、政府购买服务模式和 PPP 模式。传统的林权抵押直接融资模式最为成熟，但是由于项目建设规模达到 31.30 万公顷，涉及大量的资产评估，不仅费时费力，而且评估成本非常高，该模式走不通；政府购买服务模式已经在广西储备林项目中取得成功，但是由于财政能力不足以及不确定性原因，也不适用于南平；PPP 模式虽然在全国国家储备林项目建设中还没有成功先例，操作难度大，但经过认真研究分析，该模式符合南平实际。南平市委、市政府决定以 PPP 模式推动国家储备林质量精准提升工程项目的实施。

面对加快项目落地的压力，南平市林业局迎难而上，牵头项目各参与方厘清程序，倒排时序，紧密衔接，各环节严格按照规定要求推进工作落实，确保了项目“一方案、两论证”和社会资本招标采购等各环节合法合规，并且仅用时 66 天，完成 PPP 项目招投标，12 家单位组成的联合体为项目中标人。随着《PPP 项目合同》《PPP 项目子合同》《项目建设协议》的签订，项目正式落地实施，为南平林业建设引入了金融活水，极大地推动了林业绿色发展、高质量发展。该项目成功入选了财政部第四批政府和社会资本合作示范项目。2017 年 10 月、12 月，国家开发银行、国家林业局分别在南平举办了全国开发性金融支持国家储备林建设现场会和国家储备林建设培训班，现场推广南平国家储备林项目建设经验。

第二，突破技术瓶颈，开展可持续经营，提升森林综合效益。林地经营收益一直是林农重要的经济收入来源。二十世纪七八十年代，南平市大力发展以杉木、马尾松为主的人工林，导致森林针叶化严重，树种结构失调，综合生态效益较差。南平作为闽江的源头，森林质量直接影响福建省的生态安全，提升森林质量成为南平生态建设的重中之重，找到一条高质量、可持续的经营发展之路成了摆在南平林业人面前的一项紧迫的课题。新的经营方法要求既能保障经济收益，又能提高生态效益，实现经济和生态综合效益的共同提高。

从 2014 年起，南平市林业局开始探索多种经营的方法，在顺昌县国有林场岚下分场建立示范样板，该示范样板经 3 次间伐，保留杉木 32 株/亩，于当年林下套种 3 年生和 1 年生闽楠苗，2017 年又套种杜鹃，计划于 2026 年、2036 年各实施 1 次杉木主伐择伐，同时采挖部分闽楠、杜鹃作为绿化苗销售，实现以短养长。按照 2026 年主伐来测算，至 2047 年，传统经营方法经过 2 轮主伐的单位面积经济收益为 4.10 万元/亩，而按照林下套种经营模式，单位面积经济收益可达 16.70 万元/亩，是传统经营方法的 4 倍。同时，更多的试验山场对比数据证明，杉木中龄林强度间伐套种后杉木亩均蓄积增长量 0.66—1.38 立方米/年，近熟林择伐套种后杉木亩均蓄积增长量 1.10—1.80 立方米/年，杉木每年亩均蓄积增长量大于（或等于）传统间伐抚育方式，且套种的闽楠等阔叶树长势良好。基于上述示范样板和试验数据支撑，南平市正式向福建省林业局申报了全省首个林木间伐套种试点并成功获批。

同时，南平在国家储备林质量精准提升工程项目实施中，紧紧围绕高质量发展经营目标，即“针阔混交林达 60%以上，成熟林林分蓄积量提高 30%以上，成熟林大中径级用材占 60%以上，珍稀或乡土阔叶树用材占 40%以上”，科学编制造林营林方案，积极探索混交“三改”模式：一是“改单层林为复层异龄林”，通过伐区保留异龄阔叶树，实行不炼山造林，不使用现有林择伐套种乡土阔叶树等手段，最大限度模拟恢复森林原生态。二是“改单一针叶林为针阔混交林”，通过推广 6 杉 4 阔（六成杉木、四成阔叶树）针阔混交造林、在现有针叶纯林中择伐套种阔叶树等手段，增强林地亩均产出。三是“改一般用材林为特种乡土珍稀用材林”，在开展集约人工林栽培或现有林改培时，优先选用闽楠、南方红豆杉、赤皮青冈等乡土珍稀树种。目前，仅项目范围内就以“三改”模式培育针阔混交林 1.30 万公顷，全市森林质量得到了很大的提高。同时，为提升森林多种效益，还通过林下种植中草药、培育绿化苗、发展森林旅游和开发林业碳汇项目等途径，在“以短养长”机制的建立上也做了有益探索并取得了一定效益。

第三，深化赎买改革，建立规范机制，破解生态民生矛盾。南平市现有的生态布局是 2001 年根据当时社会经济、交通状况、生态需求来区划界定的。党的十八大以来，社会经济飞速发展，铁路、高速公路等交通网线相继建成，一大批山林被列入城镇周边一重山、重点水土流失区、主要交通干线一重山等重点生态区位，其中多数商品林由林农个人投资造林，无法享受生态补偿，同时还要按照有关政策规定接受强制性保护，也无法充分进行开发利用。这意味着林农前期投入的成本无法按时收回，生态保护与林农利益产生了矛盾。

当林农为保护生态导致利益损失时，政府应当有所作为，或直接进行补偿，或引导社会力量参与生态补偿。从 2013 年起，南平市以“生态得保护，林农利益得维护”为目标，以自愿有偿、公平公正公开和生态优先为原则，在武夷山市开展先行先试，探索通过赎买、租赁、补助等方式，按照生态功能级别和轻重缓急，利用公共财政资金将应当接受保护的重点生态区位商品林收储起来，并进行科学经营，缓解林农和生态保护矛盾中最紧迫的部分。

在重点生态区位商品赎买改革初期，相关工作机制尚未建立，存在赎买林地落实难、赎买价格无标准、赎买管理不规范等许多问题。通过实践总结，南平市围绕政策、实施和监管等三个方面，逐步建立了科学规范、高效运转、常态长效的赎买改革工作机制，做到所有程序依法依规。在政策上强调规范化，制定赎买程序、评估程序、监管程序，明确各树种赎买指导价，确保赎买各项工作有章可循；在实施上采用公司化管理，成立专业化的国有运营公司，科学编制资金管理办法、作业设计实施细则、检查验收办法等，做到规范合法赎买商品林；在监管上突出专业化，通过向社会购买专业服务，建立赎买调查评估成果市级复核工作机制，确保赎买改革相关资金、资源和运营过程安全。

随着改革的深入，仅仅在试点县开展重点生态区位商品林赎买改革已经不够，但是扩大赎买改革范围仅仅依靠地方财政投入是难以维系的，必须获得更有力的资金支持。在认真总结试点经验的基础上，南平市充分利用国家储备林质量精准提升工程项目优惠的政策性贷款，将改革向南平全域拓展，让全市林农都能享受到赎买改革政策，同时将改革模式逐步向以赎买为主转变，按照市场化方式推进，并对赎买后的重点生态区位商品林制定后续管护机制，将杉木纯林逐步改培成针阔混交林或以阔叶树为优势树种的林分，或是列入生态林储备库，适时调整为生态林，提升其生态功能和景观功能。截至2018年年底，全市累计完成重点生态区位商品林赎买等改革面积8166.70公顷，占全省改革面积的44%，其中2018年完成赎买1593.30公顷，占全省的59.10%，投入资金近9000万元，国家开发银行政策性贷款比例超70%。

第四，健全服务体系，一站式便捷服务，促进林业规模经营。随着集体林权制度改革的持续深入和生态文明建设的不断加强，规模化、集约化的森林资源经营模式应运而生，其核心则是要保证林业生产要素的统一集中。南平市森林资源虽极为丰富，但却高度分散，林农对自有林地的处置方式也向多元化发展，以往的林业基层服务机构已难以满足林业经营者对“活用”森林资源的需求，这就迫切要求林业部门转变管理方式，创新服务方法，为广大林农搭建“接地气”的综合服务平台，为林业资源资本化、规模化提供便利条件。

集体林权制度改革的目的之一是“建立林权流转平台，农民可依法将拥有的林木所有权和林地使用权流转、买卖、变现”。林改后，林地和林木的流转交易日趋活跃，但是林权流转涉及法律、经济等各方面，程序又极为烦琐，这对于常年身处山区的林业经营者来说，是十分困难的。为此，南平市以《福建省森林资源流转条例》为依据，建立市、县、乡三级林权流转交易服务平台体系，将辖区范围内的商品林流转全部纳入林权流转交易服务平台进行信息发布、交易和林权变更，实现流转信息化、网络化管理。林农在取得林权证后，可以依法采取转让、出租、入股、抵押或者其他方式流转，为促进林业规模经营打下良好的基础。2014年以来通过林权流转平台完成林地林木流转变更7104宗地，面积5.60万公顷；完成林权交易2068宗地、面积2万公顷。

随着社会经济的多元化发展，林业经营者对流动资金的需求不断加大，林权抵押便成了将资源变“资金”的最佳渠道。然而，由于林权资产存在评估难、监管难、风险处置难等问题，在缺乏有效担保的情况下，金融机构不愿对林业经营者发放贷款。加上金融机构本身不具备林地林木经营管理的经验，遇到林权抵押贷款无法按照合同约定偿还债务时，对抵押物（森林资源资产）的管理有难度，导致林权抵押贷款工作难以推进、推广。经过周密的调研策划，南平市出台意见，指导各县（市、区）依托国有林业经营实体，组建国有性质的林业收储中心，在林农、林业合作经济组织、林业龙头企业和银行业金融机构之间搭建投融资担保服务平台，作为第三方为林权抵押贷款人提供贷款担保，消除银行业金融机构放贷风险，对林权抵押贷款中逾期后为清偿债务的抵押物依法予以收储。2014年以来，全市通过林权贷款担保收储服务中心完成的林权抵押担保1681宗地，面积3.10万公顷，抵押贷款金额6.18亿元。同时，依托林业部门现有的森林资源调查规划设计单位，成立市、县两级森林资源评估中介服务机构，规范评估办法、评估程序和评估行为，科学制定森林资源评估的最低保护价格，为林权流转、抵押担保提供有效保障，切实维护流转交易双方的合法权益。

在实践中，南平逐步构建了集“评估、担保、收储、流转、贷款”五位一体的林业服务体系，部分县（市）进一步整合林木资源收储、流转交易、资产评估、抵押担保、信息沟通交流等服务职能，为林业经营者提供林权评估收储、抵押贷款、林权转让变更等手续的“一站式服务、一窗口办理”，有效解决林木资源评估难、收储难、管护难、贷款难、处置难、经营难等问题，促进林业资源整合，实现规模化经营。

第五，探索“生态银行”，打包开发资源，打通“青山变金山”通道。在林改均山到户的背景下，单家独户经营成本高、收益低、见效慢，许多农村青壮年劳动力更愿意外出务工，又导致从事林业生产的劳动力越发不足，林农手中的森林资源更加难以有效利用。

2017—2019年，中央一号文件连续三年提到“资源变资产、资金变股金、农民变股东”。受此启发，南平市提出了探索建设“生态银行”的构想，它不是真正意义上的银行，而是借鉴商业银行分散化输入和集中式输出的模式，建立自然资源管理、开发、运营平台，对碎片化的生态资源进行集中收储和规模化的整合优化，转换成连片优质高效的资源包，并委托运营商进行经营，实现生态保护前提下的资源、资产、资本三级转换，推动绿水青山转化为金山银山。构想一经提出就得到了国务院参事室的大力支持，在顶层设计、运营模式、功能作用、综合效益等方面获得了技术和智力支撑。随后，南平市选择林改推进较好的顺昌县作为试点开展“森林生态银行”建设，积极探索政府主导、企业和社会各界参与、市场化运作、可持续的生态产品价值实现路径。

在顺昌试点探索过程中，面临解决前端分散输入、中端整合平台、后端集中开发三个方面的具体问题。一是面对平台兼容多种业务职能的需求。整合了调查设计、评估收储、森林质量提升、项目开发经营、林权抵押贷款、林业信息服务等职能，搭建“森林生态银行”运营平台，并成立林业资源运营有限公司，下设林业资产评估收储中心、数据信息管理中心、林木经营有限公司、资源托管有限公司、林业金融服务公司。通过“森林生态银行”担保的林权抵押贷款，月息4.89‰，利率较普通银行贷款下降近50%，期限最长可达15年，手续更加便捷，贷款最快当日即可到账。二是面对林农的多种需求。在前端采取林权抵押、赎买、合作经营、租赁、托管等五种模式将分散的林木资源集中起来，与林农结成利益共同体，其中对有共同经营意愿的，可以林业资产作价入股，林农变股东共享发展收益；对无力管理森林但不愿共同经营的，可将林业资产委托管理；对有闲置林地的，可租赁获取资金回报；对希望转产的，可一次性卖出林权，获得转产启动资金。截至2019年5月底，顺昌“森林生态银行”累计完成林权抵押248笔，放贷金额2.07亿元，抵押面积5686.70公顷，林权收储（赎买）2193.30公顷，使用国家开发银行贷款2.54亿元，股份合作及租赁经营296.90公顷，贫困户林权托管0.90公顷。三是面对资源整合后集中优化发展的需求。后端主要做好森林质量提升、花卉苗木繁育、原料基地建设、发展林下经济、森林旅游康养等五种经营业务，实施项目化、集约化经营和开发，促进林业一二三产融合发展。顺昌县已采取可持续经营办法实施森林质量精准提升 2933.30 公顷；成功策划并交易全省第一笔林业碳汇项目，成交碳汇量 15.55 万吨，成交金额 288.30 万元；突破了竹林经营碳汇方法并自主策划实施了全省第一个竹林碳汇项目 2266.70 公顷；已有 1.70 万公顷林地、1000 公顷毛竹纳入 FSC 森林可持续认证范围，为加工企业产品出口欧美市场提供支持。

从试点实践的情况来看，“森林生态银行”提升了森林资产价值和森林生态承载能力，也增加了当地农民的收入，实现了资源与资本的双赢，成为中国现代林业经营的模板和标杆。南平市在全国首创的“生态银行”建设，为推进生态产品价值转化实现提供了可复制、可推广的经验。

（3）经验启示。

第一，坚持贯彻习近平生态文明思想，才能牢牢把稳集体林权制度改革方向。2014 年 11 月，习近平总书记在福建考察时指出，要有更强的生态意识，大力保护生态环境，使福建天更蓝、山更绿、水更清、环境更美，努力建设“机制活、产业优、百姓富、生态美”的新福建。因此，南平市在深化林改实践中，运用习近平生态文明思想指导集体林权制度改革，以“生态美、百姓富”为目标，始终践行“绿水青山就是金山银山”的理念，通过实施森林质量精准提升工程和开展“生态赎买”，大力提升森林质量，增强森林生态功能，做强生态弱项、补齐生态短板、增进生态福祉，促进人与自然和谐共生，确保了改革方向正确。

第二，坚持完善林业产权制度，才能在不断深化林改中保障林农利益。林权清晰、权责明确是深化集体林权制度改革的基础，是林农权益受保护的定心丸，不论是对林农分散的森林资源进行赎买、租赁，还是实行合作经营，必须先健全林业产权制度。南平市在林改中始终坚持完善集体林产权制度，并以此为基础推动了林权流转、林权抵押、林木收储等制度的建立健全，这确保了林农平等地享有集体林地承包经营权，满足了林农从事林业生产自主化经营的需求，为林农提供了林业经营预期效益，从制度上保障了林农的合法权益，也为林农生态文明意识的培养提高提供了土壤，是林业实现“生态美、百姓富”有机统一的重要环节。

第三，坚持林业可持续高质量发展，才能在深化林改中实现绿水青山向金山银山转化。绿水青山与金山银山的关系，实质上就是生态保护与经济发展的关系，归根到底是可持续发展问题。南平市高度重视森林资源和生态环境的培育和保护，加强林业可持续经营和高质量发展，通过培育新型林业经营主体、“生态赎买”改革、探索“森林生态银行”等举措，将原先分散的森林资源整合起来，实行规模化经营、资本化运作、精准化提升和多元化发展，提升森林质量，提高森林综合效益，推进绿水青山向金山银山转化。

第四，坚持以问题为导向，才能创新求进、统筹推进集体林权制度改革。要坚持问题导向，坚持底线思维，把问题作为研究制定政策的起点，把工作的着力点放在解决最突出的矛盾和问题上。集体林权制度改革涉及面广、触及层次深，问题矛盾复杂，统筹推进的任务重、要求高，南平市面对困难不断解放思想，实事求是，通过理论分析和实际调研找准了阻碍林改深入推进的核心问题，针对缺资金、缺技术、缺服务等长期存在的问题，坚持政府不缺位不越位，使政府发挥主导作用，从机制体制上提出解决方案，并通过整合统筹促进各项机制措施相互融合，逐渐形成了分散输入、集中输出的新型林业治理模式。

第五，保持定力，久久为功，才能持续深化林改实现“生态美、百姓富”。建设生态文明是关系中华民族永续发展的千年大计，功在当代，利在千秋。实践证明，深化集体林权制度改革是一个需要长期努力、爬坡过坎、久久为功的过程，不可能一蹴而就。数十年来，南平一代代林业人不断创新、不断攻坚、不断积累，才有了今天林改的成果，在今后深化集体林权制度改革的过程中，还会碰到更多难题和矛盾，只有以“功成不必在我”的精神境界和“功成必定有我”的历史担当来深化集体林权制度改革，发扬钉钉子精神，一任接着一任干，“生态美、百姓富”有机统一的理想才能够实现。

第四章 结论与讨论

福建是我国重点林区，山多林多是福建的一大特色和优势。福建省土地面积12.14万平方千米，其中林业用地面积占陆地总面积的74.70%，90%以上的林地属集体所有。福建省集体林经营体制虽几经变革，但由于大部分集体山林仍以村集体经营为主，林农的经营主体地位没有确立，权益未能得到很好落实，林农耕山育林积极性未能得到很好的调动，困扰集体林区发展的难题日渐凸显。随着福建省推行木竹税费改革，山林经营收益日渐提高，林农经营林地意愿日益强烈，要求还山于民、还利于民的呼声也越来越高。正是在这种背景下，福建于2003年4月在全国率先开展集体林权制度改革，这场改革又被称为“农村土地又一次深刻变革”。在主体改革到位后，福建省又于2006年率先推进配套改革。但是，在福建省集体林权制度改革过程中出现的问题，亟待进行全面、客观的分析，并提出相应的策略与建议，为深化福建省集体林权制度改革提供理论参考，为福建省林业发展、经济建设发展提供理论保障。

第一节 结论

本书“福建省集体林权制度改革的响应与评价研究”正是在这一背景下启动，本书从内部探究福建省集体林权制度存在的深层次问题，从外部对福建省集体林权改革进行林业政策绩效评价，力图全面、客观地分析福建省集体林权制度改革存在的深层次、根本性问题，并提出预测模型和具体政策建议。在此，将本书得出的主要结论归纳如下。

一、福建省集体林权制度改革的响应研究

（一）福建省集体林权制度改革的林业法律制度响应研究

对我国林业法律制度进行系统梳理，深入分析了福建省林权制度改革

的林业法律制度响应研究。本书认为森林采伐限额制度、森林资源资产评估制度、林地承包经营制度、林权登记制度、林权流转制度、生态公益林补偿制度、森林保险制度等制度存在的深层次问题，阻碍着福建省集体林权改革。因此，本书主要从森林采伐限额制度、森林资源资产评估制度、林地承包经营制度、林权登记制度、林权流转制度、生态公益林补偿制度以及森林保险制度角度对林业法律制度存在的弊端进行响应分析，并提出相应的响应策略。

森林采伐限额制度存在的问题：第一，森林采伐限额制度限制了林木所有权人的用益物权，妨碍了社会资金投资林业的积极性。第二，木材超限额采伐现象依然严重，限额采伐执法力度不严。森林采伐限额制度的响应策略：第一，国家在建立生态公益林和商品林两种经营模式的前提下，将公益林和商品林重新分类。第二，国家林草局协同有关部门根据森林分类区划，制定森林分类区划标准与方法。第三，建立森林采伐限额执行情况检查评价体系，完善责任追究制度。

森林资源资产评估制度存在的问题：第一，森林资源资产评估制度法律地位不明确。第二，森林资源资产评估评估标准和体系不健全。第三，目前，全国已设立 6 大类资产评估协会，包括中国土地估价师协会，但是福建省还未设立森林资源评估协会，这不利于森林资源资产评估相关业务的正常开展。森林资源资产评估制度的响应策略：第一，建立森林生态价值资源资产评估和林木资源资产评估两大体系。第二，成立独立的森林资源资产评估中介机构。第三，国家在资源资产评估考试中设立森林资源资产评估专业门类。

林地承包经营制度存在的问题：第一，林地使用权与林地承包经营权的法律关系难以厘清。第二，《民法典》未明确区分林地与耕地的区别。第三，忽视林木权利归属与承包经营权的生态义务。第四，监管主体模糊。林地承包经营制度的响应策略：第一，建议修改《森林法实施条例》《林木和林地权属登记管理办法》《林木林地权属争议处理办法》《森林法》等相关法律法规，更正“林地使用权”为“林地承包经营权”。第二，在《森林法》中构建林地承包权的概念，构建林地承包权的两大体系。

林权登记制度存在的问题：第一，林权登记效力不足。第二，林权登记不规范。第三，林权登记软件不统一，无法实现全国联网。第四，林权登记类型不足。第五，林权档案灭失，换发新证时缺乏法定依据。林权登记制度的响应策略：第一，完善林权抵押登记制度立法，修改《民法典》第 209 条规定，变更“所有权可以不登记”为“所有权需要登记”。第二，建议将自留山使用权纳入林权登记范畴。第三，建议由国家林草局继续开发出能适应林权登记工作的管理软件。

林权流转制度存在的问题：第一，林地承包经营权人的用益物权受限。第二，林地流转方式法律界定模糊不清。第三，集体林权流转的激励机制缺失。林权流转制度的响应策略：修订《森林法》《农村土地承包法》《民法典》，根据现有林权流转形式需要，增加林权流转形式，同时各法对林权流转形式要达成统一规定，杜绝林权流转形式法律界定不清问题的发生。

生态公益林补偿制度存在的问题：第一，生态公益林补偿与商品林收益差异巨大。第二，补偿基金来源单一，缺乏统筹安排。第三，生态公益林补偿制度不完善。生态公益林补偿制度的响应策略：第一，建立森林生态价值有偿服务机制。第二，细化完善公益林补偿标准。第三，保护公益林所有者权益。对集体及私人业主营造的林木被区划为公益林的，由国家收购；不愿意被区划为公益林的，当地林业主管部门应当与集体或私人业主签订禁伐、限伐协议，同时给予相应的森林生态价值有偿服务费。

现有森林保险制度存在的问题：第一，森林保险制度缺失。第二，森林保险险种单一，供给严重不足。第三，保障门槛高。第四，经营者收入低下，投保意识薄弱。第五，森林保险技术十分薄弱。森林保险制度的响应策略：第一，建立森林保险风险准备金制度。第二，政府大力开展森林保险宣传活动。第三，建立分类保险制度。第四，健全相关法律法规。第五，完善监督管理体制。

（二）福建省集体林权制度改革的林业相关理论响应研究

从物权理论及林权理论出发，对福建省集体林权制度改革进行林业相关理论响应研究。

物权理论存在着以下问题：第一，把可支配管理的无体物排除在物权主体之外。第二，物权登记制度存在着不足。第三，《民法典》未规定国家对自然资源用益物权的强行收回制度。故提出以下建议：第一，建议修改《民法典》中的物权客体内涵，增加无实物的内容。第二，应无一例外地把国家所有的自然物资源予以登记，并设立专门的物权登记机构进行所有权登记，进行严格的登记审查。第三，应删除《民法典》第 326 条中“所有权不得干涉用益物权人行使权利”的不合理规定，同时在《森林法》中建立自然资源用益物权强行收回制度。

林权理论是现代林业产权制度发展的重要基础，但是林权理论本身未有坚实的法律保障，《宪法》《森林法》《民法典》《森林法实施条例》等相关法律法规并未对林权的内涵和外延作出明确定义，造成林权内涵模糊不清、界定不严，林权主体、客体说法不一现象的发生。我国集体林权制度改革的目标是在不改变所有权的前提下，改变森林资源集体所有权虚置局面，为森林资源的开发利用创造新的活力。因此，本书认为完善林权理论关键在于对林权概念的重新定义。应从法律意义上对林权客体进行确定，林权客体应为森林资源，具体包括森林生态价值、林地和林木。

总之，物权理论与林权理论存在的不足，导致森林资源产权制度不明晰，阻碍福建省集体林权制度改革。因此，本书就物权理论与林权理论存在的不足，提出上述响应策略。

（三）福建省集体林权管理体系响应研究

就单一、静态的林权管理模式向多元、动态管理模式转变的现实需求，指出了建设现代林权管理体系的必要性。对现有林权管理体系的弊端进行研究，指出福建省集体林权管理体系存在的问题：第一，现有林权管理模式不适应现实需求。第二，林权管理机构不健全。第三，林权管理队伍素质整体不高。第四，未能适应现代林业产权制度赋予林权管理体系的更加重要的内容。第五，未能适应林业可持续发展对林权管理体系提出的更高要求。福建省集体林权管理体系的响应策略，具体包括：

管理制度建设：第一，规范业务流程。第二，开展职业道德和执业纪律教育，加强党风廉政建设，杜绝违法乱纪现象。第三，完善财务管理制度。第四，加快管理信息化进程。第五，完善统计分析制度。第六，加强档案管理制度。第七，完善对外服务制度。

业务规范建设：第一，完善各项业务管理制度。第二，对林权管理实施全过程监管服务，保证服务质量。第三，逐步建立 GIS 林权管理信息系统。第四，建立错件责任追究机制。

机构队伍建设：第一，在全国各地建立健全林权管理机构。第二，编制人才引进与培养规划。第三，提高林权管理队伍素质和能力。

服务窗口建设：第一，健全考勤制度。第二，规范服务行为。第三，提高服务窗口硬件建设水平。第四，加快服务窗口规范化建设。

基础设施建设：第一，办公场所设置。第二，对外服务窗口区设备配置。第三，档案管理区设置。

（四）福建省集体林权制度改革的林农意愿响应研究

通过卡方检验得出，山区县和非山区县林农在集体林地分配意愿上存在显著差异；通过单因素分析得出，不同年龄阶段对林农集体林地分配意愿存在显著差异；通过单因素分析得出，不同文化程度的林农在集体林地分配意愿上存在显著差异。因此，无论是不同地区还是不同年龄阶段，抑或是不同文化程度，林农在市场化下集体林地分配意愿都存在着显著差异。此外，从不同地区、不同文化程度、不同年龄阶段对林农集体林地分配意愿差异的调查发现，山区县林农倾向于个人承包，非山区县林农倾向于集体经营，这是由于福建省集体林地大部分集中于山区，山区县林农个人承包得到的林地多，受益大，而非山区县林农由于能够分配到个人手中的林地少、获利少。因此，山区县林农更愿意个人承包，非山区县林农更愿意集体经营。青年（＜40 岁）更偏向于个人承包，中年人在个人承包和集体经营上差别不大，老年人（＞65 岁）更偏向于平均分配，原因可能是，青年在经营林地问题上态度更加开放，而且精力充沛，因此，青年偏向于个人承包林地；中年人在经营林地问题上态度趋于保守，而且精力有限，因此，中年人在个人承包和集体经营上差别不大；老年人年老多病，经营林地已力不从心，而且观念传统，因此，老年人偏向于平均分配。小学、初中文化程度的林农偏向于个人承包，高中及以上文化程度的林农偏向于平均分配，原因可能是，小学、初中文化程度的林农由于文化程度不高，收入单一，对林地的依赖程度高，因此，偏向于个人承包，以便获取更大的经济利益；高中及以上文化程度的林农，由于文化程度更高，经济收益趋向多元化，无心经营需长期投入的林地，因此，高中及以上文化程度林农偏向于平均分配。政府在制定相关政策时，应该多听取不同阶层、不同地区林农的意见，多做基层调研，这样才能够收集到比较全面的信息，供制定政策参考。

从林农转出林地林木的行为出发，调查发现林农年龄越小，进行林地林木流转的意愿就越强，反之越弱；林农家庭劳动力人数越多，进行林地林木流转的驱动力就越强，反之越弱；林农家庭求学子女数越少，进行林地林木流转的意愿就越强，反之越弱；林农林地面积越多，进行林地林木流转的驱动力就越强，反之越弱。根据结论对完善林业相关政策提出以下建议：第一，调查结果表明，大部分林农学历介于小学与初中之间，文化水平较低，林农平均年龄为 49，平均年龄偏大。研究结果也表明，林农年龄越大，自行经营林地的可能性越高。因此，广大林农自行经营林地的积极性普遍较高，但由于文化水平较低，普遍缺乏科学经营林地的相关知识，政府应当提高林业科技下乡的力度，如定期举办林业科技下乡活动，组织林业工作者举办林业科技讲座，到林间地头与林农结互助对子，开展银行贷款优惠，施行林业税费减免等措施，鼓励广大林农进行自主经营，并提高其林业科学经营水平。第二，调查结果表明，63％的林农不熟悉林权交易市场，林农平均拥有 7.22 公顷的林地面积。研究结果也表明，林农经营的林地面积越大，进行林地林木流转的意愿越高。因此，政府应当加大林农对林权制度改革的认知程度，积极鼓励林农进行林地林木流转，提高林地林木流转效率，加快林业集约化、规范化进程。同时，政府要简化林地林木流转程序，降低交易成本，加快林地林木流转立法工作，建立健全林木林地流转交易市场，积极引导林业资产评估中介组织的发展，促进农户林地林木流转的规范化进程，为农户进行林地林木流转提供一个公平的交易环境。第三，调查结果表明，林农家庭平均有 3 个劳动力，研究结果也表明，由于年轻人经营林业积极性低，家庭劳动力越多，反而林地林木流转的意愿越高。因此，政府应当协助建立林业合作组织，支持兴办林产加工企业，把富余劳动力转移到林业产业链中。这不但有利于增加村财政收入，而且有利于增加林农收入，同时把林业资源有效地盘活，延长了林业产业链条，最终也能激活林地林木流转机制。

二、福建省集体林权制度改革的评价研究

（一）福建省集体林权制度改革对林业科技进步贡献率的影响评价

福建省林业生产总值平均增长率变化趋势为："十五"期间至"十一五"期间、"十二五"期间至"十三五"期间呈下降趋势，"十一五"期间至"十二五"期间呈上升趋势，各时期林业生产总值在17.7%内上下浮动。福建省林业资产投入平均增长率变化趋势为："十五"期间至"十一五"期间呈下降趋势，向下浮动达31%，降幅明显；"十一五"期间至"十三五"期间呈上升趋势，林业资产投入在31.4%内向上浮动，起伏较大。福建省林业劳动力投入平均增长率变化趋势为："十五"期间、"十一五"期间、"十二五"期间、"十三五"期间林业劳动力投入均为负增长，均值为－5.80%；"十五"期间至"十二五"期间呈上升趋势，"十二五"期间至"十三五"期间呈下降趋势，林业劳动力投入呈平稳态势。福建省林业科技进步平均增长率变化趋势为："十五"期间至"十二五"期间呈上升趋势，"十二五"期间至"十三五"期间呈下降趋势，林业科技进步呈平稳态势。

福建省林业资产投入贡献率变化趋势为："十五"期间至"十一五"期间呈下降趋势，向下浮动达64.80%，降幅明显；"十一五"期间至"十三五"期间呈上升趋势，林业资产投入贡献率在240%内向上浮动，升幅明显。福建省林业劳动力投入贡献率变化趋势为："十五"期间至"十三五"期间，福建省林业劳动力投入贡献率均为负增长，均值为－8.30%；"十五"期间至"十一五"期间呈上升趋势，"十一五"期间至"十三五"期间呈下降趋势，林业劳动力投入贡献率呈平稳态势。福建省林业科技进步贡献率变化趋势为："十五"期间至"十一五"期间呈上升趋势，增幅51.50%，增幅明显；"十一五"期间至"十三五"期间呈下降趋势，林业科技进步贡献率降幅明显。

针对上述研究结果，提出以下政策建议：第一，加强林业从业人员队伍建设。第二，加强林业科技支撑体系建设。第三，加强林业金融体系建设。

（二）福建省集体林权制度改革前后林业状况评价

采用 t 检验对福建省三明市集体林权制度改革进行差异的显著性检验分析，得出结论：福建省三明市集体林权制度改革后（2008 年），木材平均税费比重（%）极显著降低；森林火灾起数（起/年）显著降低；非公有制造林比重（%）极显著提高；企业年加工产值（万元/年）显著提高。

对集体林权制度改革前后林产业发展进行对比分析，用典型相关分析方法进行统计分析，并建立预测模型，得出以下结论：集体林权制度改革前（2002 年），人均林业年收入（元/年）与林业加工企业个数（个）正相关，林木平均转让价格（元/公顷）与林业加工企业个数（个）负相关。集体林权制度改革后（2008 年），人均林业年收入（元）与企业年加工产值（万元）正相关，林木平均转让价格（元/公顷）与企业年加工产值（万元）负相关。

对集体林权制度改革前后林农人均增收进行分析，用逐步回归分析方法进行统计分析，并建立预测模型，得出下列结论：集体林权制度改革后（2008 年），林木平均转让价格（元/公顷）对林农人均增收产生正面影响；改革后（2008 年）木材平均税费比重（%）、改革前（2002 年）非公有制造林比重（%）对林农人均增收产生负面影响，而且改革前（2002 年）非公有制造林比重（%）对林农人均增收产生的负面影响更大。

对集体林权制度改革前后山林纠纷因素进行分析，用逐步回归分析方法进行统计分析，并建立预测模型，得出结果表明，改革期间家庭承包经营中单户经营（公顷）、家庭承包经营中联户经营（公顷）、林地租赁或林木转让（公顷）、自留山经营（公顷）、产权明晰率（%）、林权证发放率（%）与山权纠纷负相关；已明晰产权面积（公顷）、林权申请登记率（%）、已发证到户面积（公顷）与山权纠纷正相关。

对集体林权制度改革前后村集体林业增收因素分析，用逐步回归分析方法进行统计分析，并建立预测模型，得出结论表明：改革期间家庭承包经营中单户经营（公顷）、家庭承包经营中联户经营（公顷）、自留山经营（公顷）、已明晰产权面积（公顷）、林权证发放率（%）与村集体林业增收正相关；村集体统一经营（公顷）、已发证到户面积（公顷）与村集体林业增收负相关。

根据上述结论，本书认为我国应继续执行木材减税政策，大力发展非公有制林业，增加非公有制造林比重，明晰集体林木所有权和林地使用权，放活集体林地林木经营权，积极扶持林业加工企业和村集体企业。

（三）福建省集体林权制度改革对森林生态系统服务价值变化的影响评价

应用Constaza等的研究方法，对福建省集体林权制度改革初期及改革后的森林生态系统服务价值进行了对比分析，结果显示，福建省集体林权制度改革初期及改革后，森林生态系统服务总价值增加 34.33×10^6 \$，增幅为0.22%。从各生态系统服务类型看，福建省集体林权制度改革初期及改革后森林生态系统服务价值大部分均为非市场价值，价值均居第1位的是营养循环服务价值（2003年为 7052.75×10^6 \$、2008年为 7068.51×10^6 \$）；福建省集体林权制度改革初期及改革后，价值均居第2位的是原材料服务价值（2003年为 2409.56×10^6 \$、2008年为 2414.95×10^6 \$）；福建省集体林权制度改革初期及改革后，价值均居第3位的是侵蚀控制服务价值（2003年为 1874.10×10^6 \$、2008年为 1878.29×10^6 \$）。从各林种类型看，福建省集体林权制度改革初期及改革后，福建省用材林所提供的生态系统服务价值均最大（2003年为 9264.51×10^6 \$，2008年为 9245.43×10^6 \$）。福建省集体林权制度改革初期及改革后，福建省特用林的生态系统服务价值增幅最大，增幅为40.28%，服务价值增加 221.69×10^6 \$。因此，福建省集体林权制度改革应该继续推进生态环境建设，继续提高防护林、特用林比重，增强福建省森林生态系统的生态效益，发挥福建省作为森林大省对生态环境建设的贡献作用。

结果显示，福建省集体林权制度改革初期及改革后，集体林生态系统服务总价值减少 4.21×10^6 \$，降幅为0.04%。从各生态服务类型看，福建省集体林权制度改革初期及改革后集体林生态系统服务价值大部分均为非市场价值，如福建省集体林权制度改革初期及改革后价值均居第1位的营养循环服务价值（2003年为4453.54×10^6＄、2008年为4451.60×10^6＄）、福建省集体林权制度改革初期及改革后价值均居第2位的原材料服务价值（2003年为1521.54×10^6＄、2008年为1520.88×10^6＄）、福建省集体林权制度改革初期及改革后价值均居第3位的侵蚀控制服务价值（2003年为1183.42×10^6＄、2008年为1182.91×10^6＄）。从集体林各林种类型看，福建省集体林权制度改革初期及改革后用材林所提供的生态系统服务价值均最大（2003年为6472.59×10^6＄，2008年为6285.04×10^6＄）；在集体体所有林种中，用材林生态系统服务价值、薪炭林生态系统服务价值均下降，其中薪炭林服务价值降幅最大（2003年为82.13×10^6＄、2008年为72.29×10^6＄，降幅为11.98%）；防护林生态系统服务价值、特用林生态系统服务价值上升，特用林服务价值增幅最大（2003年为333.33×10^6＄、2008年为521.48×10^6＄，增幅为56.45%）。

采用Constaza等的价值估算方法，测算福建省森林生态系统服务价值，只能是粗略的，而实际价值远远大于测算结果。正如Constaza等所说："考虑到涉及的巨大的不确定性，我们永远也无法对生态系统服务做出精确估价。"本书对福建省集体林权制度改革初期及改革后森林生态系统、集体林生态系统服务价值进行量化，将有助于对福建省林权制度改革给予正确指导，帮助加强福建省生态环境建设，促进林业可持续发展，同时也为福建省继续推进集体林权制度改革指明方向。

（四）福建省集体林权制度改革的政策落实度和需求评价

对林农进行问卷调查，从林农角度对福建省集体林权制度改革绩效进行评价。采用符号检验法、列联表，交叉列联表法、频数分布法，通过山区县与非山区县比较研究，揭示了福建省集体林权制度改革绩效情况，得出被调查的10县市林农改革绩效评价结论：（1）10县市林农赞成福建省集体林权制度改革。（2）山区县和非山区县林农在集体林权制度改革政策了解渠道上无差异。（3）山区县和非山区县林农在集体林权制度改革政策了解度上有差异。（4）山区县林农的参与度与积极性得到广泛调动，但非山区县林农的参与度不高。（5）山区县和非山区县在税费减免对林农收益影响上无差异。(6) 无论山区县还是非山区县，表决公示环节均存在问题。(7) 山区县和非山区县在集体林权制度改革实施各阶段工作满意度上无差异。

对林业干部及技术人员进行问卷调查，从林业干部及技术人员角度对福建省集体林权制度改革绩效进行评价。通过问卷调查表，采用卡方检验法得出被调查的10县市林业干部和林业技术人员改革绩效评价结论：(1) 绝大部分林业干部和技术人员认为，林权制度改革是必要的，并且山区县和非山区县林业干部在林权制度改革必要性认知上无差异。(2) 绝大多数林业干部和技术人员认为，集体林权制度改革后最有利的影响是促进经济发展和有利资金聚集。(3) 绝大多数林业干部和技术人员认为，集体林权制度改革后最不利的影响是林政管理难度加大，如果林业部门管理不到位，很有可能导致森林资源遭受严重破坏、生态环境进一步恶化。(4) 大部分林业干部和技术人员认为，当前林业发展急需解决的问题主要集中在林业产业发展，其次是中介服务机构等。(5) 大部分林业干部和技术人员认为，有必要推广森林保险，且山区县和非山区县在实行森林保险需求认知上无差异。(6) 大部分林业干部和技术人员认为，有必要对林农进行林业科技指导，并且山区县和非山区县在进行林业科技指导需求认知上无差异。(7) 大部分林业干部和技术人员认为，法律咨询服务对林农是有帮助的，并且山区县和非山区县在法律咨询服务需求认知上无差异。(8) 大部分林业干部和技术人员认为，有必要成立林业产权交易中心，并且山区县和非山区县在成立林业产权交易中心需求认知上无差异。

综上，本书认为我国应同步实施集体林权制度改革政策和绩效评价，及时掌握林农和林业政策执行者对集体林权制度改革绩效的评价动态，同时分区域进行绩效评价，保证全面了解集体林权制度改革政策实施情况。研究结果有助于林业管理部门完善现行林权管理体系，优化现行林权制度安排，有助于政府依据地区差别、林农差异正确制定林业决策。

(五) 福建林权制度改革的林业社会化服务评价

本书对林业社会化服务体系建设进行评价研究，采用问卷调查和实证分析方法，从林农需求情况调查和林业合作组织建设实证两方面进行评价研究。通过山区县与非山区县比较分析，采用列联表进行卡方检验得出，山区县与非山区县在森林保险需求、林业科技服务需求、社会中介服务需求、木竹检量服务需求、在法律咨询服务需求上存在地域差异。对福建省三明永安市林业社会化服务体系建设进行实证分析，得出政府应大力提高林农合作化组织程度的观点。以上研究结果有助于了解现行林业社会化服务体系的建设情况，有助于林业部门完善林业社会化服务体系，推进林业社会化服务配套设施建设。

根据结论，本书认为我国应放低林农森林抵押贷款标准，保证大多数林农能够通过银行、信用社等途径便捷地得到低息贷款；政府应增强林业政策时效性，防止林业政策出现频繁变更问题；做到政府政策性扶持森林保险业务，保证林农林业收益；政府应大力发展林权要素市场，制定相关法律，规范林权流转行为；大力发展森林资产评估业务，培养森林资产评估人才，以及在林权管理中心等机构设置法律咨询、科技服务等便民服务项目。研究结果有助于了解现行林业社会化服务体系的建设情况，有助于林业部门完善林业社会化服务体系，推进林业社会化服务配套设施建设。

第二节　讨论

本书从福建省集体林权制度改革的响应与评价两方面进行研究，从内部入手进行响应研究，然后从外部着眼进行评价研究，按照由内及外的思路，从理论和实证两方面进行论证，深入分析福建省集体林权制度改革存在的不足与问题，总结福建省集体林权制度改革的利弊。但是，本书的部分观点与前人研究观点相悖，有的还未有相关研究报道，需要时间的考验和专家的验证。

一、集体林权制度改革的响应研究讨论

关于福建省集体林权制度改革的响应研究，本书认为林业法律制度、物权理论、林权理论、集体林权管理体系存在的问题，阻碍了福建省集体林权制度改革；忽视林农集体林地分配意愿、林农转出林地林木意愿的差异性，阻碍了福建省集体林权制度改革。由于本书观点无相关研究报道，

还有待时间的考验和专家的论证。同时，本人提出了许多个人观点，例如对林权提出新的定义，对林业法律制度提出的响应策略、对自然资源物权主体提出了新看法、认为在《森林法》中应当加入林权理论内容、建议修改《民法典》中的物权客体内涵、在《民法典》中增加无体物内容、在《森林法》中建立自然资源用益用权强行收回制度等，这些观点仅代表本人个人观点，很多观点由于受到本人知识所限，仍不成熟，正确与否还有待时间的考验以及专家的论证。

二、集体林权制度改革的评价研究讨论

关于集体林权制度改革的评价研究，目前研究主要是集中于集体林权制度改革评价的某一方面，例如主观评价、效益评价以及绩效评价。本书的评价研究部分，目的就是在响应研究的基础上，对福建省集体林权制度改革的结果进行评价，因此，并非侧重于评价的某一个部分，而是尽可能全面、客观地对福建省集体林权制度改革进行评价研究，进而有助于分析改革的成效与弊端，为政策的制定与实施提供理论参考。本书评价研究内容包括：福建省集体林权制度改革对林业科技进步贡献率的影响评价、福建省集体林权制度改革前后林业状况评价、福建省集体林权制度改革对森林生态系统服务价值的影响评价、福建省集体林权制度改革的政策落实度和需求评价、福建省集体林权制度改革的林业社会化服务评价。

（一）福建省集体林权制度改革对林业科技进步贡献率的影响评价

关于福建省集体林权制度改革对林业科技进步贡献率的影响评价，本书比较了福建省林权制度改革前后林业科技进步贡献率的大小，时间序列涵盖“十五”“十一五”“十二五”“十三五”时期。本书得出结论：福建省存在林业投入要素发展不平衡问题，贡献率最大的是林业科技进步、其次是林业资产投入，林业劳动力投入无贡献。由于样本数量较少，通过最小二乘法的线性回归分析，发现林业生产总值与林业资产投入、林业劳动力投入之间的拟合程度低。因此，参照朱希刚《我国农业科技进步贡献率测算方法的意见》，改用经验法将林业资产投入、林业劳动力投入的弹性

系数分别设定为0.55、0.20。福建省集体林权制度改革对林业科技进步贡献率的影响评价，有待今后研究进一步论证结论的精确性。

（二）福建省集体林权制度改革初期及改革后林业状况评价

关于福建省集体林权制度改革初期及改革后（2003年以及2008年）林业状况评价，本书以三明市12个县市为对象，选择以下几方面进行林业状况评价：集体林权制度改革初期及改革后差异的显著性检验、集体林权制度改革初期及改革后林业产业发展因素分析、林农人均增收因素分析、山林纠纷因素分析、村集体林业增收因素分析。本研究侧重于对影响改革初期及改革后林业状况的因素进行统计学分析，例如两样本均值差异 t 检验、典型相关分析法、逐步回归分析法。截至2022年，福建省集体林权制度改革初期及改革后林业状况评价无相关研究见诸报端。因此，本书中的诸多结论，例如林农人均增收因素、山林纠纷因素、村集体林业增收因素预测模型还有待后续研究进行论证。

（三）福建省集体林权制度改革对森林生态系统服务价值变化的影响评价

关于福建省集体林权制度改革对森林生态系统服务价值的影响评价，本书分别对福建省森林生态系统服务价值以及福建集体林森林生态系统服务价值进行集体林权制度改革初期及改革后对比研究。宋萍等对1997年福建森林生态系统服务价值进行评价，研究发现福建省森林生态系统营养循环的贡献最大（约占45.40％），生态效益、经济效益和社会效益分别占总价值的74.86％、19.38％、5.76％。[①] 范海兰等对1978—1998年福建森林生态系统服务价值进行评价，研究发现1978—1998年福建省森林生态系统服务价值逐渐上升，营养循环价值在各年度中所占比例最高，平均占41％。[②] 结合以上的研究结论，可以发现，1978—2008年（“林业三定”

---

① 宋萍，洪伟，吴承祯等：《福建省森林生态系统服务价值及其空间分布》，《福建林学院学报》2003年第3期。

② 范海兰、洪伟、吴承祯等：《福建省森林生态系统服务价值的变化》，《福建农林大学学报（自然科学版）》2004年第3期。

至“集体林权改革”期间），福建省森林生态系统服务价值是在不断增长的，并且营养循环价值始终居于首位，这与本书的结论是一致的。此外，本书还发现，2003—2008 年，福建省森林生态系统服务价值有微弱上升（上升 0.22%），并且营养循环价值始终居于首位（2003 年为 7090.98×10^6＄、2008 年为 7106.85×10^6＄）。

但是，宋萍等、范海兰等并未对福建省集体林生态系统服务价值进行评价。本书对福建省集体林权制度改革初期及改革后（2003 年以及 2008 年）的集体林森林生态系统服务价值评价发现，集体林生态系统服务价值下降了 0.04%。同时，集体林的用材林生态系统服务价值降幅为 2.90%、薪炭林生态系统服务价值降幅为 11.98%；集体林的防护林生态系统服务价值增幅为 0.18%、集体林的特用林生态系统服务价值增幅为 56.45%，说明福建省集体林的经营模式开始由用材林、薪炭林转换为防护林、特用林经营。

另外，值得探讨的是，2003 年以及 2008 年，无论是福建省森林生态系统服务价值还是集体林生态系统服务价值的价值构成均一致。出于科学研究的严谨性，经反复到福建省林业厅资源站查实，数据无误；反复计算，计算无误。由于 2003—2008 年，福建省森林、福建省集体林面积变化微弱。因此，改革初期及改革后福建省森林生态系统服务价值的价值构成是一致的；改革初期及改革后福建省集体林生态系统服务价值的价值构成也是一致的。改革初期及改革后，福建省森林生态系统服务价值与集体林生态系统服务价值的价值构成上一致，解释可能有：一是数字上的巧合；二是由于福建省森林的大部分为集体林，并且集体林的生态系统服务价值与福建省生态系统服务价值是一致的，因此，造成数据上的一致性。

（四）福建省集体林权制度改革的政策落实度和需求评价研究

关于福建省集体林权制度的政策落实度和需求评价，已有林斌[①]、张平海[②]等学者进行同类研究。本书虽然同是研究福建省集体林权制度改革绩效评价，但是有所不同的是：研究范围包括福建省 10 个县（市）11 个乡村，以林农以及林业干部和林业技术人员为研究对象，在问卷调查的基

---

① 林斌：《福建省邵武市集体林产权改革绩效研究》，福建农林大学 2010 年博士论文。

② 张平海：《福建集体林权改革绩效评价研究——以永安市为例》，福建农林大学 2011 年硕士论文。

础上，对集体林权制度改革分山区县和非山区县进行绩效评价。林农评价内容包括：集体林权制度改革赞成度评价、集体林权制度改革知情度评价、林农政策了解度评价、林农集体林权制度改革参与度评价、税费减免对林农收益影响评价、集体林权制度改革过程评价、林农对集体林权制度改革赞成率和满意度评价，林业干部评价内容包括：集体林权制度改革必要性评价、集体林权制度改革政策影响评价、林业发展急需解决问题评价、森林保险需求评价、林业科技指导需求评价、法律咨询服务需求评价、成立林业产权交易中心评价。

本书对福建省集体林权制度改革绩效的研究与林斌、张平海的研究侧重点不同，研究对象更全面，研究区域更广泛，而且考虑到福建省集体林主要集中于山区的实际情况，分区域即山区县和非山区县进行对比分析。并且，侧重于对绩效评价进行定量分析，研究中运用了多种统计学分析方法，例如符号检验法、卡方检验、交叉列联表法、频数分布法，目的是通过定量分析，客观地进行绩效评价。

（五）福建林权制度改革的林业社会化服务评价

关于福建省集体林权制度改革的林业社会化服务评价，蔡志坚在南平、龙岩和三明做了较深入的调查，研究发现林农（散户）对林业社会化服务项目的需求包括：技术服务需求71.40%，资金服务需求28.60%，法律服务需求14.80%。[①] 本书在南平、龙岩、三明均有问卷调查，得出山区县（南平、龙岩、三明）对林业科技服务的需求为65.60%（即技术服务需求），林业法律的需求为46.90%（即法律服务需求），森林抵押贷款的需求为67.70%（即资金服务需求）。可以看出，除了林业科技服务需求结果比较接近，本书在林农对林业社会化服务项目需求上与蔡志坚的研究结论有明显区别，造成这种结果的原因也许是由于选取对象有差异等。本书除了对山区县（南平、龙岩、三明地区的部分县城）展开林农林业社会化服务需求问卷调查，也对非山区县（漳浦和闽侯）展开问卷调查，调查的样本对象涉及不同年龄、不同文化程度、不同地区，力求减少

① 蔡志坚、刘俊、谢煜等：《福建林业社会化服务供给模式的研究》，《南京林业大学学报（自然科学版）》2008年第2期。

样本误差。但是，在样本选取上还有待今后做进一步的研究，对样本对象的选取、区域的选择需要做进一步的科学论证与分析，力求使问卷调查更全面、更客观地反映林农林业社会服务需求。

三、集体林权制度改革研究展望

本书的问卷调查，主要是针对集体林权制度改革深化期，访谈不同地区、不同年龄阶段、不同文化程度的林农，该问卷调查具有一定的针对性和代表性。不足的是，样本发放数量不够多，有可能造成样本误差，并且没有对原有样本进行跟踪随访，因此造成调查研究工作缺乏连续性，这是今后将要完善的地方。本书探讨的重点是，分析福建省集体林权改革中存在的深层次、根本性问题，力图全面、客观地进行响应与评价研究，并提出相应的响应策略和建议。一些前沿性研究工作，例如私有林碳汇交易制度研究、资源市场化研究以及再生资源评估研究等，尤其是在当前“双碳”战略背景下，研究林权制度改革对我国森林增汇的作用机理及其影响效应，并建立与森林增汇相适应的林业政策制度体系，在今后研究中有待进一步进行理论探讨。与此同时，今后应完善福建省集体林权制度改革在不同区域的相关研究，不断丰富福建省集体林权制度改革的研究体系，多关注研究区域方向的选择，尤其多关注研究较少的非山区县，使研究内容更为全面，注重使用量化分析方法，提高研究的科学性，减少、消除研究过程中的主观性，为进一步深化福建省集体林权制度改革、推动林业可持续发展服务。随着福建省集体林权制度改革的持续深化，跟踪调查研究不足的问题逐渐凸显出来，每个地区林业发展都是一个持续的过程，未来的研究中应有一些跟踪调查研究，既深入研究集体林权制度改革阶段性成果，也不放过集体林权制度改革中可能存在的任何问题。

新一轮集体林权制度改革已经走过了改革攻坚之路、探索转型之路、渐进发展之路，未来还要走深化创新之路和融合开拓之路。因此，福建省集体林权制度改革应当构建统一的研究体系，确定研究过程中所需要素，包括研究区域划分、研究对象确定、研究数据采集等，研究需涵盖共同富裕、乡村振兴、绿色经济、城乡统筹、生态建设等方向，使对改革成效的研究更加全面，更加客观实际。

图书在版编目（CIP）数据

福建省集体林权制度改革的响应与评价研究/林琴琴著. --福州：福建人民出版社，2023.7
ISBN 978-7-211-09110-2

Ⅰ. ①福…　Ⅱ. ①林…　Ⅲ. ①集体林一产权制度改革一研究一福建　Ⅳ. ①F326.275.7

中国国家版本馆 CIP 数据核字（2023）第 105055 号

福建省集体林权制度改革的响应与评价研究
FUJIANSHENG JITI LINQUAN ZHIDU GAIGE DE XIANGYING YU PINGJIA YANJIU

作　　者：林琴琴
责任编辑：陈　宽
助理编辑：林诗鸿
责任校对：陈　璟
出版发行：福建人民出版社　　**电　　话**：0591-87533169（发行部）
网　　址：http：//www.fjpph.com　　**电子邮箱**：fjpph7211@126.com
地　　址：福州市东水路 76 号　　**邮政编码**：350001
经　　销：福建新华发行（集团）有限责任公司
印　　刷：福建省金盾彩色印刷有限公司
地　　址：福州市仓山区建新镇红江路 8 号浦上工业园 D 区 24 幢
开　　本：700 毫米×1000 毫米　1/16
印　　张：14.75
字　　数：230 千字
版　　次：2023 年 7 月第 1 版　　2023 年 7 月第 1 次印刷
书　　号：ISBN 978-7-211-09110-2
定　　价：50.00 元
